# 香江渤海
# 同胞情

宋家慧　　畢耀明

主編

商務印書館

責任編輯： 陶思潛
裝幀設計： 趙穎珊
排　　版： 周　榮
責任校對： 趙會明
印　　務： 龍寶祺

# 香江渤海同胞情

主　　編： 宋家慧　畢耀明
參加編著： 陳志培　潘　偉　蔡照明　丁平生　張金山　張　戎
　　　　　 霍偉豐　李國倫　陳偉強　閻　平　宋立仕　宋修璞
　　　　　 王震峰　黃蓉峰　宋　寅　張賀然　林蓓蓓　張赫然
出　　版： 商務印書館（香港）有限公司
　　　　　 香港筲箕灣耀興道 3 號東滙廣場 8 樓
　　　　　 http://www.commercialpress.com.hk
發　　行： 香港聯合書刊物流有限公司
　　　　　 香港新界荃灣德士古道 220-248 號荃灣工業中心 16 樓
印　　刷： 美雅印刷製本有限公司
　　　　　 九龍觀塘榮業街 6 號海濱工業大廈 4 樓 A 室
版　　次： 2023 年 10 月第 1 版第 1 次印刷
　　　　　 © 2023 商務印書館（香港）有限公司
　　　　　 ISBN 978 962 07 6714 2
　　　　　 Printed in Hong Kong

內地第一支救助飛行隊是
在香港政府飛行服務隊手把手幫助下
組建起來的

——2018 年 11 月 12 日，習近平在會見
香港澳門各界慶祝國家改革開放
40 周年訪問團時的講話
（選自《習近平談治國理政》第三卷）

紀念香港政府飛行服務隊

支援祖國內地發展海上飛行救助事業

*20* 周年

我從 1970 年參加工作，今年已經到了古稀之年。回顧幾十年的風雨人生，感覺很充實、很滿足，自我感覺有很多可圈可點的人生經歷。我經常說，一個人到老的時候，如果你感覺在家裏有很多故事值得和你的孫輩講述，説明你這輩子還是做了點有意義的事情，沒有浪費人生。幾十年的奮鬥歲月，幾十年的工作經歷，我確有很多令自己感動和終身難忘的故事，這本書的主題就是我一生中最感慨、感動和自豪的經歷。我在正式回顧創建國家海上救助飛行隊過程中，講述香港政府飛行服務隊和交通部海上救助飛行隊兄弟般親密合作故事之前，我感覺還是從我航海生涯和加入中國救撈的故事開始吧。

2018 年 7 月份我正式辦理了退休手續，檔案工齡已達 49 年，那一年也是我國改革開放第 40 周年。作為曾經是中遠集團旗下的一名遠洋船長，我曾參與、經歷和見證了改革開放之初我國遠洋運輸事業蓬勃發展突飛猛進的年代，我 28 歲開始擔任遠洋船長，同年駕駛載重噸為 17,401 噸多用型貨船"居庸關"輪，為中遠集團大連遠洋運輸公司開闢了中國至南北美洲航線。1990 年我勇敢成為我國第一艘 30 萬噸級超大型油輪（VLCC）"前進湖"輪首位船長，多航次圓滿完成該輪從中東繞好望角回航經蘇伊士運河至歐洲多國運輸任務。作為交通運輸部安全總監在我離開遠洋船長崗位長達 23 年之久，即 2013 年的夏天時，我再次以交通運輸部派出專家組組長身份登上中遠集團"永盛"輪，完成了我國商船首航北極的特殊任務，為其全程保駕助航，任務雖艱巨，但很光榮、很自豪，尤其重要的是填補了我作為遠洋船長航海人生北極航線的空白，更為欣慰的是在我人生步入夕陽餘輝時仍有機會為國家再盡微薄之力，正如我在"永盛輪首航北極日記"裏的："耳順之年、重操舊業、壯志不改、激情不變"。

在海事系統工作的 8 年裏，我參與和經歷了全國海事系統歷史性的體制改革，中華人民共和國港務監督更名為中華人民共和國海事局，全面參與和完成了中華人民共和國海洋環境保護法的首次修訂，將"建立油污基金"和"國家海事行政主管部門"等首次寫入了我國的法律。

在我時任交通運輸部救助打撈局局長的 12 年裏，我主導完成發生在本世紀初那場波瀾壯闊的救撈體制統一改革，實現了國家海上專業救援隊伍跨越式發展，特別是在國家海上救助飛行隊伍從無到有、從弱到強的發展歷程中，使我深感其中的不易與艱辛。在家國情懷和救撈精神的鼓舞激勵下，救撈人錘煉培養出了"把生的希望送給別人，把死的危險留給自己"核心價值觀和無私奉獻的政治品格；磨礪了實幹擔當的鮮明品質；牢牢把握時代大趨勢，回應時代新要求，始終保持幹事創業勇氣，攻堅克難、真抓實幹，圓滿完成了各項救撈任務，為保障人民羣眾生命財產安全，保護海洋生態環境，維護國家利益做出了重要貢獻。

2004 年 5 月 18 日，時任交通部部長張春賢訪問了香港特別行政區政府飛行服務隊（HKGFS），向飛行服務隊（GFS）贈送了以他本人名義代表交通部，由內地中青年書法家張惠臣用隸書撰寫的

"民族精英、拯救有功"赫赫醒目的八個大字的豎款字幅。以此表達交通部對香港特別行政區政府、保安局、香港政府飛行服務隊、民航處等有關部門對交通部建設海上救助飛行隊給與全力以赴支援的誠摯感謝,對在通過雙方合作過程中,香港飛行隊同胞所展現出對祖國內地飛行救助事業的無私奉獻和崇高職業操守表示欽佩和讚賞。

在那些攜手共進的崢嶸歲月裏,有很多令人感動的故事值得我與大家分享。最令我難忘的還是在內地建立救助飛行隊的起步過程中,來自香港政府飛行服務隊(GFS)的鼎力支持和香港同胞的無私奉獻。這不僅僅就是技術上的支持,力量上的互助,更重要的是兩地同胞血濃於水的感情,是香港同胞對內地的海上搜救事業發自內心的責任關切,這種精神值得我們敬仰,值得我們銘記。今年是香港回歸祖國 26 年,今年的 11 月 21 日也是香港特別行政區政府飛行服務隊 7 人機組抵達大連整整 20 年,這是香港回歸後在一國兩制條件下香港和內地同胞密切合作的歷史性突破。20 年來,在我的心底一直存在着一個因為沒有完成而隱隱作痛的夙願,那就是一定要把發生在本世紀之初並長達十餘年裏,香港同胞為祖國內地建立起海上飛行救助力量,所做出的不朽貢獻和豐功偉績展現在世人面前。但是由於我一直在忙忙碌碌,無法靜下投筆。2022 年 6 月恰逢香港回歸祖國 25 周年之際,中央廣播電視總台"粵港澳大灣區之聲"前來中國潛水救撈行業協會(CDSA)對我面對面現場錄影採訪了 3 個小時,此次採訪重新勾起我對那段歷史的深刻回憶，也促使我下決心開始啟動這本書的撰寫。回望當年，時間雖已久遠、故事難以忘卻。一覽當下，山河海天依舊，往事豈能如煙。

為還原歷史真相，尊重歷史人物，我聯絡了當年兩地部分經歷者、實踐者和奮鬥者，先後有 12 位內地切身經歷者和 6 位香港政府飛行服務隊的同胞，大家共同懷着激動的心情和深厚的感情，用心中的筆墨抒寫和還原了那段感人肺腑和驚心動魄的風雨歷程。在當前形勢下這本書可使更多的人，特別是兩地年輕一代能夠了解在香港回歸祖國後，曾經發生在兩地那些鮮為人知的愛國義舉和英雄事跡。也謹以此書獻給為我們奠定基業的前輩、兩地的各級老領導、同胞，仁人志士和可愛的人們，感謝當年從各個方面和角度為發展國家海上飛行救助事業，特別是為香港政府飛行服務隊同胞能夠與內地海上救助飛行隊合作，並得以成功而做出貢獻的所有好心人。這本書是永遠的感恩，這本書是愛的奉獻，這本書是良知的呼喚！

當前，全黨、全國各族人民、香港澳門同胞正在以習近平同志為核心黨中央的帶領下，在全面建成社會主義現代化強國、完成第二個百年奮鬥目標、實現香港美好未來，以中國式現代化全面推進中華民族偉大復興的康莊大道上勇毅前行。面對百年未有之大變局加速演變，面對風高浪急和驚濤駭浪的嚴峻形勢，加快海洋強國建設、加快交通強國建設、加快美好香港建設願景目標的號角已經吹響，一幅濃墨重彩、浩浩蕩蕩的新畫卷正徐徐展開。在新的歷史征程上，兩地同胞更加堅定歷史自信、增強歷史主動，以史為鑒、砥礪前行、去開創更加幸福的未來。

宋家慧

2023 年 8 月 12 日下午

# 編著者簡介——宋家慧

宋家慧，男，1953 年 4 月出生，全國政協第十二屆委員會委員、提案委委員，教授級高級工程師、工學博士，現任中國潛水救撈行業協會理事長、中國海事仲裁委員會仲裁員，國際海上救助聯盟（IMRF）首任榮譽大使。曾任中國載人航天着陸場副總指揮、國際海上救撈聯合會（ISU）執行委員、國際海上救助聯盟（IMRF）董事、亞太交流中心首任董事長。

1976 年至 1991 年在中國遠洋運輸公司的遠洋船舶工作，曾打破國際上無中國大陸船員擔任超大型油輪（VLCC）船長的禁區，成為我國第一艘 30 萬噸級超大型油輪"前進湖"首任船長。1992 年後，歷任交通部大連海上安全監督局副局長兼副監督長、交通部安全監督局副局長、交通運輸部海事局副局長、中國海上搜救中心副主任、交通運輸部救助打撈局局長、交通運輸部安全總監。長期從事海上安全監督管理和救助打撈工作，組織、參與了多起重大海上安全和污染事故的救助打撈、現場指揮、事故原因調查及調查報告的起草工作。編寫出版了《防止船舶污染海洋環境"防、救、賠"系統工程》一書。

2000 年獲國家環保總局等七部委聯合頒發的建國五十周年"全國環境保護突出貢獻者"獎。

2001 年，作為交通部專家組組長，圓滿完成航母"遼寧"艦（原"瓦良格"號）拖航通過土耳其海峽回歸祖國任務，為我國實現航母夢及海軍現代化的建設作出了重大貢獻，受到上級通電嘉獎。

2002 年，主持編制完成的《船舶海上溢油應急賠償機制實施辦法的研究》獲部級科技進步獎。

指揮救撈系統連續參與完成國家裁人航天工程"神舟 2"至"神舟 8"號成功發射海上應急保障任務，2004 年獲得中國人民解放軍總裝備部和人事部聯合頒發的"中國載人航天工程突出貢獻者獎"，2006 年獲得"曾憲梓載人航天基金獎"。

在任交通運輸部救撈局局長 12 年期間，全面完成中國救撈體制歷史性改革，創建交通運輸部國家海上救助飛行隊，使交通運輸部救撈系統具備了三個"三位一體"，獨具中國特色國家海上專業救援力量。成功創辦並連續主持召開了六屆中國國際救撈論壇，使之成為跨行業、跨部門、跨地區、跨國界的救撈專業學術交流平台，中國救撈亮相國際舞台打下堅實基礎，為國家海上專業領域擴大對外交流合作做出積極貢獻。

2007 年 6 月 8 日在瑞典哥德堡召開的第 20 屆國際海上人命救助大會暨國際海上人命救助聯盟首屆會員大會上，當選為國際海上人命救助聯盟首屆董事會董事。他的當選改變了聯盟成立 83 年來歐洲救生機構一統天下的格局，首次將國際海上人命救助聯盟領導機構人員組成結構，擴大到了亞太地區。

努力爭取並實現國際海上人命救助聯盟亞太交流合作中心在上海落地，並於 2011 年 8 月 23 日正式掛牌成立，交通運輸部原副部長翁孟勇、國際海事組織秘書長米喬·普勒斯先生共同為中心揭牌。這是國際海上人命救助聯盟在全球範圍內首個區域性的海外分支機構。

2011 年，組織大型專業救助船"東海救 113"輪圓滿完成環島訪問台灣，並分別停靠台中、高雄、花蓮和基隆四個港口進行技術交流、同時舉辦向社會公眾開放參觀活動。此次訪問是新中國成立 60 多年來大陸公務船首次跨越海峽、環島航行並停靠台灣四大港口的破冰之旅。

2011 年 8 月在紀念中國救撈創建 60 周年之際，在上海召開了第 21 屆世界海上人命救助大會。時任國務院副總理張德江專程出席論壇並致辭。這是我國首次承辦世界海上人命救助大會，也是亞洲國家首次承辦此大會。

2013 年 8 月 13 日至 9 月 10 日，作為交通運輸部安全總監，圓滿完成為中國商船"永盛"輪首航北極航道的保駕助航任務。

在任中國潛水救撈行業協會（CDSA）理事長期間，為協會確立了"一個目標，二個追求，三個服務"的發展目標、建設思路和立會宗旨。開創了中國旅遊潛水、市政工程潛水、漁業潛水等行業自律管理和培訓標準體系。2022 年提出制定《"三主四支持"業務板塊發展及組織結構建設綱要（2022—2035）》和《"十四五"發展規劃》兩個事關長遠發展的重要綱領性文件，為中國潛水救撈行業全面完整貫徹新發展理念、加快構建新發展格局、着力推進高品質發展做出積極貢獻。

2023 年 6 月 2 日，值中國潛水打撈行業協會（CDSA）成立 15 周年之際，正式出版首部《中國潛水打撈行業協會發展報告》（藍皮書）、《潛水及水下作業通用規則》第二版。

2023 年 7 月 1 日中國潛水打撈行業協會（CDSA）正式更名為中國潛水救撈行業協會，以此吹響了中國潛水救撈行業協會 "在變局中把定航向，在風浪中勇毅前行" 的新征程號角。

# 目　錄

序言 .................................................................................... v

作者簡介 ........................................................................... x

## 第一部分
## 刻骨銘心同胞情

第一章　牢記歷史　開創未來 .................................................. 2

第二章　改革攻堅　開創國家海上立體救援 .............................. 15

第三章　民族精英　拯救有功 .................................................. 36

第四章　全面深化交流　拓寬合作領域 ..................................... 43

第五章　排除萬難出征　汶川大顯身手 ..................................... 47

第六章　同胞情意非凡　刻骨銘心傳承 ..................................... 56

第七章　賡續歷史榮光　砥礪奮鬥前行 ..................................... 62

第二部分
# 萬里攜手築雄鷹

第 八 章　國家海空立體救援體系發展歷程之香港往事

畢耀明　香港特別行政區飛行服務隊原總監 .................................70

第 九 章　汶川

陳志培　香港特別行政區飛行服務隊原總監 .................................74

第 十 章　MOT 合作感想

蔡照明　香港特別行政區飛行服務隊原高級空勤主任 ...............77

第十一章　與救助飛行隊的合作往事

霍偉豐　香港特別行政區飛行服務隊救生員、絞車手教練 ........80

第十二章　記‧二零零三年冬

李國倫　香港特別行政區飛行服務隊 .................................87

第十三章　大連回憶

陳偉強　香港特別行政區飛行服務隊總工 .................................92

## 第三部分
# 致那些年的崢嶸歲月

第 十 四 章　在與香港政府飛行隊員學飛行的日子

潘　偉　交通運輸部救助打撈局原總工程師 ........................96

第 十 五 章　內地香港一家共建海空救助網 —— 記香港
飛行隊協助交通部救撈局建立渤海灣海區
立體救助網建設回顧

丁平生　交通運輸部救助打撈局原副局長 .........................105

第 十 六 章　血濃於水的兄弟情

張金山　交通運輸部救助打撈局原副局長 .........................116

第 十 七 章　我與香港飛行隊的二三事

張　戎　交通運輸部東海救助局副局長 .............................121

第 十 八 章　攜手共進，守衛海疆

閆　平　交通運輸部救助打撈局飛行管理處副處長 ...........126

第 十 九 章　兄弟攜手抗震極災建奇功

宋修璞　交通運輸部北海救助飛行隊原隊長 .....................130

第 二 十 章　"連"上雲霄　情灑海天 —— 交通運輸部北海
第一救助飛行隊及大連值班點創建歷程與
救助業績

王震峰　交通運輸部救助打撈局安全處處長 .....................135

第二十一章　追尋騰飛的翅膀 —— 香港飛行隊與救撈系統
合作回顧

宋立仕　交通運輸部北海救助局人教處處長 .....................143

第二十二章　憶往昔攜手共進　守初心勇毅前行

黃蓉峰　交通運輸部東海第一救助飛行隊原副隊長 ..........157

第二十三章　香港飛行前輩們的二三事
　　　　　　宋寅　交通運輸部東海第一救助飛行隊教練機長 ............... 165

第二十四章　往事難忘 —— 與交通運輸部救助打撈局、
　　　　　　香港政府飛行服務隊合作
　　　　　　張赫然　林蓓蓓　中航國際 ..................... 169

# 附錄

附錄一　交通運輸部飛行服務隊與香港特別行政區政府
　　　　飛行服務隊合作大事記（2001 年 -2010 年）................. 174

附錄二　媒體報道選篇 .................................... 207

　　　一、宋家慧：向前是大海（2016 年 06 月 28 日人民政協報）....... 207

　　　二、滄海見證 "兄弟情" —— 宋家慧委員回憶與
　　　　　香港特區政府合作建立海上立體救援體系的往事
　　　　　（2017 年 06 月 29 日人民政協報）..................... 216

　　　三、宋家慧：滄海見證風雨人生海空救援大愛無疆
　　　　　（2017 年 08 月 03 日文匯報）......................... 227

　　　四、血脈交融香江情｜他們是雲霄上的守護者
　　　　　（2022 年 6 月 28 日人民網）.......................... 231

　　　五、《空勤歲月 —— 我在政府飛行服務隊的日子》內文節錄 ....234

附錄三　滄海見證｜紀中國救撈與香港政府飛行服務隊合作
　　　　十周年宣傳片解說詞 ................................ 242

附錄四　工作文件摘錄 .................................... 247

　　　交通部救助打撈局與香港政府飛行服務隊深圳會談紀要 ........... 247

　　　紀念香港政府飛行服務隊創建十周年賀信 .................... 251

　　　交通部救助打撈局與香港政府飛行服務隊
　　　技術交流合作會議紀要 ................................ 252

關於陪同香港保安局一行考察渤海灣
周邊機場及會談情況的報告 ....................................... 256

關於進一步加強與香港特區飛行服務隊交流與合作 ................. 260

張春賢部長在香港政府飛行服務隊隊員
返港歡送宴會上的祝酒辭 ............................................. 262

交通部救助打撈局與香港政府飛行服務隊合作交流編著 ........... 263

交通部救助打撈局與香港政府飛行服務隊
渤海灣技術交流合作（第二次）...................................... 268

交通部救助打撈局與香港政府飛行服務隊
技術交流合作會議紀要（第三次）................................... 271

交通部救助打撈局與香港政府飛行服務隊
技術合作第四次協商會會議紀要（第四次）......................... 274

交通部救助打撈局與香港政府飛行服務隊
技術合作第五次協商會會議紀要（第五次）......................... 278

交通部救助打撈局與香港政府飛行服務隊
技術合作第六次協商會會議紀要（第六次）......................... 282

交通部救助打撈局與香港政府飛行服務隊
技術合作第七次協商會議（第七次）................................. 285

交通部救助打撈局與香港政府飛行服務隊
2007年度合作交流會議紀要（第八次）............................. 290

交通部救撈局與香港政府飛行服務隊
第九次技術協商會議紀要（第九次）................................. 294

交通部救助打撈局與香港政府飛行服務隊
第十次技術合作協商會會議紀要 ..................................... 298

交通部救助打撈局與香港政府飛行服務隊
技術合作五年規劃意向書 ............................................. 302

交通部關於香港政府飛行服務隊幫助進行
2003年冬季渤海灣空中人命救助情況的報告 ..................... 309

在香港政府飛行服務隊隊員返港歡送大會上的講話 ............... 313

結束語 ........................................................................ 316

刻骨銘心
同胞情

第一部分

# 第一章
# 牢記歷史　開創未來

當今世界，水上應急救援事業風起雲湧，相關國際慈善組織、非政府救援組織、政府機構、潛水機構、民間救援力量、救助志願者、救助慈善機構、個人救援者等數不勝數，世界上到底存在着多少應急救援機構、組織、隊伍和個人救援力量，直至目前國際尚缺乏完整統計。

為貫徹中央"統籌發展和安全"精神，全面加強和提升國家應急管理能力，2018 年 4 月國家應急管理部成立。當代中國，應急管理、應急救援、應急預案、應急培訓、應急法規和機構建設等工作力度全面加強，"應急"已形成社會發展的新理念和文化，成為家喻戶曉、婦孺皆知和日常生活不可或缺的概念和行動，全社會已經進入了應急時代，應急已經成為百年未遇之變局中的重要組成部分。

那麼從世界範圍看到底是誰先提出"應急"概念的呢？據初步研究，中國宋代詩人周煇（1126-1198）在"清波別志"中說"一值水旱，及起解稽違，不過借南庫錢以'應急'耳"，是世界上最早提出"應急"的概念。也經初步查證，國際上第一次提出應急概念的是國際海事組織（IMO）在《1990 年國際油污防備、反應和合作公約》中提出所有船舶、港口和近海裝置都應具備油污"應急"計劃。當然在官方文件提出應急概念前，在歐美社會民間是否提出過與之含義雷同的應急概念，需要進一步論證。

中華民族在五千年歷史長卷中，孕育着無與倫比的中華璀璨文化，創造了堅韌不拔、生生不息的優良傳統和厚重歷史，也包括應急救援的文化和歷史。當前我國正在全面步入應急救援力量快速發展的新階段，要深入研究悠久的中華救生歷史，增強中華救生文化的自信，貫徹落實好習總書記在今年 6 月 2 日召開的"文化傳承發展座談會"上強調的"賡續歷史文脈、譜寫當代華章"。

2004 年 7 月，我第一次率團前往總部設在英國南部沿海小鎮普爾（POOLE）的英國皇家救生艇協會（RNLI）訪問考察，期間在與 RNLI 首席執行官安德魯·富朗曼特會談時，我曾經謙虛地表達 RNLI 是 1824 年成立，有着 180 年歷史很了不起！可是安德魯卻說，比起中國，英國的救生組織發起很晚。他說，在中國鎮江"西津渡"上的"救生會"已經有幾百年的歷史了，要比 RNLI 早幾百年！當時，我作為中國交通部救助打撈局局長倍感羞澀。

縱觀世界，英國皇家救生艇協會（RNLI）1824 年成立，德國海上救生協會（DGzRS）1865 年成立，國際海上救生艇協會（ILF）1924 年成立，2007 年更名為國際海上人命救助聯盟（IMRF）。在很多有影響的國際救援論壇和活動中似乎中國是水上救援的後來者，造成這種假像和誤讀的原因很複雜，一是我國應急救援業界對中國水上應急救援的歷史缺乏深入研究和足夠掌握，二是我國尚缺乏歷史跨度較久，並賡續至今的應急救援機構，及其資料積累和持續跟蹤研究。如鎮江救生會的遺址尚存，但是作為組織機構並沒有得到延續。而鎮江京口救生會的遺址，只作為了歷史文化古跡供遊人旅遊觀光。三是改革開放前，我國參與國際救援交流活動較少，既缺乏一手資料又不重視在國際舞台上的宣傳。

那麼人類歷史上到底是哪個國家或地區最早發生了水上救助呢？根據史料，人類社會有記載的大規模水上人命應急救援，應是西元前 278 年農曆五月初五發生在戰國時期汨羅江上，對楚國大夫屈原的水上搜尋救助。

而在西方最早有記載的水上救助是西元 62 年，在通往古羅馬奧斯蒂亞港及水域，因一場強烈的西南風暴，使 200 多艘大小船隻在港口丟失，更多的船隻在通往港口和附近航道或水域中滅失。從此，在奧斯蒂亞港口成立了打撈潛水夫協會（Diving Guild），專職負責打撈船隻、貨物和人命救援。

　　其實在羅馬打撈潛水協會成立之前，中國的商人早就清楚地意識到海洋的危險，以及由此對人命和他們經濟利益帶來的巨大風險。當羅馬人還在思考和謀劃如何保障船舶和貨物在河流和沿海水域中的安全時，早在 3000 年前海上保險概念和保險機構就已經在中國誕生了。縱觀世界水上安全救生史，中國不僅在世界上率先推出了最早的航海"金融"保護措施，而且還以"慈善救生會"的形式發起了有組織的救生行動，甚至還提出了"救生艇"本身的概念和"紅船計劃"，拯救溺水者的生命，以及創建和實施此類措施的工具和組織。早在西方世界能夠設想出任何類似的東西之前，就已經存在了一種文明，即救生組織這一概念就已經起源於中國。這些救生組織的任務是在水上拯救生命，通過制定如何搶救溺水者的措施，籌集資金來實施這些措施，並提供專門救生船或"救生艇"。慈善救生協會在中國不同地點建立，特別是在長江沿岸，也包括太湖等湖泊水域。他們為遇難者提供避難所，提供打撈屍體的服務，並將其送回家人身邊，或對無主罹難者就地掩埋。提供專用救生艇，既能安全護送遇險者通過險峻的河流、急流和峽谷，又能在災難發生時提供實際的救援服務。

　　據資料記載，世界上最早的專用救援船，是誕生在我國四川省。北宋天聖元年即西元 1026 年，翰林學士夏竦諫言仁宗皇帝，"金山、羊欄、左里、大孤、小孤、馬當、長蘆口等處，皆津濟艱險、風浪卒起，舟船立至傾覆、逐年沉溺人命不少。乞於津渡險惡處官置小船十數隻，差水手乘駕，專切就應。其諸路江河險惡處，亦乞勘會施行”，此標誌着中國水上救生活動早於千年前已經開始。國外歷史學家的研究也認為，古代中國有五艘救生船受“御令”駐守長江上游，這比歐洲啟用專用救生船的時間早百年。

約 1630 年代由僧紳結合，創立了京口避風館並開展了救生活動，1702 年中國鎮江成立京口救生會。但其根源可能要追溯到更遠的年代。中國長江救生活動全盛時期為 19 世紀，在長江沿岸 —— 從狼山到南京長江水域提供大量救助服務。

我們還有很多的類似歷史記載，比如自唐代以後，我國江河上出現了在水驛船基礎上建立起來的用於救生的船站；宋代，有救生性質的官渡船；明末，有鎮江紅船救生會、西津渡口救生會，至今依然保存完好。鎮江救生會由志願者、官方和民間交替主辦，跨越時間長達幾百年，是目前在世界上歷史最悠久的海上救生機構遺址。目前中國鎮江救生博物館用圖片、模型、實物等方式，從救生始源、救生明賢、官辦救生、民辦公助、江船義渡、天下紅船等六個部分，講述救生會的發展歷史。院子裏有一艘清代紅色救生船模型，桅杆上掛着虎頭旗，船頭有虎頭牌，意為奉旨救人，船上銅鑼一響，任何人不得阻擋。院子裏的二層小樓，就是救生會的遺址，也是現在的博物館，建於康熙年間。鎮江救生會素有“敢死隊”之稱，其船隻隨時巡視峽谷，在漩渦和急流中遊弋。記錄表明，在1899 年僅一年裏，長江紅船就挽救了 1473 人的生命。

隋唐以前，鎮江江面寬 40 多里，至唐代仍寬有 20 多里。每每風起浪湧，時有渡船沉沒其中，船工和渡客的呼救之聲格外驚心動魄。由於西津渡特殊的交通位置和軍事地位，到了宋代，統治者更是將鎮江視為漕運咽喉。於是，當時的鎮江郡守蔡洸在西津渡創設了救生會。清代後期，鎮江和揚州的紳士發起成立了京口救生會、瓜洲救生會和焦山救生會總局，專門從事義務打撈沉船和救生事宜。根據英國鎮江海關的檔案查閱1876年聖旨批准的"打撈規則"明確規定了發生沉船事件的地方當局的職責，但是這只是指沿海各省，在長江上並不生效。但是沿江許多地方設立的慈善機構，其職能與"打撈規則"中描述的類似，具有準官方性質。一些機構的規章制度是與當地官員協商制定的。在長江關區範圍內，即狼山口和南京之間的長江段內有20多個機構，這些機構不屬於一個行政體系，而是獨立運作，由此可證。1876年即光緒二年，中國沿海就有了政府批准的"打撈規則"，在英國鎮江海關文件中也對長江的古代救生救助機構的密集部署有了可靠的佐證。1923年，鎮江與揚州士紳再次聯手，成立了普濟輪渡局，並購買了一艘"普濟號"輪船從事渡江業務，大大減少了事故的隱患，到了上個世紀50年代初，救生會終於完成了它的歷史使命。在鎮江市支持下，交通運輸部救撈系統把鎮江西津古渡救生會作為了教育基地，2008年4月29日正式掛牌。當前不乏政府官員、政協委員、民間組織等有識之士積極宣傳和呼籲重建鎮江京口救生會組織機構，建設鎮江中國水上救生文化公園，籌備召開中國千年救生文化世界救助大會。以此推動在世界救生文化中，全面恢復中華救生文化的國際地位，共同為新時代人類救生文明建設做出更大貢獻。

　　新中國成立以前，我國幾乎沒有打撈力量，更沒有像樣的打撈工程船，救助力量也非常原始和薄弱。由於戰爭，很多航道、港灣因遺留着大量的沉船和水雷而不能暢通，沿海海域更是沉船累累。為了清除航道裏的沉船、水雷，1949年5月上海解放，原先擁有"濟安號"、"濟平號"等救助拖輪的招商局，由解放軍軍管會接管。新中國的救撈工作在共產黨的領導下，在反封鎖、反轟炸中開展救撈工作，威脅航行安全的水雷被打撈出來銷毀，沉船被打撈上來並迅速修復，投入到緊張的運輸生產中去。自 1949 年上海解放到 1952 年國民經濟恢復時期，交通部救撈系統打撈了 62 艘沉船，約 59372 噸。

經國務院批准，1951 年 8 月，"中國人民打撈公司"（後改為上海打撈工程局）在上海成立，新中國第一支救撈隊伍從此誕生，開啟了新中國救撈事業的起步建設階段。這支白手起家的隊伍只有 120 名職工，設備也只有一條 125 千瓦的"盤山"小拖輪和十幾隻小平駁，主要任務是：一是清理、疏通航道；二是打撈沉船修復後，繼續投入到新中國建設和水運事業當中；三是不能修復的沉船可以用於煉鋼，支持國家工業發展。這支隊伍擔負起了北起營口、大連，西到長江三峽，南到海南的大量的沉船清障打撈任務。僅 4 年間，就打撈沉船 105 艘，約 10 萬噸，成功搶救了在海上觸礁遇難的"臨城"號貨輪。不僅疏通了由於戰爭堵塞的港口和航道，也為海運、海防和工程建設提供了緊缺的船艦，在國民經濟的恢復中發揮了重要作用。

1953 年至 1956 年期間，中國人民打撈公司先後更名為交通部航務工程總局打撈公司、交通部船務工程總局打撈工程局及上海打撈工程局，並在設備簡陋、人員缺乏的情況下完成了大量工作。

1956 年 5 月，上海打撈公司開始打撈沉沒 8 年之久的"江亞"輪。民國 37 年 12 月 3 日，"江亞"輪載客 2500 多人由上海開往寧波，航行至吳淞口外長江下游的銅沙淺灘附近時沉沒，除 811 人生還外，其餘均遇難，成為中國航運史上死亡人數最多的大慘案。歷經 5 個多月，到 10 月 29 日撈起船的全部。"江亞"輪的打撈牽動着死難者家屬的心，人民政府成立了處理撈獲骨骸和物資委員會，清明節時舉行了死難者骨骸安葬儀式。

1958 年，在"中國人民打撈公司"的基礎上，上海打撈工程局應時成立，先後在煙台、上海、溫州設立三個救助點，並提出《十年救助遠景規劃》，確立“救撈並舉，以救為主”的救撈工作方針。

1963 年，上海打撈工程局更名為上海海難救助打撈局，下設五個分站，分別為天津救助站、煙台救助站、溫州救助站、福州救助站和廣州救助站。1963 年 5 月，根據交通部的指示，全國救撈系統明確了“救撈並舉，以救為主，多種經營”的方針，上海打撈工程局改名為上海海難救助打撈局。此時該局已具備了一定規模的救撈設備和設施，有職工 1100 人。

同年 5 月，中國第一艘萬噸貨輪“躍進”號首航日本，途中不幸在濟州島南部的海域突然沉沒。日電向全世界報導：“中國貨輪躍進號遭到魚雷襲擊沉沒”，這條消息立刻引起世界震驚，按照國際慣例，和平時期攻擊某國商船，就意味着對某國的宣戰，將可能引起局部戰爭。各國輿論眾說紛紜，全世界都注視着中國政府如何表態。中國政府指示：一定要把這一事件查清楚，立即組織調查！中國有關負責人強調，只有舉行海底探摸，獲得物證，才能判斷“躍進”輪是受敵人攻擊還是航行觸礁。

上海救撈局派“滬救 3 號”參加海軍編隊，在現場進行水下探摸工作。25 日，潛水夫嚴土法下潛到 60 米深的海底，摸到了沉船船首“躍進”二字。到 6 月 1 日，潛水夫摸清了“躍進”號船體有 3 處破洞，凹陷 5 處，龍骨折斷 1 處。在船底部分有縱向裂口 1 道，長 17 米，證實了該輪是觸礁沉沒。這一工程的潛水作業，是當時國內出海最遠、規模最大、下潛最深的潛水勘測工作，並首次運用氦氧水面減壓法取得成功，上海救撈局因此受到國家表揚。

1973 年 10 月 9 日 14 時 40 分，希臘籍貨輪“波羅的海克列夫”號在台灣海峽遭強颱風遇險，發出求救信號。但廈門港僅有 1 艘小拖輪和 1 艘木質船，部隊的飛機和艦艇因風浪太大，無法出航施救。10 日 16 時，貨輪沉沒，船員有 9 人獲救，14 人失蹤。

這一事件暴露了我國海上救助力量，尤其是救助裝備方面長期存在的嚴重問題，引起了中央的關注。國家領導人作出嚴厲批示：這種遲遲不作答，不敢下決心，沒有勇氣去迎接困難，戰勝大風大浪的怯懦精神，真有損我國地位，請予批判。要求儘快改變我國海上救助打撈業的落後狀況。自沉船事件後的短短幾年間，我國救助打撈機構迅速健全，救助力量得到提高，救撈隊伍得以顯著發展。

1973 年底，國務院、中央軍委批准成立全國海上安全指揮部，中國救撈事業進入發展階段。指揮部辦公室設在交通部，辦公室人員實行合署辦公，由交通部、海軍、空軍、國家海洋局、農業部等十多個部委和部門派員輪流值班。這是當時中國最大的全國性海上救助機構，簡稱"海安指"，主要任務是"三防一救"，既防颱風、防污染、防凍破冰和海難救助，實行生命和財產的快速救援。

1974 年 5 月，國家計委發出《關於建立和健全海上救助打撈工作的通知》，同意交通部提出的建立上海、廣州、煙台三個救撈局的報告。除上海救撈局在 1963 年成立外，廣州救撈局於 1974 年 7 月成立，煙台救撈局於同年 9 月 12 日成立。

1977 年 5 月，交通部奉國務院、中央軍委指示，從上海、廣州、煙台 3 個救撈局調集 148 名潛水夫、"滬救 3"輪等 2 艘打撈工程船、7 艘打撈輔助船，與海軍東海、南海、北海艦隊組織聯合打撈隊伍，打撈"阿波丸"沉船。

1945 年 4 月 1 日深夜，滿載着從東南亞一帶撤退的日方人員和掠奪來的錫錠、橡膠等戰略物資的"阿波丸"號，在由新加坡駛往日本的途中，航行至中國福建沿海牛山島以東海域，被在該地區巡航的美國潛艇"皇后魚"號發射魚雷擊中沉沒，2000 多名船員和乘客葬身海底，其死亡人數超過世界上最大的"泰坦尼克"輪海難事件。1977 年起，中央政府決定由上海打撈局和海軍組成聯合打撈力量，打撈"阿波丸"沉船，清除牛山漁場的水下障礙，以保障漁業作業安全。

在歷時 4 年多的海上施工作業期中，500 多名潛水夫在 59 米水下撈貨 5418 噸，在當時的技術條件下完成了"阿波丸"打撈任務，揭開了"阿波丸"的沉沒之迷。共撈起遇難者遺骨 310 具，私人遺物 1081 件，由中國紅十字會分 3 批轉交日本方面，日方深表感謝。此次任務圓滿完成，獲得了國務院、中央軍委表彰。

1978 年 4 月，全國專業救撈業務管理機構 —— 交通部海難救助打撈局成立，下設煙台、上海、廣州救撈局，加強了對全國救撈力量的統一領導和指揮，初步形成了覆蓋全國沿海水域的救撈網路。此後，三亞、廈門等救助碼頭的先後建造，一批批救助打撈作業船相繼交付使用。雖然"十年動亂"影響了國家經濟建設，但交通部救撈系統在此期間仍然完成了大量的救撈任務：執行救助船舶 375 艘（包括外輪 63 艘），1026343 噸；成功打撈沉船 427 艘（包括外輪 36 艘），258126 噸。

在如此繁重的打撈任務中，救撈系統不斷大膽實踐，不但在技術上日益提高，而且在設備上也大大增強。自 1976 年起，該系統分別向國內外訂造了一批遠洋拖輪和工程船舶：向蕪湖、文沖、東海等船廠訂造 2640 馬力的 23 艘；向大連紅旗船廠訂造 13600 馬力的"北海 102"號 1 艘；向香港宏德船廠訂造 6000 馬力的"德平"號、"德安"號、"德順"號及"德利"號等 4 艘；向日本訂造 20800 馬力的"德大"號、"德躍"號 2 艘，合計 30 艘遠洋救助拖輪，且訂造了 2500 噸半自航浮吊"大力"號、5000 噸甲板駁 3 艘等一批工程船舶。這批船舶於 1977 年到 1981 年相繼交付使用。1983 年開始，又購置了半潛駁"重任 1 號"及 14700 噸的"重任 1501"號等一些大型船舶，使救撈裝備大為加強，救助業務也向更深更遠的海域發展。

在人員配置上，到 1985 年，上海、廣州、煙台三個救撈局的職工已發展到 8732 人，救撈力量猛增，打撈方法也從"浮筒打撈法"發展到"斷船整撈法"、"築假雙重底打撈法"等。

隨着我國海洋經濟和航運事業的飛速發展，作為海洋大國，我國更頻繁地參與並執行聯合國及其國際組織制訂的有關海洋事務方面的國際公約，履行國際義務，維護海上安全。我國先後加入了《1979 年國際海上搜尋救助公約》和《1989 年國際救助公約》。救撈系統先後加入了國際救生艇聯盟和國際救助聯合會，成為國際救助打撈行業的一支重要力量。按照公約要求，中央決定在海上安全指揮部的基礎上組建中國海上搜救中心（MRCC），隸屬於交通部。改編後，工作機制發生變化，值班工作交由交通部負責。當發生海上險情時，在海上搜救中心統一的組織協調下，海、空軍及社會力量快速反應、互相配合，完成救援任務。

二十世紀八十年代開始，伴隨着國家計劃經濟體制的變革，交通部救撈單位的管理體制也隨之出現了變化。在計劃經濟時代，為了執行救助待命、清航打撈等國家臨時下達的緊急任務，交通部救撈單位的經費自新中國成立以來的幾十年裏，都由國家給予"補貼"，救撈單位的自籌資金少，有些年度只佔 6% 到 11%。國家推行經濟責任制後，這種"幹不幹，靠補貼"的日子被打破了。

1982 年，交通部黨組提出了"保證救助、廣開門路、多種經營"的 12 字工作方針。救撈系統首先在"保證救助"上下功夫，加強了專業救助隊伍的裝備建設，北自秦皇島，南至三亞，設置了救助站點。在多起海難中，救助生命及財產。

1999 年 11 月 24 日，"大舜"輪傾覆，直接造成 282 人死亡或失蹤，是震驚全國的重特大海上事故。"大舜"輪事故，從起火到沉沒，期間長達 7 個小時，居然沒有等來"救星"，證實了中國雖然存在着一支國家專業救撈隊伍，但是遇到重大的突發海難事故，救撈系統上萬人的隊伍也只能"鞭長莫及"。充分暴露了我國海上搜救能力和救撈應急整體水平，無法適應國家海上安全保障的要求，與國際上先進救助打撈的水準存在着巨大差距。

究其主要原因，首先是當時我國海上救撈力量長期採取"以經營養救助"的方針，保障救助和保證經營存在巨大矛盾。救撈系統三大救撈局為維持自身正常運轉和隊伍穩定，各局只能充分發揮自身的優勢，利用現有船舶和設備，參加海洋工程、航務工程、港口工程、遠洋拖帶、海上運輸等各種經營手段來掙錢養活自己。這種情況下無疑影響了救撈系統作為國家海上專業救撈隊伍的主要職能。其次，救撈系統設於上海、廣州、煙台三個救撈局以及下屬的 14 個救撈站點，其覆蓋面有限，在渤海灣及南海廣闊海域還沒有搜救力量，救撈隊伍的裝備、設施相對落後，尚不具備快速反應能力，更不具備立體搜救能力，在發生重大海難事故時往往難以及時有效地前往救助。三是救撈系統所擁有的船舶船齡偏大，很大部分是 70 年代建造的老齡船，已到了退役年限，由於資金和經費原因，救撈系統難以購置新船，依靠一批老舊船舶擔當難以勝任的救撈重任。

交通部救撈系統改革前，我國海上的專業救撈力量主要以交通部救撈系統這支隊伍為主，海事、海軍、空軍及其社會組織和民間力量共同參與。1999 年 11 月份在山東煙台水域發生的煙台渤海輪渡公司客滾船"大舜"輪，在大寒潮中着火翻沉。即"11.24"特大海難事故發生時，我任交通部海事局副局長一職，並授命擔任國務院"11.24"海難事故原因調查組副組長，全程參與了這起事故的調查工作，在事故調查中的所見所聞，使我的人生觀、價值觀、社會觀等均經受了嚴峻的考驗和反思。"大舜"輪是一艘從日本購買，航行於日本內海的二手客貨船。該輪的航線是執行煙台至大連的客運輪，航程和航行時間很短，該輪因故發生火災導致船舶在大風浪中停航並失控時，離煙台僅 20 幾公里。但是在這樣短的航線上，離岸如此近的海域，如此久的待援時間，如此發展的現代化中國，造成如此特大的海難事故令人瞠目結舌、扼腕歎息。

"大舜號"失控在漂向煙台養馬島的過程中，失控難船離岸越來越近，只要有一艘大功率的專業救助船的纜繩，能把拖纜帶到難船上，可能就會避免這次特大海難事故的發生。但是，一艘僅有 2600 匹馬力且船齡已達 20 年，兩台動力主機且有一台故障，只靠一台主機驅動的老舊救助船，根本無法在現場風力已達到 11 級海況下完成對難船的救助。

現場附近還有一艘專業救生船沒有參加值班待命，當事故調查組詢問當晚的值班人員"這艘船為甚麼那天晚上不派出去救助？"，值班人員的回答令調查組無語："以經營養救助，但經營養不起船舶值班待命。何況這艘救生船長期故障，需要修理，但卻沒有錢買配件，只好停在岸上"。事故現場調查中，還獲知救撈局還有一艘10000 馬力新建的大功率專業救助船，但是在"11.24"特大海難事故發生時，這艘大型專業救助船正在東營港從事經營生產活動，無法趕到煙台參加救助，因為當時救撈局發展方針就是"保障救助、廣開門路、多種經營"，這又能怨得誰呢。調查還發現，渤海灣水域搜救能力存在不少缺陷，如客滾船與漁船、軍船之間的通信不暢、救助手段落後、救助船舶的航速較低、救助設施可靠性差、救助指揮協調的時效性低下等。

"11.24"特大海難事故是血的教訓，促使國家下決心建設一支現代化專業救助力量，任務迫在眉睫。國務院決定在原來救撈系統基礎上進行整體的全面改革，救撈體制改革的大幕正在徐徐拉開。

2000年9月12日下午，在交通部大樓四層會議室裏，交通部召開救撈局全體幹部大會，在會上宣佈任命我擔任救助打撈局局長。我記得當天上午在海事局機關幹部大會上宣佈我離開時，我是流着眼淚向海事局告別的。除了海事業務與我的遠洋船長專業和經驗契合度更高，以及對海事事業和同志們的不捨外，更主要的原因是，我在海事工作期間還有很多分管的工作計劃有待於完成，比如經過鍥而不捨的努力，終於完成了國家"海洋環境保護法"的首次修訂，將建立國家海上油污基金和海區及船舶溢油應急計劃等多項內容已列入法條。但是要在法律框架下儘快實現這些重要法條，談何容易，我已經有了下一步的工作思路和方案啊。

我上任交通部救撈局局長伊始，所面臨的主要任務和挑戰就是：在保證海上專業應急救撈力量的前提下，快速推進救撈體制徹底改革。我的屁股也就很快地坐到了救撈的板凳上。任職之初為儘快了解情況，我和新一屆救撈局領導班子成員分頭下到救撈系統基層單位進行調研。原本是帶着對救撈系統實施大解體、大改革的思路下去的，但是在調研過程中，在與救撈幹部職工深入接觸和全面了解情況後，我回到北京後向部黨組呈報的我的第一份簽報中，竟然明確提出"在救撈體制改革中不宜再提救撈分開"，救撈隊伍只能加強，不能削弱。

# 第二章
## 改革攻堅
## 開創國家海上立體救援

　　2003 年 2 月 28 日，交通部、國家發展計劃委員會、國家經濟貿易委員會、財政部、勞動和社會保障部和中央機構編制委員會辦公室聯合批復了《關於印發〈救助打撈體制改革實施方案〉的通知》，救撈體制改革方案一錘定音，走到了公眾面前。這份文件對改革後的救助與打撈單位提出了更高要求，要求建立"兩支隊伍"，做到"兩個適應"和"三個加快"。

　　建立兩支隊伍："建立一支政令暢通、行動迅速、裝備精良、人員精幹、技術過硬、作風頑強的國家專業海上救助隊伍。實行全天候海上救助值班待命制度，建立快速應急反應和緊急救助機制，切實履行好國際義務和國家職責"；"建設一支裝備先進、技術精湛、吃苦耐勞、不畏艱險的國家專業海上打撈隊伍。承擔海上財產救助、沉船沉物打撈、港口及航道清障等搶險救災職責"。

　　兩個適應：適應以人命救助為目的的快速反應能力，適應實行全天候海上救助待命制度。

　　三個加快：加快制定和執行新的救助待命制度，加快救助設施和裝備的建設，加快救助隊伍的建設。

　　3 月 11 日，新華社對外播發了通稿，向外公佈了國家的這一重要決策，全文如下：

《我國救撈體制改革正式啟動　國家組建專業海上救助隊伍》，我國救撈體制改革正式啟幕。

新華社北京 3 月 11 日電（記者林紅梅）

　　隨着我國經濟發展和體制改革的逐步深化，目前救撈合一的體制已不適應我國水運事業發展的需要。必須通過深化改革、分清職責、強化管理加以解決。

　　這次改革的目標是：根據我國應履行的國際海上救助義務和國家承擔的直接以人命救生為目的的救助職責，適應我國海上交通和海洋資源開發、海洋環境保護等事業的發展需要，保障海上安全生產的穩定和改善海上投資環境，需要對目前救撈合一的管理體制進行改革，實行救助與打撈分開管理，為我國社會主義經濟建設服務。改革要以加強救助為主要目的，同時兼顧打撈的發展。具體內容有：一是建立一支政令暢通、行動迅速、裝備精良、人員精幹、技術過硬、作風頑強的國家專業海上救助隊伍。實行全天候海上救助值班待命制度，建立快速應急反應和緊急救助機制，切實履行好國際義務和國家職責；二是建設一支裝備先進、技術精湛、吃苦耐勞、不畏艱險的國家專業海上打撈隊伍。承擔海上財產救助、沉船沉物打撈、港口及航道清障等搶險救災職責。

　　改革的原則是：堅持救助與打撈分開的原則。明確海上人命救助為目的的公益性職責由國家承擔，逐步健全覆蓋我國沿海水域的海上救助體系；堅持精簡、統一、高效的原則。建立一支精幹的國家海上救助專業隊伍，統一政令、統一部署、統一管理，提高和加強我國海上救助能力；堅持改革既要有利於救助又要有利於打撈的原則。在建立一支國家救助專業隊伍的同時，建設一支國家海上打撈專業隊伍。

　　改革實施方案如下：

組建我國海上專業救助機構。方案指出，海上救助是以航行在我國沿海水域的國內外船舶、海上固定設施和在我國沿海水域中遇險的國內外航空器及其他方面的海上人命安全救生為主，以海上災難性、應急性人命救助為目的的社會公益搶險救助，是屬於政府行為和國家履行國際義務、維護我國國際聲譽的重要國家職能。國務院決定組建我國海上專業救助機構，其主要職責是：貫徹執行國家和交通部有關海上救助工作的方針、政策、法規；負責在我國沿海及相關水域的國內外船舶、水上設施和在我國沿海水域遇險的國內外航空器及其他方面的水上人命救助；負責以人命救生為目的的海上消防；承擔以人命救生為直接目的的船舶和水上設施和其他財產的救助；承擔國家指定的特殊的政治、軍事、救災等搶險救助任務；履行有關國際公約和雙邊海運協議等國際義務；完成國家交辦的其他搶險救助等工作任務。國務院決定組建海上專業救助機構。將目前交通部煙台、上海、廣州海上救助打撈局直接用於海上救助值班和人命救生的資產和人員劃分出來，分別組建交通部北海救助局、交通部東海救助局、交通部南海救助局（以下簡稱救助局），下設救助基地。對我國沿海海域的救助實行分區負責。北海、東海、南海救助局分別擔負我國北部海域及黑龍江幹線、東部海域及長江幹線和南部海域及珠江口三個救助責任區的救助工作；從目前煙台、上海、廣州三個救撈局中各劃出相應的救助專用碼頭或泊位，連同設置在沿海的救助基地劃歸救助局；按照我國現行的《海上救助打撈船舶調度指揮管理辦法》規定，為保障救助，從現有 1940KW 以上救助拖輪 59 艘中劃出 28 艘和快速救生船 3 艘及輔助船 3 艘共 34 艘給救助局；將上海高東海上救助機場的全部資產和直升機 2 架劃給救助局。救助局的事業經費納入中央財政支出預算，具體數額由財政部另行核定。救助局的固定資產投資及劃分到救助局的船舶負債由中央專項基金——港口建設費中安排解決，國家計委視中央預算內基本建設投資的可能性適當給予支持。在"十五"期間及以後，要加大國家財政投入的力度，加快更新老舊船舶和購置救助飛機，儘快形成與我國海運大國地位相稱的立體救助體系。

　　加強我國海上專業打撈機構建設。海上打撈是以清除在我國沿海公共水域、港口航道的沉船沉物、船舶溢油和遇險航空器等為物件，以海上突發性、災難性應急搶險為目的具有一定社會公益性和商業性的打撈行為，是國家履行國際義務、保障海上安全形勢穩定和改善海上投資環境的重要手段，國務院決定加強我國海上專業打撈機構建設，其主要職責是：貫徹執行國家和交通部有關海上打撈工作方針、政策、法規；承擔國家指定的特殊的政治、軍事、救災等搶險打撈任務；履行有關國際公約；沉船沉物打撈，公共水域和航道、港口清障；負責水上非人命救生的船舶、設施和財產的救助打撈；沉船存油和難船溢油的應急清除，防止海洋環境污染；海上應急拖航駁運和海上特殊交通運輸；完成國家交辦的其他工作任務。具體方案是：從交通部煙台、上海、廣州海上救助打撈局劃出資產和人員組建救助局後，三個海上救助打撈局更名為：交通部煙台打撈局、交通部上海打撈局、交通部廣州打撈局（以下簡稱打撈局），仍為事業單位。打撈局事業經費實行自收自支，以經營彌補打撈經費不足，實行以經營養打撈。為鼓勵打撈局儘快轉變觀念，適應市場發展的要求，實現企業化運作，國家在一定時期內對打撈繼續給予政策支持。原則上在今後 5 年內，打撈局執行國家下達的重大公益性搶險救助打撈任務時，所需費用由中央財政給予適當補助。同時，按照"誰受益、誰付費"的原則，由國家計委、財政部、交通部等部門研究制定打撈收費管理辦法。

　　體制改革後的救助打撈單位實行垂直領導管理體制，新組建的救助局和打撈局，由交通部救助打撈局實行統一垂直領導和管理。根據方案，交通部將組建飛行調度中心。

　　2003 年 3 月 28 日，交通部下達了〈關於交通部救助打撈局等單位主要職責、內設機構和人員編制的通知〉，出台了機構改革的"三定方案"。改革意味着，要把現有的救助打撈局一分為兩家，誰去救助局，誰去打撈局？財產怎麼分？救助局今後吃"皇糧"，有保障，多數人傾向去救助局，打撈局怎麼辦？打撈局今後能吃飽飯，能發得出工資麼？三大局分別成立了救助與打撈分開改革領導小組。一場時代性的改革，迅速地在救撈全系統鋪開。2003 年 5 月 30 日，交通部救撈局下發了〈關於印發救撈體制改革人員資產劃分實施方案的通知〉。數千萬名救撈職工進行了分家，船舶等財產也分為兩份。

　　2003 年 6 月 28 日，救撈體制改革正式實施，新華社播發的電波，將這一變革，告知了全世界：

《救助與打撈今起"分家" 我國海上專業救助隊伍誕生》

　　新華社上海 6 月 28 日電

　　我國北海、東海、南海三大救助局和煙台、上海、廣州三大打撈局 28 日成立，交通部在上海舉行了揭牌儀式，我國海上專業救助隊伍誕生。

　　交通部副部長洪善祥宣佈，三大救助局分別擔負我國北部海域及黑龍江幹線、東部海域及長江幹線和南部海域及珠江口三個救助責任區的海上救助工作，實行全天候值班待命制度。救助局的事業經費全部由國家承擔。

按照國務院六部委批准的改革方案，交通部將原煙台、上海、廣州海上救助打撈局直接用於海上救助值班和人命救生的資產和人員劃分出來，分別組建了救助局，下設救助基地。原救助打撈局分別更名為三大打撈局，保留事業單位性質，自收自支，承擔海上財產救助、沉船沉物打撈、港口及航道清障等搶險救災職責。

上海海上救助飛行隊 28 日同時揭牌，我國立體救助體系正式啟動。交通部救助打撈局局長宋家慧介紹，除上海海上救助飛行隊外，還將在渤海灣等重要海區分別組建海上救助飛行隊。

新組建的救助局和打撈局由交通部救助打撈局實行統一垂直領導和管理。

洪善祥說，此舉標誌着我國救撈體制改革工作基本完成，我國從此擁有國家專業海上救助隊伍、國家專業海上打撈隊伍和立體救助體系的建立，體現了黨和政府對保護海上人民生命財產安全的高度重視。

我國救撈系統創建於 1951 年，近 20 年來實施以經營養救助的體制，救助能力滯後的社會需要。國務院今年 3 月批准進行救撈體制改革。


同一天，2003 年 6 月 28 日，時任交通部副部長洪善祥在上海外高橋救助機場，揭下了"交通部東海第一救助飛行隊"牌子上的紅綢。我國海上救助飛行隊，由此誕生，中國救撈系統誕生了新成員。

救助飛行隊是救撈體制改革的一大亮點。

我接任救撈局長後，大量研究了西方世界發達國家，例如美國、歐洲和周邊國家日本等國家的海上救援經驗和特點，結合我們國家已經發生的事故特點，提出海上救援離不開空中救援的觀點。

如果能打造一支空中救援隊伍，那將對海上救撈工作的開展發揮重要作用，得到了交通部黨組的肯定和支持，在救撈體制改革方案中給予了明確。

擁有救助飛機，是中國救撈人的夢想。

1991 年，美國船舶"DB29"號輪在我國汕頭以南海域的公海上作業。8 月 18 日，颱風來了，這艘船在撤離途中，遭遇颱風。船長趕緊指揮船員拋錨，就地躲避颱風。但是，拋下的錨在颱風的襲擊下，竟然打到船體上，把船體打穿了個洞，船舶進水，船上 195 個人面臨被颱風卷起的海浪吞沒的危險。

交通部下令深圳救撈方面帶領 6 條船，趕緊前往救人。6 條救撈船從蛇口出發，海面上颳着 11 級大風，船頂風而行，大浪從船的雷達天線上蓋過去，船被淹沒在大浪裏，過了一會兒又頑強地鑽了出來。6 艘船拼了命往前趕。

剛走了一半路程，就在廣播裏聽到："香港救助直升機出動！"的消息。等 6 艘救助船趕到現場時，救助行動已經結束了。香港救助直升機救走了 195 個人。

這件事對我國救撈系統震動很大，直升機救人優勢大，我國也要有救助直升機。

"11.24"海難中，眼看着難船被風吹着，吹到快近養殖區時，傾覆了。救助船出不去，靠不上，如果當時交通部有自己的空中救援力量，情況就會完全不同。

所以，國家批復的救撈體制改革方案中，明確了組建救助飛行隊的改革任務。在救撈系統進行體制改革的同時，我們開始着手組建交通部的海上救助飛行隊。交通部從上到下高度重視，決定從國外採購世界最好的直升機，打造四支救助飛行隊。

中國內地第一支海上專業救助飛行隊 —— 交通部上海海上救

助飛行隊經過 4 個月的試運行後，於 2003 年 7 月 15 日正式在東海轄區執行以人命救助救生為主的海空立體救助任務。

我暗自下定決心要更好地建設空中救援力量。根據當時飛行隊的組建情況，我提出了飛行隊在執行緊急救助任務時的工作原則，即"安全第一，救助也第一"。如果按照企業安全生產要求，安全壓倒一切的話，那麼多數氣象條件下，救助直升機就不能飛，因為 80% 的事故是發生在惡劣天氣，那麼組建國家救助飛行隊還有甚麼意義呢，所以必須解決在非正常氣象和海況條件下直升機緊急出動、緊急救援的行動指導原則，為此，我提出安全和救助並列第一。那麼到底哪個第一呢？這就需要飛行隊和機組人員現場根據實際情況，做出科學決斷。各級領導不做官僚決定、不搞官樣文章。

針對救助飛行隊主要任務和特點是執行海上救助任務，所以培養建設一支既懂飛行又懂航海的複合型人才隊伍，勢在必行。考慮錄取到海事高校大學畢業生所具備品學兼優、英語程度高、身體素質好和涉及海上專業的特質，符合培養從事海上救援對複合型人才的技術要求，救撈系統自 2003 年起就從大連海事大學、上海海事大學、集美大學等海事院校，選招了多批畢業生，經過培訓成為救助飛行員。實踐證明，這條路是正確的，這些飛行員、救助員在救助實踐中發揮了重要作用。

同時，海上救生員需要身經百戰的強大心理素質和過硬身體素質。於是，我又決定從海軍特種兵招錄轉業戰士。2003 年，我先後訪問了海軍陸戰兩個旅，經過雙方溝通和交流，達成了每年從兩個旅的轉業特種兵招收復轉戰士，經過相應專業培訓後安排各飛行隊做絞車手、救生員，或到各個救助船上做救助員。有力支撐和加強了"三位一體"的救助發展格局和"動態待命救助值班"的任務。

實踐證明，這種人力資源培養機制的建立，是我國在相近行業和專業領域的創新和開拓，收到極佳效果，一批像王浩這樣經過嚴峻考驗的典型救生員紛紛產生。

在加快裝備建設、技術建設、隊伍建設同時，通過建立現代化救助值班待命制度，全力實現使有限救助資源能夠發揮最大救助效率。先後建立"關口前移、站點加密、動態待命、快速出擊"的動態待命制度。提出了執行動態待命專業救助船要遵守"儘可能將事故多發水域放在下風舷，搶佔制高點，以快制勝"，在我國沿海主要島嶼建立"陸島空中救援網"等一系列的海上救助值班待命方針"。在這些創新的海空救助值班制度下部署的專業救援力量，是黨和國家在祖國的蒼茫大海上聳立的鋼鐵長城，以及在海空中佈局的一道道靚麗的人道主義風景線。它不僅造福於我們國內的中國的老百姓，還造福於在我國沿海航行的其他國家船舶的安全，承擔起了我國義不容辭的國際人道主義責任。

經過近三年艱苦卓絕的奮鬥和努力，2003 年 6 月 28 日，經國務院批准，中國救撈終於完成了具有歷史性的體制改革。改革後實現了救助、打撈分開管理，確定了救助與打撈的事業單位性質，明確了救撈系統統一垂直的領導管理體制。通過組建了 3 個救助局、3 個打撈局和 4 個救助飛行隊，在沿海建立了一個比較完整的國家專業救撈應急網路，形成了三個"三位一體"的發展特色，集合了應對和處置各類海上重大突發事件的應急能力，強化了公益性搶險救助打撈的行業特性，奠定了國家專業救撈隊伍的行業凝聚力、整體戰鬥力和核心競爭力，走出了一條以"加強應急救助、發展搶險打撈"為己任的獨具中國特色救撈發展之路。中國救撈由此進入了快速發展歷史新階段。

如上所述，中國改革的動因是 1999 年在煙台水域發生的
"11.24""大舜"輪特大海難事故，改革的方向是"事企分開"，即救
助劃歸公益，所有打撈改革為企業，組建以中國海洋工程公司為牽
頭單位的中國救撈集團公司。但是 2002 年在大連港水域發生的我
國第一次海上空難，即"五．七"空難，確使得救撈按照"事事分開"
模式完成了體制改革。

　　2002 年 5 月 7 日，北方航空公司一架 MD82 客機在執行從北
京飛往大連途中，在抵達大連上空降低高度，即將降落時發生火
災，並墜毀在大連港錨地水域。機上 112 人全部罹難。在對這次空
難緊急救援、打撈罹難者和飛機殘骸過程中，救撈系統發揮了不可
替代的專業救撈隊伍的作用。實踐證明在中國海上開展的人命救助
是公益性，但是，在中國發生的重大海上應急搶險打撈，依然屬於
政府義不容辭的職責，這在推動了救撈系統在改革關鍵時刻，使改
革方向原本由"事企分開"方向轉為"事事分開"新方案。改革後救
撈機構按照救助、飛行、打撈三支隊伍建制發展：

　　（1）救助隊伍：交通部北海救助局、交通部東海救助局、交通
部南海救助局。

　　（2）飛行隊伍：交通部北海救助飛行隊、交通部東海第一飛行
隊、第二救助飛行隊、交通部南海第一救助飛行隊。

　　（3）打撈隊伍：交通部煙台打撈局、交通部上海打撈局、交通
部廣州打撈局、中國海洋工程公司、華德海洋工程有限公司，後續
在此基礎上又另行組建成立了由部局和三個打撈局合資的"華德海
洋工程（香港）有限公司"（部局 28%，三個打撈局各 24%），至此
救撈系統在香港有兩個"華德"公司。

　　改革初分給救助隊伍的總資產大概 10 億，分給打撈三個局總
資產大概 18 個億。

改革方案的形成，由"事企分開"到"事事分開（過渡 5 年）的關鍵檔案，國務院"8.12"批示。

有關救撈體制改革 2002 年的"8.12"批示，得到時任國務院的全部領導班子：朱鎔基總理、李嵐清、溫家寶、吳邦國四位副總理，國務院秘書長王忠禹、副秘書長馬凱、副秘書長尤權均在救撈改革文件上做出重要批示。

具有歷史意義的重要文獻，"2.28"六部委文件，2003 年 2 月28 日按照國務院總體部署，由交通部、國家發展計劃委員會、國家經濟貿易委員會、財政部、勞動和社會保障部和中央機構委員會辦公室六個部委聯合印發了"關於印發《救助打撈體制改革實施方案》的通知"（交人勞發 60 號），這個文件印發時間與當年即將通過國務院新一輪改革的"兩會"召開時間，僅差 3 天。

2003 年"兩會"召開決定了國務院機構新一輪改革，將國家發展計劃委員會改革為《國家發展和改革委員會》；勞動和社會保障部改革後為《人力資源和社會保障部》；取消"國家經濟貿易委員會"，救撈改革成果在當時條件下可謂"命懸一線"、"天佑紅軍"啊！事非經過不知難，就這三天，挽救了救撈體制改革的成果，這三天，決定了救撈系統的發展命運，這其中背後的艱辛和執着，難以言表，在本書就不必贅述了。

在黨中央國務院關懷重視下，在交通部黨組領導下，交通部救撈系統體制改革後新的體制機構於 2003 年 6 月 28 日在上海、廣州和煙台三地，同時舉行新機構成立和掛牌儀式，救撈系統體制改革取得巨大成功。救和撈實施"事事分開"的改革方針，為救撈事業實現快速發展奠定了堅實的基礎。

（1）將原來救撈系統的三個部屬正局級單位，一分為二，變成了六個正局級單位，救撈改革後從領導班子到處、科級幹部全部增容、擴編、編制翻番，幾乎所有待崗、下崗的職工全部上崗，重新投入了救撈事業中來。這在當時國家事業單位體制改革中是極為罕見的。

（2）組建了四支交通部海上專業救助飛行隊，所有救助直升機全部從歐洲和美國進口，將救撈改革前僅水面的單一功能、救助功能，全面提升為"空中立體救助、水面快速反應、水下搶險打撈"獨具中國特色的"三位一體"全方位救援力量。

（3）由於改革方案明確救助由國家財政負責，在中央財政增設了對救撈的財政預算。

（4）由於改革方案中明確打撈的重大裝備應有國家投入，確保了救撈改革後打撈單位的後續發展。

（5）解決了改革後救撈職工的後顧之憂，妥善解決了從救助和打撈單位退休人員的退休待遇問題。

## 改革後面臨的形勢和挑戰

既然救撈堅持"事事分開"的改革方案，既然部和國家各有關部委予以了支持，中央和國務院給予了希望和期待，中央財政設立了救撈財政預算，形成了改革後的救撈要吃財政飯，要花納稅人的錢。打撈要靠國家增添裝備，所以改革後救撈的表現和作為，必然受到全社會的廣泛關注，特別是參與救撈改革的中央和國家部委。財政部的領導和我說，改革後半年內你們幹不出成績，一年發揮不了顯著作用，人家就會說改革錯了，我們就會感覺被你們欺騙了，你們別忘了現在的方案只是過渡。所以改革後的救撈系統如同"背水一戰"，必須立竿見影，必須儘快有所作為！為此改革後的救撈系統採取了以下舉措：

## 統一發展思想、明確工作目標、提出工作思路

——提出"走獨具中國特色的救撈發展之路"（有一本內部專題匯編），提出了要構建一套"自己說得清楚、別人聽得明白、社會能夠接受、上級能夠支持"的救撈發展新理念。

縱觀世界各國，中國的救撈隊伍一支獨秀，救撈體制的形成體現了中國特色社會主義道路實際國情、社情，與西方的海上搜救救援體制截然不同，為此救撈改革和發展的最根本理由和依據就是"獨具中國特色"。

——第一次提出將救撈"把生的希望送給別人，把死的危險留給自己"作為救撈系統核心價值觀。在此基礎上提出："主動出擊、主動作為、主動迎接挑戰、主動承擔責任"的救撈主動精神和"有為才有位，有位更有為"的救撈不斷進取精神和憂患文化。

——加強救撈隊伍文化建設。全系統幹部職工統一着裝、統一局徽標誌、創作局旗和局歌、舉辦全系統英語大賽和局歌演唱大賽、所有救助船舶和飛行器統一着裝、統一編號，所有打撈船舶和裝備統一標誌。

——提出三個"三位一體"的救撈特色發展內涵。即要把中國救撈打造成，擁有"救助隊伍、飛行隊伍、打撈隊伍"的三位一體的隊伍建制；承擔了"人命救助、財產救助、環境救助"三位一體的崗位職責；具備了"空中立體救助、水面快速反應，水下應急潛水打撈"的三位一體救助功能。提出要把救撈建設成為"人員精幹、裝備精良、技術精湛，在關鍵時刻發揮關鍵作用"即"三精兩關鍵"的國家海上不可替代的專業救撈隊伍。

——鑒於改革後救撈裝備特別是救助裝備投入，需要一個規律性的過程，但是人們的期待是沒有過程的，為儘快提升救助能力，

展示救撈改革後新形象，我們提出了利用救撈改革後有限裝備，快速提升救撈能力，樹立國家海上專業救撈隊伍的形象。為快速適應新的形勢和迎接新的挑戰，在深入調查研究和研判的基礎上，救撈局從戰略和戰術兩個方面進行了全面部署和展開。

一是從戰略方面，在全系統連續部署和開展了"三個三年"的系統化能力建設。第一個三年是"管理發展年"（2004-2006）；第二個三年是"專業化建設"（2007-2009）；第三個三年是"績效考核"（2010-2012）。

二是從戰術方面，開展了全面提升應急救助能力和制度建設。

（1）提出並建立"關口前移、站點加密、動態待命、隨時出擊"的16字動態待命救助值班制度。

（2）提出救助基地"三大功能"即：改革前的救助站主要是生產經營，改革後救助站改成"救助基地"後，方向在哪裏、目標在哪裏？這是一個必須提出和解決的重大問題。確定了"三大功能"後，即對基地發展移除了具體的方向和目標。一是通過對基地的碼頭和地面相關設施建設和改造，使救助基地具備對執行海上動態待命力量和空中立體救援直升機的支持保障功能，二是通過配備華英艇等救助快艇，使基地具備50海里以內的水面快速反應救助功能；三是通過建設基地潛水救援小分隊，使基地承擔起500公里以內的內陸水域潛水救助打撈任務。

（3）為快速形成空中立體救援力量和加強整體救助能力提高。

一是大量租用直升機和固定翼飛機，2010年時我們自有和租賃飛行器已經達到20架。二是尋求內外合作，先後與香港政府飛行服務隊、香港消防處、中信海直、珠海等單位簽訂長期合作協議或戰略合作框架協議書。

——關於組建交通運輸部海上救助飛行服務隊

在交通部組建飛行單位就當時條件看，沒有任何經驗和必備的條件。首先 2001 年 3 月 5 日成立交通部上海救撈局飛行隊，主要是以上海打撈局名義徵地建高東機場。第二步，2003 年 6 月 28 日即救撈改革掛牌為交通部上海海上救助飛行隊，第三步，即救撈體制改革後於 2004 年按照三個海區組建交通部北海、東海、南海救助飛行隊，統一歸部救撈局垂直統一領導。在當時條件下交通部組建飛行隊，等於將海員的腿伸到了航空領域和民航系統。經驗、資源、隊伍等所有條件是"零"，發展前景和安全面臨巨大挑戰和不確定性。

（1）首先是飛行隊的性質確定為"國家航空器"，還是參照香港GFS 模式。雖然經過申請，國務院已經正式下達批准了交通部海上救助飛行器，按照國家航空器管理的批復檔案。但是經過反覆論證、縝密思考，為確保海上救助飛行隊建設初期的絕對安全，我最終決定將交通部海上救助飛行隊納入國家民航系統，接受民航對民用飛行器的管理。鑒於救助飛行隊的應急救援特性，救撈局又向民航總局提出效仿香港政府民航處對其飛行服務隊（GFS）的管理模式，經過與民航管理部門共同實地調研考察和協商，最終解決了交通部救助飛行隊緊急起飛時，執行突發救助任務和訓練情況下的管理需要。

（2）隊伍建設，人才引進培養。根據交通部海上救助飛行隊快速發展對人才迫切需求的實際情況，採取招收空軍專業飛行員和大學招飛再培訓雙管齊下的策略，創造性開闢了從航海院校招收海上專業畢業生，以培訓海上救助飛行員；從海軍特種兵招收退伍轉業的特種兵，以培訓擔任絞車手和救生員的先進和創新人才培養模式，並取得了可供國內各航空單位效仿的寶貴實踐和經驗。在飛行員培訓模式方面採用了國內和國外雙軌制，與香港商業航空公司合作，採用與商業航空公司的雙贏模式，免費為持有初級商照飛行員進行商業副駕飛行兼顧培訓，效果明顯。許凡機長等第一批是在大三開始招聘，以後開始招應屆畢業生包括宋寅、萬秋雯和杜雲等女飛行員，送往澳大利亞阿德萊德飛行學校培訓，董恩澤、魏碩到香港"空中快線"商業公司代飛培訓，均取得良好效果。

（3）提出救助飛行隊發展階段性目標：第一步白天飛行救助距離 80 海里，第二步白天飛行救助 110 海里，第三步在有條件和保證安全的前提下，可以穩步開展訓練夜航救援。

（4）提出飛行隊的工作指導思想和原則，即訓練是日常工作，救助是主要任務，此原則也適應各救助局及其所轄救助基地。

（5）為正確處理好飛行隊安全和執行飛行救助的關係，確定和明確各救助飛行隊的"救助第一，安全第一"指導原則。

（6）提出"榮譽屬於過去，奮鬥才有未來"及救助飛行隊員的兩個人生價值的思考。

（7）提出"事業留人、待遇留人、感情留人、制度留人""四個留人"的飛行隊專業業務人才管理制度。

（8）為儘早履行好交通部救助飛行隊的職責，儘快形成立體救助力量，又要保障好在飛行隊發展起步階段的安全發展。採取特別邀請香港政府飛行服務隊（HKGFS），到我各飛行隊參加空中立體救援值班待命工作，兼顧幫助專業培訓的交流合作。今年 11 月 23 日是香港飛行隊支持內地空中救援 20 年紀念日，是一個特別值得紀念的日子！

（9）為儘快加大空中救援總體力量，我們在自有飛機的基礎上，通過作通財政部支持，最多同時租用直升機 5 架和固定翼飛機

3 架，使得交通部救助航空器在 2010 年時，已經達到了 20 架直升機和固定翼飛機的空中救援力量。

（10）在中國北方沿海、東部海域和珠江口海區人口密集的海島上建立"陸島空中救援網"，這是新中國成立以來，國家為沿海島嶼人民羣眾量身打造的生命救援網，受到了地方政府和海島人民羣眾的極大歡迎和感謝。為科學合理利用國家空中救援資源，我提出在推進救助飛行隊開展"陸島空中救援網"過程中，應遵循"救命不救病"的指導思想和工作原則。陸島空中救援網的建立，發揮了巨大作用和廣泛影響。

（11）站在國家大局和立場上，知難而進，迎難而上，毅然決定，派出南海第一救助飛行隊一架剛剛進口交付的 EC-225 直升機，奔赴四川廣漢參加汶川地震救災空中立體救援，機組、機長和救助直升機均獲得黨中央、國務院和中央軍委的嘉獎。

—— 改變或影響救撈事業發展命運的歷史事件

（1）2001 年春天，組織廣州救撈局全面參與對飛行員王偉的南海大搜救。我代表交通部救撈系統在央視焦點訪談節目接受專訪，第一次在全國觀眾面前展示了中國救撈的特殊使命形象。

（2）遵照國務院部署，2001 年我作為救撈局局長赴土耳其，參加航母"瓦良格"（遼寧艦）拖回中國的艱巨而光榮任務，這是中國救撈的榮譽。

（3）主動爭取參加國務院大連"五·七"空難工作組，臨陣受命擔任國務院大連"五·七"空難現場救助打撈總指揮，主導了大連"五·七"空難現場救助打撈，接受央視焦點訪談和"東方之子"欄目現場採訪，向國家和社會展示和證明，加強專業救助和打撈能力建設的重大國家意義；

（4）主動出擊，全面參與國家載人航天工程的歷史壯舉；從

2001 年神舟 2 號無載人飛船發射開始,中國救撈就加入了中國國家載人航天工程。直到現在,這使得交通部救撈系統在國家航天事業發展中,也有了展示能力和形象的國家舞台。

(5)積極支持、參與和全面部署廣州打撈局,全力完成南宋 800 年古沉船"南海一號"整體打撈出水。我在央視直播間連續接受採訪和現場報導,使得交通部救撈系統在國家海上重大考古專案發掘和打撈工程中也能嶄露頭角、大有作為。

(6)艱難抉擇、主動請纓,全力參與汶川地震搶險救災,圓滿完成地震災區空中立體救援任務,向黨中央國務院交出一份合格答卷,向全國人民展示了交通部救助飛行隊的能力水平和隊伍風采。

(7)2004 年精心策劃和促成部領導和財政部領導見面。向財政領導全面匯報救撈系統改革後發展所面臨的經費困難,獲得了財政部的理解和支持,最終一攬子解決改革後救撈發展經費難題。

(8)2006 年 5 月部救撈系統圓滿完成對東沙島水域幾十艘越南漁船和 330 名越南漁民,在 57 年來登陸最早、強度最大的超級颱風"珍珠"的死亡威脅下,實施了成功救助。越南總書記、國家主席、總理分別致電我國黨和國家領導人,表示誠摯感謝。交通部救撈系統在國家外交戰略博弈中,也能夠發揮積極重要作用,受到了黨中央和國務院的肯定。

(9)於 2008 年和 2009 年乘救撈改革五周年和六周年之機會,召開兩場高規格救撈改革總結座談會,邀請國務院有關部門領導蒞臨會議,李盛霖部長在座談會上代表交通部黨組做出題為"建設獨具中國特色救撈事業"的重要講話,堅定了國務院有關關鍵部門對救撈體制改革發展持續有力支持的信心;

(10)乘救撈改革五周年之機會,邀請國務院參事、國務院應急救援專家組長、財政部、發改委、中央編辦等領導,評審了救撈體制改革五周年取得的成效，獲得肯定論證和評價，為救撈體制改革方向的正確性提供了依據，進一步夯實了基礎，打消了國家有關部門的所有疑慮和猶豫。

（11）2006 年 8 月 24 日在在北京嘉里中心，隆重舉行中國救撈成立 55 周年紀念大會，國務院副秘書長尤權代表國務院出席大會，並親自為獲得救撈功臣金質獎章的香港政府飛行服區隊陳志培機長授牌；

（12）2010 年組織救助船"東海救 113"首次環島航行台灣，先後停靠台中、高雄、花蓮、基隆四港口，開闢了海峽兩岸 60 年來大陸公務船環島訪問台灣的先河，救撈系統在國家對台工作中也做出積極貢獻，大獲積極影響。

（13）2011 年 8 月 24 日在上海國際會議中心隆重舉行世界海上人命救助大會暨中國救撈成立 60 周年紀念大會；國務院副總理張德江專程專機赴上海出席大會，並發表重要講話，親切接見救撈和海事系統英模代表，合影留念。

——全面加強救撈文化建設和宣傳，樹立中國救撈（CRS）世界品牌。

（1）着力構建救撈"把生的希望留給別人，把死的危險留給自己"的核心價值觀，打造"走獨具中國特色救撈發展之路"救撈發展理念和文化品牌。

（2）強化救撈憂患文化，樹立強烈憂患意識、危機意識、主動意識、時不我待和和一萬年太久只爭朝夕的意識。

（3）增強"兩杆子"意識，提出"五個並重"的救撈工作發展原則，創作救撈文化宣傳品牌，加強在上海的"中國救助與打撈"期刊中心和在煙台音像中心的建設，不斷提升中國救撈文化宣傳力度，不斷擴大中國救撈國內外影響。

（4）加大國際交流，創建中國救撈國際論壇（2004 年至 2008 年連續五屆，從第六屆開始每兩年一屆，2010 年在西安召開第六屆中國救撈國際論壇）。

（5）2011 年創建上海中國救撈歷史陳列館；實現國際海上救助聯盟（IMRF）唯一的海外機構即"亞太交流中心（APRC）"在東海救助局成功落戶。

（6）2011 年在全國政協禮堂隆重舉行展現和反映救撈事業的電視劇"碧海雄心"發佈式，時任交通運輸部紀檢組長楊利民出席發佈式。

創建救撈宣傳精品片《大寒潮》，影響廣泛和深遠。

建立救撈系統"金、銀、銅"牌表彰立功機制，全面激發了救撈幹部職工為國爭光的英雄主義氣概和大愛無疆的人道主義精神。

（7）2011 年在交通運輸新聞大廳隆重舉行"中國救撈志"首發儀式。

迄今為止，我們國家的海上專業救助打撈隊伍的救助能力和技術水平，已經達到了國際先進行列。值得一提的是，中國救撈所具備的"三個三位一體"的特色功能，即具有"飛行隊伍、救助隊伍、打撈隊伍的三位一體隊伍建制"，具備"空中立體救援、水面快速反應，水下應急打撈的三位一體功能"，可以承擔"海上人命救護、財產救助和海洋環境救助的三位一體職責"，彰顯了我國海上專業救助打撈綜合實力的空中立體救援，這在世界上是獨一無二的。而這恰恰是中國特色社會主義制度下，中國特色救撈隊伍的一個典型標誌。

2011 年 8 月 24 日至 28 日，2011 年世界海上人命救助大會在上海成功召開。"這是聯盟（IMRF）成立 87 年來，首次在中國乃至亞洲舉辦的世界海上人命救助大會，是全球海上人命救助領域最專業、最具權威性和影響力的盛會，也是中國救撈第一次承辦這樣高規格、高層次的國際性會議，進一步展現了中國綜合國力的顯著增強，中國救撈的飛速發展以及國際影響力和話語權的逐步提升。中國救撈近年來的快速發展及特色發展所取得的巨大成就，令同行震驚、世人矚目，在海上人命救助工作中發揮了獨特的優勢和"不可替代"的作用，已成為世界海上人命救助中的重要力量，同時也給世界海上人命救助事業帶來生機和活力。國際海事組織授予了中國救撈船員"海上特別勇敢獎"。

這是一個從事着特殊職業與狂風巨浪逆行的羣體，是一個時刻和危險打交道的羣體。當海上颱風肆虐時，其他從事海上作業的人員、船舶紛紛回港避風，唯有救撈職工為了履行職責，卻離開自己的安全港灣，奔向狂風惡浪的大海。當難船上大火熊熊地燃燒，其他人員棄船逃生時，唯有救撈職工撲向火海。

救助船員肩負着對難船人員提供生命救生的重大使命，他們救助一艘艘遭遇火災、碰撞、擱淺、觸礁的船舶，為病危、病急、受傷的船上人員提供難以數計的救助，使多少船員、旅客從絕境中獲得新生，被船員和旅客稱為"天使"、"海神"、"救命恩人"和"海上媽祖"。曾經有一位領導人在考察福建莆田湄洲島媽祖祖廟時感慨道"媽祖是千年的雷鋒，而雷鋒就是當代的媽祖"，我想説的是"媽祖是千年的救撈，而救撈就是當代的媽祖"。

# 第三章
# 民族精英　拯救有功

　　歷史是照亮未來的燈塔。牢記歷史是為了開創未來，牢記歷史也是為了飲水思源，是為了增強歷史自信、爭取歷史主動，這就是中華民族優秀文化的核心價值。回顧 20 年前的故事就不得不提及原交通部部長張春賢，他是兩地在組建內地海上救助飛行隊，開創友好合作的堅定支持者、領導者、推動者。除了若干重大決策外，他親自參加了 2004 年 3 月 30 日交通部和遼寧省政府、大連市市委市政府在大連共同為香港飛行隊舉辦的歡送大會，也是他在向國務院領導匯報並獲得支持的基礎上，與香港特別行政區特首董建華多方聯繫，最終達成了高層的一致認識，為實現香港飛行隊機組於 2003 年 11 月 21 日空降大連，從此拉開了雙方實質性交流合作把了關、定了向。

　　組建交通部海上飛行救助隊離不開飛機和飛行隊伍，飛機可以購買，也可以進口，但是想要打造一支能力卓越、技術精湛的飛行隊伍，卻需要一個千錘百煉的激烈過程。自新中國交通部成立以來，主要職責是水路和公路運輸，在交通部人才隊伍裏沒有涉及航空業務崗位。提出組建交通部海上救助飛行隊，本身就是具有巨大挑戰的課題。無論是交通部還是救撈局的飛行基礎都是零，而且海上救助飛行不同於民用航空器飛行。民航飛行的安全標準除技術外，一般飛行的首要前提是天氣氣象條件，然而海上飛行救助隊伍最大的特點，往往是在民航法律法規規定不能飛行的極端天氣條件下，執行飛行救助任務。對參與救助航空器的可靠性、飛行人員的飛行技術、心理素質、機隊管理等要求更為嚴格，還需具備奉獻的精神和過人的膽魄。

2001 年 3 月 5 日，中國第一支專業海上救助飛行隊，即交通部救助飛行隊在上海正式成立。第一批從美國進口的兩架 S76 即將運抵高東機場，來自於各方挑戰接踵而來。機隊如何組建、如何管理，飛行員和機務等技術人員如何招聘、從哪招聘，是按照軍方管理模式，還是民航管理模式，還是直接申請國家飛行器，還是按照自己創建的模式進行管理，自己要創建甚麼樣的模式，一切問題都沒有答案，問題只有我們自己來解答。我這個遠洋船長出身的救撈局長只能一籌莫展。但，事物發展的規律和經驗啟示我，深入細緻的調查研究就可以找到答案。正如李強總理所說"下去調查發現的都是辦法，高手在民間啊"。因此，2001 至 2002 這兩年我們在全國範圍內開展了全面的調查研究，登門取經、學習拜訪，幾乎走遍了國內所有擁有直升機的軍、地兩方面的機構和通航單位。但是很遺憾，當時中國內地不論軍方還是民方，根本找不到與我們組建飛行隊任務和性質相同的機隊，甚至連基本類似的機隊都沒有。2001 年 11 月 4 日，我率救撈局代表團首次訪問香港政府保安局、飛行服務隊、民航處等有關單位。在從香港訪問開始，通過各種方式和管道，也有目標地展開了對英美和歐洲國家，如美國海岸警備等飛行力量的考察和調研。經過系統的考察調研和學習取經，我們的思路逐步清晰，目標也接近鎖定。結合我國實際和香港已經回歸祖國的現實，以及我在海事系統工作時作為現場總指揮，於 2000 年 6 月 5 日在深圳海面舉行的中國有史以來的首次"珠江口粵港澳搜救和溢油應急聯合演習"過程中，親眼目睹了香港政府飛行服務隊救助直升機的精彩表現。我決定將交通部海上救助飛行隊的建設目標和工作總體思路，鎖定在與香港特別行政區政府飛行服務隊

（HKGFS）展開全面合作，同時廣泛與內地通用航空單位建立切實可行的合作關係，多管齊下、博採眾長。我堅信香港同胞一定會幫助我們的，理由很簡單即香港是中國的，香港飛行隊同仁和我們是骨肉同胞。在與香港保安局長葉劉淑儀女士和香港政府飛行服務隊總監蔡照明先生等首次見面後，我更加自信，我的決定不會錯。

我清楚的記得時任香港特區政府保安局局長的葉劉淑儀女士在首次會見會談深情地說，希望不久將來內地空中飛行力量發展壯大起來，也希望在珠江口及其附近水域的海空救援內地仍然能夠發揮香港政府飛行服務隊的作用，這是香港特區政府對內地海上安全和救助應盡的一份責任。

我清楚的記得 2003 年春天時任香港特區政府保安局局長李少光先生在首次會見會談時誠懇地說，特區政府很願意支持內地組建海上飛行隊伍，但是要派出機組到內地來參加救助值班任務，在香港的法律、社會輿論等很多方面的仍有許多問題需要解決，希望能夠解決。

我清楚的記得 2001 年 11 月 4 日時任香港政府飛行服務隊總監畢耀明先生和我首次見面會談時說，幫助內地政府組建飛行隊，提升國家沿海飛行救助能力是我們的榮耀，拯救有功啊。

我清楚地記得 2003 年 8 月 26 日夜裏香港飛行隊一架救助直升機，在前往長洲接載一名急重傷者到醫院途中，於晚上 10 時 41 分與總部失去聯繫。在隨後展開搜救中，發現該架直升機在大嶼山鳳凰山附近墜毀，機上駕駛員和機員兩位英雄均在這次突發事故中因公殉職。由於當時香港飛行隊畢總監、空勤高級主任蔡照明，當天正在深圳五洲大酒店與我方深入策劃雙方擬開展的合作方案，而不在香港。當天深夜在情況萬分緊急時畢總監和蔡主任於 27 日淩晨一點鐘竟來不及和我打招呼，就緊急從酒店急奔趕赴香港。我整個人如同掉進冰窟，當時心境無法語言形容，此刻最嚴重的心靈衝撞，就是發自內心的歉疚和過意不去，覺得很對不起畢總監、蔡主任、對不起香港飛行隊的全體同仁，對不起在這次突發事故中犧牲的兩位英雄。從深圳回到北京的飛機上我就起草了呈報部領導的簽報，報告了這次會見以及會見期間在香港發生的救助直升機墜機事故的有關情況，我的心情萬分沉重和沉痛，很長時間難以平靜下來。

我清楚的記得當香港政府飛行服務隊蔡照明、陳志培等 7 人機組於 2003 年 11 月 21 日首次抵達，在他們從沒有經歷過在北方冬季零下 10 幾度的嚴寒條件下，執行海上空中救援和值班待命的嚴峻挑戰。面對嚴重水土不服的困難條件，他們駕駛內地直升機飛在渤海上空，執行冬季救助和值班待命時那種氣壯山河的勇氣和大無畏的精神令人感動。蔡照明堅定的表示說，在我們的職責上，一生最難的事情就是，在當面對人命救援任務時說，"我們不行"。

我清楚的記得在 2008 年 5 月的一天，當時任香港政府飛行服務隊總監陳志培先生接通我的電話時堅定的說，我們香港政府飛行服務隊全體有決心、有義務、有能力去執行發生在汶川地震災區的救援，我們希望能通過參加救援展示我們香港人"國難當前、匹夫有責"的同胞感情。

2003 年渤海灣冬季常態化救助飛行值班待命，開創了共和國成立 54 年來的先河；是香港特區政府在香港回歸祖國後，向中央政府獻上的首份大禮；是香港同胞為了保障內地人民羣眾海上生命安全，在渤海灣上演一場題為大愛無疆的大戲。這場中華民族發展歷史大戲的大幕，在天寒地凍、萬眾矚目下，徐徐的拉開。

關於香港政府飛行服務隊（GFS），借此機會略着筆墨，GFS是在港英政府統治下英國皇家空軍的基礎上建立的，歷史悠久、技術完善、經驗豐富，在海上飛行救助領域屢建奇功，在國際飛行救助領域也享有極高的聲譽。香港飛行隊屬於香港紀律部隊，主要為香港納稅人服務。因此，派香港政府飛行服務隊到內地實施救助，在法律上、制度上或從香港公眾及媒體的角度，都很容易出現不同意見，在立法會上很難獲得通過。交通部海上救助飛行隊起步和發展，如果沒有得到香港政府飛行服務隊的言傳身教、手把手的幫助，是很難走出一條安全又高效發展的捷徑。所以我們得益於香港回歸，得益於兩地同胞的"血濃於水"，得益於"一國兩制"的精美畫卷。

在中央政府和香港特區政府的關心和支持下，特別是在香港特區政府保安局的支持下，從 2001 年起，交通運輸部救撈局派出救助飛行人員，到香港政府飛行服務隊，由他們幫助、培訓專業的技術人員。

2002 年 10 月香港政府飛行服務隊畢耀明總監一行，首次赴上海，參觀、考察了高東機場和正在起步中的救助飛行隊，贈送給飛行隊"拯救有功"的字畫牌匾。

2003 年夏，我再次訪問香港，時任香港特區政府保安局局長李少光先生同樣積極支援內地建設和發展海上救助飛行事業。當我提出希望香港特區政府派出機組在大連冬季海上，執行值班待命任務，並為內地培訓救助飛行人員時，香港特區政府保安局排除困難，與內地共同想辦法，盡力實現了我們的請求。

經過多方協調，2003 年 11 月 21 日，香港政府飛行服務隊終於派出包括機長、副駕駛、機務、空勤等整建制機組七人到達大連，利用我們購買的飛機，執行大連地區、渤海灣地區冬季的海上值班救援任務的同時，對我們的人員進行集中培訓。

我兩次飛赴香港，都得到香港保安局等有關方面的積極配合和支援。交通部海上救助飛行隊的成立和發展，使中國救撈系統海上救助的方式，由單一的船舶救助，實現了向海空立體救助的跨越。而香港政府飛行服務隊對交通運輸部救助飛行隊在隊伍組建、人員培訓、技術支持等方面給予了無私的幫助。

2004年，交通部救助打撈局與香港政府飛行服務隊簽訂第一個合作意向書，兩地合作進入新階段，實現了內地海上救助隊的"從無到有"和"從弱到強"。

香港政府飛行服務隊對我們飛行員的培訓是十分高效且成功的。一方面，香港的同胞是真教，從心裏要教，他們希望我們的隊伍儘快成長起來；另一方面，我們的飛行員是真學，想儘快的豐富自己，使自己能夠獨立承擔海上救援任務。同時，我也提出，飛行隊的訓練是日常工作，救援是主要任務，把現場救援和日常訓練有機結合起來。我們的飛行員進步非常快，基礎也很扎實。為了保障培訓效果和儘快把大陸飛行救助隊建成建好，香港政府飛行服務隊的陳志培同志舉家遷往上海，一幹就是兩年多。

飛行救助隊的管理在我國是空白，交通部沒有規章管飛行，民航也沒有相應規章管救助飛行。救助飛機應該在甚麼條件下起飛？飛行中要遵守哪些要求？飛行隊根據自己飛行救助的經驗，結合民航的管理程式，吸收香港政府飛行隊的規章，開始制定中國救撈飛行的規章制度，這是一項填補空白的開拓性的事業。大陸救助飛行隊從飛行、教員、管理、鍛煉等各個環節，都制定出了一整套完備的規章制度。

在海上飛行救助事業起步過程中，具備了"天時、地利、人和"的全方位優勢，但我覺得最重要的還是人和，也就是香港同胞和內地同胞在這個問題上勠力同心、砥礪前行，開拓了香港和內地合作的先河。我可以擲地有聲地講，香港回歸中國二十五年來，香港特區政府派出成建制的工作組到內地執行任務長達三四個月，而且部分香港同胞之後還在內地沿海地區各救助飛行隊工作一年、兩年或者長達三年之久，這種合作是破天荒的，是沒有發生過的。

這裏，我要對香港飛行隊的同胞們，特別是當時的畢耀明總監、蔡照明空軍主任、陳志培機長、王俊邦機長等香港同胞表示感謝。他們從民族大義、國家發展大局的高度出發，和我們一起扛起了時代的重任，為國家在內地沿海組建飛行隊貢獻他們的一份力量。這是港人最為樸素的愛國主義精神，令我刻骨銘心。

這次精彩而又完美的合作，為海上救助事業的起步和發展留下了精彩的篇章，應該載入歷史。同時，在這期間也發生了很多令人感動的、令人難忘的故事，我覺得不應被遺忘，我們要把這些故事記錄下來，以此傳承中華民族優秀傳統文化，賡續香港與內地團結精神。

# 第四章
# 全面深化交流
# 拓寬合作領域

　　香港回歸前，從履行國際公約、兩地一衣帶水的搜救區域責任和兩地融入骨子裏的同胞感情出發，香港與內地在海上搜救中也有合作，比如說南海發生鑽井平台的事故，珠江口、廣東汕頭海域一帶出現事故的救援等，雙方相互也有搜救協調機制。至 2000 年夏天，香港和澳門相繼回歸祖國，2000 年 6 月 5 日舉行"首次珠江口粵港澳搜救和溢油應急聯合演習"的這一天也是第 28 屆世界環境日。聯合演習的圓滿成功，不僅是對珠江口海域安全和海洋環境保護的一次大練兵、大演練，也是在香港和澳門相繼回歸祖國伊始的前提下，粵港澳三地的首次海上安全的大聯動，更是中國實施"一國兩制""和平統一"方針戰略向國際海事界的一次宣示。既有現實意義也有歷史意義。演練規模大、層次最高。交通部的分管副部長洪善祥親臨現場指揮，國家環保總局副局長汪紀戎放棄當年"6.5"環境日原本安排的有關重要工作計劃，在國家環境保護總局局長解振華指示下應邀趕到深圳，並乘船到海上親眼目睹了首屆粵港澳海上聯合應急演習的盛宴。香港和澳門有關部門領導也親臨現場觀摩，香港政府飛行服務隊、水警力量、澳門海事局執法船，均參加了聯合演練，並展示了相當高的技術水平，讓觀眾大開眼界。這次的合作為後來雙方深化合作奠定了基礎，也為我在 2001 年 11 月訪問香港保安局、飛行服務隊等有關部門奠定了基礎、創造了條件。

　　2004 年 9 月 1 日，雙方簽訂《交通部救助打撈局與香港政府飛行服務隊技術合作五年規劃意向書》，至今已經簽了四次了。雙方根據合作協議書組織人員互訪、相互交流。2004 年 10 月至 2006 年 1 月 24 日，香港飛行隊派出陳志培高級機長到東海第一救助飛行隊，在近兩年的培訓指導工作中，陳志培為救助飛行隊培養了多名飛行員；2006 年 10 月至 2007 年 4 月，香港飛行隊派出時任高級空勤主任蔡照明到東海第一救助飛行隊，進行為期半年的技術指導工作，主持編寫了交通部救助飛行隊救生員和絞車手的初始培訓教材；2007 年 5 月，香港飛行隊派出蔡德文空勤主任到東海第一救助飛行隊，開展更為長期的交流工作。蔡德文為救助飛行隊培養了 2 名絞車手教員和多名絞車手、救生員，並主持編寫了《中華人民共和國交通運輸部直升機救生員職業標準》和《中華人民共和國交通運輸部直升機絞車手職業標準》，建立起交通運輸部空勤專業人員的管理體系。

交通運輸部救助飛行隊陸續派出人員到香港飛行隊學習：2002 年 12 月至 2003 年 4 月，交通部救助打撈局先後派出由管理人員、飛行員、救生員和機務人員組成的 2 個團隊共 14 人，第一次到香港飛行隊進行學習和交流；2004 年 5 月至 2005 年 10 月，交通部救助飛行隊先後派出救生員、絞車手 19 人，到香港飛行隊進行救生員、絞車手、救生員教員培訓。所以說，交通運輸部的直升機救生員、絞車手種子隊伍是香港飛行隊培養出來的。

經過密切的往來，救助飛行隊的很多管理者和新一代的主力軍都受到了香港飛行隊的成功經驗和先進理念的影響，已經深深根植於交通運輸部救助飛行隊的血脈之中。

此外，交通運輸部採購救助直升機工作一直得到了香港飛行隊的大力支持。在歷次的採購談判、監造驗收工作中，都有香港飛行隊技術專家的身影。

2004 年，北海第一救助飛行隊 2 架 S76C+ 直升機是陳志培總監親自做的最終試飛和驗收；2005 年 7 月，香港飛行隊派出 1 架捷流 J41 固定翼飛機和 1 架超級美洲豹型救助直升機，參加 2005 年東海海上搜救聯合演習；2006 年 11 月起，由香港飛行隊專家參加的監造組，成功完成了兩架 EC-225 大型直升機的三次監造和最終驗收工作，指派專人負責向交通運輸部提供飛機建造方面的意見，在建造品質上協助交通運輸部全面把關；2008 年 7 月，交通運輸部進行 4 架中型機的採購談判工作得到了香港飛行隊的支援。

在為內地培養人才，建立隊伍的同時，香港飛行隊與內地一起參與了多起內地救助。

2003 年冬季，由於交通部救助飛行隊剛剛組建，空中救助技能和專業人員數量都不能滿足執行渤海灣救助值班任務的要求。為此，交通部決定從上海調兩架救助直升機，部署在大連執行冬季渤海灣救助值班任務，並協商邀請香港飛行隊擔負主飛值班救援任務。香港飛行隊克服了重重困難，首次派出了由飛行員、空勤員和機務維護人員組成的 7 人小組，於 2003 年 11 月 21 日到達大連，與交通部人員共同執行渤海灣海域為期 4 個月的空中救助值班任務，出色地完成了 "利達洲 18 號" 輪的救助任務。這次合作的成功，為今後雙方密切往來、加深合作奠定了基礎。

2004 年 9 月 29 日，交通運輸部再次邀請香港飛行隊派出以陳志培機長為領隊機組，駐紮蓬萊機場指導和直接參與冬季渤海灣救助值班任務。11 月 26 日，他們與北海第一救助飛行隊人員組成聯合機組，一起成功救助散裝貨船 "海鷺 15" 輪的 9 名落水船員，創造了當時國內及香港飛行隊中型機單機救助最高人數的紀錄。2006 年 8 月 3 日，"派比安" 颱風襲擊我國南部海域，香港飛行隊主動請領任務，在遇險的"永安4號"和"海洋石油298"工程船上成功救助91人，表現了高超的救助技能；2008年5月17日，香港飛行隊派出鄧成東機長、蔡德文空勤主任與南海第一救助飛行隊機組人員組成聯合機組，在汶川地震災區共同執行多起空中救援任務；2008年12月14日至2009年1月15日，香港飛行隊再次派出飛行、空勤和機務人員組成的團隊，與南海第一救助飛行隊EC-225機組共同執行渤海灣冬季值班待命任務；2007年1月7日，香港飛行隊派出多架次固定翼飛機和救助直升機，與"南海救112"救助船及南海第一救助飛行隊直升機配合，成功救起在珠江口遇險的"湛江00029"漁船上6名漁民。

香港飛行隊的出色救助獲得了內地的充分肯定。香港飛行隊機長王俊邦、陳志培被交通部評為"救撈功臣"，2006年8月24日，陳志培在救撈局於北京嘉里中心舉行的主題為"托起生命的交響"的中國救撈創建55周年紀念大會上，由時任國務院副秘書長尤權代表國務院，向陳志培頒發了救撈功臣金質獎章，絞車手陳勇璿被評為"救撈勇士"；時任香港飛行隊總監畢耀明在交通部由徐祖遠副部長為其頒發了"救撈功臣"金質獎章。

國務院港澳聯絡司副巡視員張翼鵬表示，交通運輸部救助打撈局與香港政府飛行服務隊的合作，充分證明了在"一國兩制"方針指引下，香港和內地能夠達到互利共贏、攜手發展。香港政府飛行服務隊給予交通部救助飛行隊的傾力支持和無私援助，體現了血濃於水的民族情感和救生救難的人道主義精神。

# 第五章
## 排除萬難出征
## 汶川大顯身手

　　2008 年 5 月 12 日我在上海"瀚海明玉"飯店，召集救撈系統各打撈和經營單位一把手，專題研究解決廣州打撈局 4000 噸浮吊船"華天龍"，因商務糾紛被香港法院扣船香港水域的抵押金問題。救撈系統在歷史上就具有"遇難則強，多難興邦"和"一榮俱榮、一損俱損"的傳統團隊精神和強烈的憂患意識。會議開到中午，前上海打撈局局長沈灝、煙台打撈局局長杜樟以及香港華德和北京中國海洋工程公司領導先後和廣州打撈局局長陳北先簽下借款協議。正當我鬆下口氣、正當我感慨和敬佩救撈人的高風亮節、同甘共苦、同舟共濟、勇毅前行的頑強作風和鍥而不捨的精神的時候，中午剛剛吃完飯就感覺到大地在震動，正當大家還驚愕時傳來汶川地震的噩耗。汶川里氏 8 級特大地震，是中華人民共和國成立以來破壞力最大的地震。雖然組織上沒有任何命令，但職業使命和責任感使我隱約意識到也許需要我們的時刻已經到來。按照解決"華天龍"問題方案中的預先計劃，13 日上午我帶隊前往中國太平洋保險集團上海總部，拜訪了太保集團高國富，就請貴集團從長期合作的角度，幫助救撈度過這次因"華天龍"被扣船香港而產生的困境，伸出援助之手。高董事長的積極態度令我記憶猶新。下午我通知我局在北京的飛行調度中心主任張戎，立即起草簽報文稿準備呈部黨組，申請派出部飛行隊直升機前往汶川地震災區參加搶險救災行動。同日我回到了北京，5 月 14 日在正式遞交簽報前，我給交通部南海第一救助飛行隊隊長宋修璞打了電話，宋隊長胸有成竹的和我說："請宋局長稍等我半個小時，我立即召開核心人員緊急會議，然後答覆你"，半個小時剛到，我就接通了宋隊長的電話，他堅定的說："宋局長，我們剛才召開了由副隊長李佳機長、高廣機長、曹鴻宇機械師等參加的會議。我們認為派遣剛剛接收的這架 EC-225 重型直升機，去汶川參加救援，這是我們南一飛全體幹部職工的殊榮，我們認為雖然這架飛機剛剛接收，雖然 EC-225 直升機和人員還沒有取證，但是我們一致認為可確保安全，保證完成汶川救災任務"。為慎重起見，我又和宋隊長研究決定了兩條對策：一是請 EC-225 直升機法國技術保駕人員隨機前往，全程技術保障；二是邀請香港政府飛行服務隊派駐精幹人員和我們組成聯合救災機組，共同前往汶川。三是要求南一飛必須做好調機飛往汶川全航路飛行計劃，包括在高原上實施空中救援的安全飛行方案，要留有餘地，要打好安全措施有效性的折扣。就這樣，對剛剛組建不久的交通部南海第一救助飛行隊來說，一場生死攸關的巨大考驗的決策，就這樣如此的確定了下來。國家興亡匹夫有責，部黨組在收到部救撈局的報告後很快批復，在這裏非常感謝從國家民航局調任交通運輸部任職的高宏峰副部長，高部長家國情懷、鼎力相助，隨後我立即前往國家民航總局，向李家祥局長做了專題彙報，同樣也獲得李局長的肯定和認可。2008 年 5 月 15 日早晨，交通部南海第一救助飛行隊剛剛從歐洲直升機公司購進不久的超美洲豹第三代、型號為 EC-225 的救助直升機（機號 7125）從珠海起飛，先後轉場桂林、重慶，三個"蛙跳"，於當日晚間 10 點降落四川廣漢機場。首先完成了數千里調機轉場任務，為即將投入災區空中立體救援任務奠定了堅實基礎。隨後香港政府飛行服務隊機組人員 18 日趕到廣漢，香港飛行隊的一架超美洲豹救助直升機也於 21 日抵達救災現場。新華社當天發出新聞，進行了報導：

"我國救撈系統派兩架專業救助直升機緊急赴災區"

新華網北京 2008 年 5 月 15 日電（記者林紅梅）

我國專業救助直升機 5 月 15 日緊急飛赴災區，執行抗震救災任務。

交通運輸部救助打撈局局長宋家慧介紹說，5 月 15 日 13 時 30 分，東海第二救助飛行隊所屬的專業救助直升機"B-7106"從廈門高崎機場起飛，14 時 08 分，南海第一救助飛行隊的 EC-225 型專業救助直升機"B-7125"從珠海九州機場起飛，赴災區執行抗震救災任務。

宋家慧介紹，EC-225 型直升機是交通運輸部救撈系統新引進的大型專業救助直升機，該機具有航速高、航程遠、抗風能力強等特點，最大航速可達 324 公里／時，最遠航程可達 820 公里，抗風等級10 級，最大載員 2 ＋ 24 人，該機配備了絞索設備，具有空中懸停接救傷患能力等。

他表示，救助直升機到達現場後，可執行災情偵查、空中指揮、運送人員、運送救災器材及設備、空投救援物資等任務。

21 日，香港政府飛行服務隊派出的救助直升機也抵達汶川地震現場，加入救援。香港飛行隊之前主要在華南一帶活動，基本沒有長途飛行，這次深入到內地，飛行新的航線，面對高原飛行和長距離飛行，都是史無前例的挑戰。

救援任務困難重重。首先，海上救助飛行隊機型不是高原型的設計，在海上救援時，一般是在水面 10 到 30 米懸停，絞車的鋼絲繩可以放出近百米。汶川地震災區海拔高度達兩千多米，飛行和救援過程中，空氣的密度和環境都會嚴重影響到直升機的性能與操作。在山溝裏救援更是難上加難，直升機在兩側山峰中間超低空穿梭飛行，強烈的不穩定氣流，使直升機上下顛簸。如遇到大順風，直升機只能倒退着飛進去，頂正迎着風飛出來，周圍環境的高壓線、樹木等是對超低空飛行的最大威脅。一旦觀察不周，觸碰到這些地方，就會導致機毀人亡。所以，直升機機組人員要保持高度的警覺，時刻觀察、躲避不時出現的危險物，空中飛行的風險比海上飛行要大得多。其次，海上救援一般是一次救一個。我們沿襲的主要是英式救援，把救生員繫在鋼纜上，通過絞車放下去靠近水面救起遇險者，救生員抱着遇險者一起上來，所以基本上一次救一人。但是汶川地震就不一樣了，救生員下去的時候本就不容易，上來的時候有時一個人抱兩個人甚至三個人。雖説鋼纜的安全負荷綽綽有餘，但是操作非常困難，上來的人員會在空中打轉，轉得快時，很難進入機艙門，那是很危險的。這是非常需要冷靜的思維、扎實的技術功底，更要拼果敢與膽量。再次，因大部分直升飛機只能落在平地救助傷患，運送物資，無法完成高難度的危險任務，所以我們的空中立體救援機組需要面對許多臨時突發的事件，考驗着機組人員的應急處突能力。山體滑坡造成一些路段被淹沒，遇險人員身處懸崖峭壁，需要我們進行懸空作業救援……最終我們救助了 200 多人，圓滿完成了黨和國家賦予的光榮使命。

汶川地震救援期間，曾發生兩起直升機墜落事件。一起是陸軍航空兵的救援直升機雲中撞山；另一起是中信集團的海洋直升機公司的一架飛機，在野外着陸時，尾槳颳到高壓線，造成方向操控失效，直升機翻滾、損毀。好在墜機時候高度低，機組控制得當，雖然人員受傷，但是沒發生亡人事故。可見，山區救援風險係數是很高的。

汶川地震是新中國成立以來規模最大的直升機救援，這在以前是難以想像的。兩地飛機在執行救援任務時，由現場統一指揮，共同執行任務，雙方機組人員在溝通、技術、救援等方面，配合得非常緊密。大家心繫國家，強忍悲痛，心往一塊想，勁往一處使，充分利用自身優勢和精良裝備，勇往直前，齊心攜力完成救援任務。對於現場救援人員來講，保障安全是第一位的，保證救助也是第一位的。作為個人來說，他們只能想方設法在保證自身安全的情況下，調整好身心的狀態，確保完成救援任務。救援過程異常艱辛，基本上沒辦法好好休息。我們有幾張珍貴的照片，記錄了精疲力盡的救援隊員躺在飛機邊上的地下，稍作休息、恢復體力的畫面。

作為後方人員，我只能看看他們有哪些困難需要協調解決。當時在現場除了 70% 的軍方飛機外，剩餘 30% 主要由民航指揮，我們與民航保持密切聯繫，溝通相關事宜。

汶川地震雖然是天災，具有不可抗力性。但是，災後黨中央、國務院英明決策，各級政府全力調動八方力量。比如說當時我們如果按照民航系統規定，是沒辦法前往汶川參加救援的，因為我們的機組人員未取證，我們的飛機也沒取證，是不能放飛的。但在這種緊急情況下，在大災大難面前，我們必須冒一些風險，我也相信我們機組人員的技術水平和業務能力。最終，我們做到了。

所以說，在汶川地震救援中，我們的空中救援發揮了巨大的作用和效果，為搶險工作提供了強大的保障，它的功能是不可替代的。新華社當時就救助飛行隊在汶川地震中的幾次典型救助，進行了報導：

## 我國大型專業救助直升機北川空運 25 名重傷重病災區羣眾脫險

新華網北京 2008 年 5 月 18 日電（記者林紅梅）

繼前兩天完成空投食品和水的任務後，交通運輸部救撈局的專業救助直升機 18 日從北川空運 25 名重傷、重病的災區羣眾到廣漢機場。

交通運輸部救撈局局長宋家慧介紹說，18 日 9 時 03 分，在地震災區參與救援工作的交通運輸部救撈局大型專業救助直升機再次飛赴北川，運送一批救災物資，於 11 時 57 分返回，並接回 13 名重傷災民和 1 名軍醫；14 時 35 分，又再次起飛運送一批救災物資往北川禹裏，並運回 12 名重病災民，其中有位老紅軍；15 時 47 分，南一飛 "B-7305" 直升機運送一批食品和水前往清平鎮伐木廠。

他表示，救撈局直升機已執行 4 次飛行任務，共運送救災物資 5.9 噸、接送重傷災民 35 人和 1 名軍醫。救撈系統計劃與香港飛行隊組成聯合機組，從人員、技術和裝備配備等方面做好充分準備，全力支援災區抗震救災工作。


## 交通運輸部救助飛行隊抗震救災記

新華網北京 2008 年 6 月 28 日電（記者林紅梅）

我國海上救助隊伍作為國家唯一的一支專業救助隊伍，哪裏有需要就飛往哪裏。救助直升機擁有絞車設備，具備在空中懸停接人的能力，擁有豐富救助經驗和技術。在汶川地震抗震救災中，承擔了險惡地理條件下的生命救助任務，為陷入絕境的災民帶來生的希望。

## "井底"救人

2008 年 5 月 19 日，交通運輸部救撈局南海救助飛行隊的 B-7125 機組接到了前往巴蜀金河電站空投救災物資、搜尋被困人員的任務。巴蜀金河電站處於羣山環繞之中，地形就像一口巨井，電站處在井底。直升機飛抵井口上空，發現倖存者向直升機拼命招手，他們已經被困了 7 天 7 夜。

第一次救助失敗了。次日一早，直升機再次飛抵電站上空後下降，機體漸漸沒入四周的羣山中。當直升機距離倖存人員 30 米時，穩穩懸停，飛機的旋翼距離一側的山石僅有 5 米的距離，不能再冒險下降。救生員抓住救生繩從天而降，把 5 名重傷患救上直升機。

此後，EC-225 救助直升機又先後 4 次趕赴巴蜀金河電站附近，共營救出 47 名被困人員，其中包括進去後無法出來的營救人員。

## 倒進峽谷

5 月 21 日，當 B-7125 機組再次飛抵巴蜀金河電站進行搜救時，發現 2 名倖存者被困在三面環山的峽谷叢林深處！這是一個僅有 30 米寬的峽谷，倖存者被困在峽谷盡頭的一棵大樹上。

對於旋翼直徑長達 16 米多的 EC-225 救助直升機來說，即使能夠順方向飛入谷底，面對前面的大山，直升機無法轉彎，更無法救人！

飛！退着飛！緊挨着縫隙，背對着峽谷，倒退着飛進去，B-7125 機組緊急協商決定。這意味着飛行員完全看不到救助目標，只能根據絞車手的口令操縱直升機，這不僅考驗着飛行員的駕駛技術，更考驗着整個機組的默契程度，稍有閃失，後果將不堪設想。

機長高廣沉住氣，將直升機一點一點往後退，並巧妙地躲過了樹林，將直升機穩穩地懸停在樹枝的空隙中。在被困人員的上空，絞車手拉開艙門，下面是一片茂密的叢林，直升機懸停在離大樹 45 米的高空。這比通常約 15 米的救助高度要高出 3 倍，是一個從來沒有嘗試過的距離，繩索放得越長就越難於控制，一旦救生員碰到一側的山體或繩索被樹枝纏住，後果都不堪設想。

救生員膽大心細，絞索徐徐放下，救生員接近了倖存者。在氣旋的強大襲擾下，救生員和捆在一起的被救人員旋轉並搖擺着上升，終於被救上直升機。

## 飄入"鳥籠"

5 月 22 日，B-7125 機組在綿竹市清平鎮發現有人在一段扭曲的盤山路上拼命晃動紅旗。3 名災民被困在半山腰的一段盤山公路上，斷水斷糧的他們在幾近絕望的時候，看見了從空中飛過的直升機。

這裏山勢險峻，河谷中遍佈小水電，高壓電線像蜘蛛網一樣編織在河谷的上空，而被困的災民正好被編織在這個電網籠子裏。直升機在空中不停盤旋，執行這次任務的是由香港政府飛行服務隊和大陸海上救助飛行隊組成的聯合機組，但誰都沒有執行過這麼艱巨複雜的救助任務。

然而作為專業救助人員，決不輕言放棄！機組終於在距離被困人員 100 米外的空中尋找到突破口，在那兒約有 100 米寬的距離沒有高壓線，救助飛機只能從這兒鑽入高壓線下面。

這不是特技表演，但難度要遠遠高於表演。直升機要像鳥一樣，飄入這個由高壓線和山崖河谷編織的鳥籠中，執行複雜的轉向、懸停和救助任務，稍有不慎後果不堪設想！香港機長鄧成東與內地機長高廣相互鼓勵，直升機調轉機頭向籠口飛去。

直升機小心地下降，漸漸接近高壓線，鑽了下去。當接近遇險人員時，直升機在原地做 180 度掉頭，救生員李春林立即跨出機艙，隨絞車鋼索快速下降至地面，將 3 名遇險人員全部救上機艙內。直升機像一隻靈巧的燕子，穿過狹窄的空中出口，直插雲霄。

在抗震救災中，交通運輸部救撈局的救助飛機共在高山峽谷中救助和轉運 224 人，這些救助多數是難度極大的救助，創造了飛機救助史上的奇跡。

中央在人民大會堂召開了汶川地震的總結表彰大會，我們的那架直升機獲得了英雄直升機的稱號，我們的高廣同志獲得了汶川地震救災的突出貢獻者嘉獎。我經常肯定他，我說你這個獎章蓋着中共中央、國務院、中央軍委三個大章。高廣同志是英雄的機長，他本人獲得了這個殊榮，機組也獲得了集體榮譽，這架飛機是英雄的飛機！時任民航西南地區管理局副局長呂爾學歎道："幾乎所有的複雜救助都是救撈直升機完成的！"時任交通運輸部副部長高宏峰在部救撈局抗震救災總結表彰大會上如是說："如果這次你們沒有派出直升機參與汶川抗震救災，你們將會終身遺憾！"就我個人而言，這也是非常值得驕傲的經歷。

# 第六章

# 同胞情意非凡
# 刻骨銘心傳承

　　我認為香港政府飛行服務隊是世界上水平最高的救助飛行隊，這不僅包含了他們專業素養、技術水平，還包括整個機隊的精神風貌和職業操守，他們有很多救助理念值得內地學習。蔡照明主任曾說："幹了一輩子飛行救助，一生最難說出口的一句話，就是當你面對人命救助的緊急關頭，說不行！"這是多麼崇高的一種職業精神啊。他曾經當面和我說一件令我記憶深刻，永不會忘記的一個故事。在香港回歸以前，他到英國皇家空軍的一所學校培訓，當餐廳裏負責打飯的英國老太太見他是黃種人，當眾羞辱，拒絕為他服務。蔡照明說，她不僅是對黃種人的羞辱，更是對中國人的歧視。蔡照明當眾據理力爭，就地反駁，事後找到校負責人提出抗議。蔡主任這種剛直不阿，捍衛中國人尊嚴的態度，讓我對他肅然起敬。

　　2004 年的春節，我專程前往大連看望仍在工作崗位上值班的香港 7 人機組。在這個過程中，有三點令我非常感動。一是儘管北方的寒冬臘月對初次來到大連的香港同胞，在生理和心理的衝擊和壓力是常人難以忍受和體會的，但是他們默默無聞，甘願為內地海上人命安全保駕護航，展示出那種無私奉獻的精神令所有人感動。香港與北方的氣候差異較大，大連冬季的時候氣溫更是達到零下十七八度。在這期間，他們碰到了很多困難，但他們並沒有畏縮，而是用行動詮釋了責任與擔當。因為天氣太冷，蔡照明時常多次重複感冒發燒，嘴角起泡生瘡，面帶蒼白憔悴，令人大吃一驚。雖然此時已經是春節假期，但是海區值班離不開他們，春節回不了香港，他的太太和只有幾歲的小女兒只能奔赴大連相聚。當我見到他們一家三口的時候，我雖然忍住淚水，但是我的內心在流血，我的心情極為複雜和難過，我知道是我對不起他們，因為我是這件事的始作俑者。沒有我的話，他們一家絕不可能在如此寒冬臘月，離開香港的舒適環境，到大連來吃苦、受凍，遭受他們根本沒有想到過的折磨。二是他們那種公私分明、嚴謹嚴肅的工作態度。當時他們來大連值班負責渤海的救援行動，我們給他們配了一部手機，但是他們只有在工作上才用配備的手機，往家打電話等個人私事全用自己的手機。以小見大，他們這種廉潔奉公的思想已經入腦入心，刻入骨髓。三是他們那種堅持不懈、持之以恆的精神。這裏特別要提到陳志培同志，陳志培同志是在 2003 年來到內地支援的，一直做到了 2006 年，從煙台到上海，都留下了他的足跡，甚至為了解決後顧之憂把家都搬到了上海。他用將近三年的時間，為我們內地飛行隊的建設作出了傑出的貢獻。2005 年的春節，陳志培妻子為支持丈夫的工作，帶着兩個還在上小學的兒子舉家遷到了上海，兩個兒子轉到了上海上學。我到上海給陳志培一家人接風洗塵，代表部領導和部局向他們表達誠摯問候，他們全家都在為建設內地飛行救助事業做出了巨大貢獻。時間雖然過去了 20 年，我們沒有理由忘卻！直至目前，戰鬥在交通運輸部四個救助飛行隊有很多機長，包括現在一些領導崗位都曾經在陳志培機長的培養下、幫助下成長起來。

至今在網上，仍能找到新華社當時就香港飛行隊的多篇新聞報導：

## 香港飛行隊兩機組抵大連　加強渤海灣海上救助力量

新華網北京 2003 年 11 月 22 日電（記者林紅梅）

為確保今年冬季渤海灣地區海上交通運輸的安全，應交通部邀請，香港特區政府派出飛行服務隊，參加渤海灣地區的海上人命救助值班工作。21 日晚飛行隊的機組人員乘機抵達大連。

交通部救撈局值班室值班人員介紹說，飛行服務隊派出的人員包括兩個機組，共有機長、救生員和機務人員 7 人。這是香港政府飛行服務隊第一次派遣飛行救助人員，參加祖國內地的海上人命救助值班待命任務。

渤海灣水域是我國連接東北、華北與華東地區的水上交通要道，客滾船運輸十分繁忙，素有黃金水道之稱。水域內水文氣象複雜，尤其冬春季節受冷空氣的影響，海況惡劣，是重大惡性海難事故的多發海域。為確保渤海灣地區冬春季節海上安全，交通部救撈局調遣交通部上海海上救助飛行隊兩架海上專用救助直升機，赴大連執行值班待命任務。為確保有效救助，請求香港特區政府提供人員和技術支持。

香港政府飛行服務隊具有豐富的海上救助經驗，在粵港澳海域多次執行海上救助任務，成績卓著，在國際上有很高的聲譽。他們的到來，將會大大加強渤海灣地區的海上救助力量，提高海上搜尋救助能力，有效地保護海上人民生命財產的安全。

## 第二批香港政府飛行服務隊返回香港

新華社北京，央視國際 2005 年 1 月 27 日電（記者 林紅梅）

第二批來自香港政府飛行服務隊的空中救生人員，在完成對交通部救助飛行隊進行技術培訓和擔負渤海灣立體救助待命任務後，27日返回香港。

據交通部救撈局值班人員介紹，27 日下午，交通部在蓬萊舉行歡送儀式，歡送香港政府飛行服務隊隊員返港。為確保渤海灣冬季海上交通和生產安全，繼 2003 年冬季邀請香港政府飛行服務隊來內地協助擔負渤海灣海域人命救助工作之後，2004 年，交通部繼續邀請香港政府飛行服務隊提供人員和技術上的支援。香港政府飛行服務隊克服了人員緊、任務重的困難，派出第二批飛行隊員於 9 月 30 日進駐蓬萊。4 個多月來，他們針對黃渤海海域特點積極開展飛行訓練，與交通部北海救助第一飛行隊一起執行待命值班任務，飛行時間 83 小時 57 分鐘。對交通部飛行隊的飛行員、絞車手和救生員進行了飛行理論和專業技術培訓，執行了海上飛行救助 2 次，成功救起 9 名海上遇險人員。特別是 2004 年 11 月 26 日在龍口港外對"海鷺 15"號貨輪的救助中，與交通部北海第一救助飛行隊密切配合，救起 9 名瀕臨死亡的落水船員，創造了我國包括香港飛行隊中型直升機一次救助遇險人員人數最多的記錄。

交通部救撈局局長宋家慧表示，加強交通部救助飛行隊與香港政府飛行服務隊的技術交流與合作，是提高我國內地飛行救助人員技術水平和救助能力，加快建設應急救助機制的有效途徑。香港政府飛行服務隊資深機長陳志培將於近日抵達蓬萊，繼續幫助指導交通部北海第一救助飛行隊救助值班工作。

## 交通部救撈局和香港政府飛行服務隊加強海上救助

新華社北京 2009 年 9 月 8 日電（記者王敏、林紅梅）

交通運輸部救助打撈局與香港特別行政區政府飛行服務隊，8 日在北京舉行第二個五年合作意向簽字儀式，將在前一個合作計劃的基礎上，全方位拓展交流空間，加強海上救助力量。

據了解，2001 年，原交通部就與香港政府飛行服務隊建立了良好合作關係。

2004 年 9 月，交通運輸部救助打撈局與香港政府飛行服務隊簽訂第一個五年技術合作意向書後，雙方充分開展技術人員互訪、交流培訓工作。在雙方的努力下，第一個技術合作五年目標圓滿實現。此次簽署的第二個五年合作意向書，將進一步全方位拓展雙方交流的空間。其中包括飛行員訓練、救生員、絞車手訓練、機務人員培訓、管理體系建設等。意向書中規定，今後每年雙方將選派條件適合的空地勤人員參加對方的救助值班任務，以豐富雙方人員在不同環境下的救助經驗，達到共同提高的目的。同時雙方還將共同開展海上搜尋救助技能演練和演習，聯合應對自然災害或突發事件。

## 交通部授予香港政府飛行服務隊畢耀明"中國救撈功臣"獎

3 月 5 日，交通部授予香港政府飛行服務隊畢耀明總監"中國救撈功臣"獎，以表彰他為我國救助飛行事業作出的傑出貢獻。交通部副部長徐祖遠為畢耀明頒獎並講話。儀式上，交通部向畢耀明頒發了"交通部救助飛行隊顧問"聘書。

徐祖遠代表交通部和李盛霖部長，向香港特區政府和行政長官曾蔭權，向特區政府保安局、飛行服務隊，特別是向畢耀明本人表示感謝，感謝他們為交通部救助飛行隊的發展作出的卓越貢獻。他說，交通部救助飛行隊與香港政府飛行服務隊已有長達6年多的友好合作。在合作中，香港政府飛行服務隊表現了高超的救助技能、職業水平、人道主義精神和深厚的愛國情感。

頒獎儀式前，徐祖遠與香港特區政府行政長官辦公室主任陳德霖一行進行了座談。之後，徐祖遠特邀香港政府飛行服務隊代表參觀了中國海上搜救中心並進行交流。徐祖遠希望畢耀明受聘作為交通部救助飛行隊顧問後，繼續給予救助飛行工作以指導和幫助。

香港飛行隊到內地幫助我們組建飛行隊，不但是技術交流、人力資源的幫助，更是香港特區政府和內地的合作，它充分體現了香港回歸以後，香港同胞與內地同胞的團結合作的精神和刻骨銘心的同胞情義，意義非凡。

這麼多年和香港合作，我很慶倖自己能夠參與進去，也非常願意繼續參與下去。為了加深合作，我還曾自費參加過香港飛行隊的一些老朋友孩子的婚禮，倒不是為了湊個熱鬧，而是我覺得這體現了我們和香港同胞的魚水之情、骨肉之情。這種魚水之情還體現在方方面面，交通部的幾任部長，凡是到香港都要去訪問慰問和感謝香港飛行隊和香港有關部門。我作為老同志，也到了古稀之年，我覺得香港和內地合作的這一段過程，不敢說大書特書，但誰也不能將之輕易遺忘。應該好好記錄下來，用歷史來教育現在香港的年輕人、大學生，告訴他們，他們的長輩們如何在香港回歸二十多年來和內地共同譜寫同胞之情，並將這種精神傳承下來。

# 第七章
# 賡續歷史榮光
# 砥礪奮鬥前行

2007 年 7 月份一個傍晚，我在中央黨校晚飯後在院子裏散步，突然接到山東省領導周琦打來電話，急促告知淄博市一化工廠的 180 米高煙囱突然着火，在煙囱頂部作業三名工人因腳手架、支架全部燒毀，被困在煙囱頂部，煙囱內部濃煙滾滾、煙囱外部高空懸臂，當地消防部隊鞭長莫及，情況十分危急，請求我們派直升機積極救援。險情就是命令，第二天淩晨 4 點由潘偉為機長的四人機組從大連起飛，越過渤海海峽上空，以最快速度抵達事故現場實施救援。由於煙筒本身有 180 米高度，煙囱上面還有 8 根 10 多米高的避雷針，迷漫的濃煙遮擋了救援視線，這大大加大了救援的難度。救援隊伍從空中把繩索、礦泉水、少量食品、充滿電的手機等應急物品隨滑車拋下去實施救援，最終順利解救被困人員。

從抗震救災、抗洪救災，實施陸島、陸路、公路、鐵路、民航突發事件救援等活動中，救助飛行隊伍扎實的工作作風和過硬的業務能力不斷得以提高。

交通運輸部海上救助飛行隊已經走過了 20 幾年艱苦卓絕的發展歷程，已經成為國內外聞名遐邇的海上空中救援的主力部隊。撫今追昔令人感慨萬分，牢記歷史是為了開創更加輝煌的未來。從第一次獨立執行救助任務是在 2004 年東海海域，按照香港政府飛行服務隊畢耀明總監的建議，執行白天 60 海里以內的救助，到奔襲遼寧、廣東等地洪水氾濫災區人命緊急轉移；從白天 80 公里以內海上救援，到建立陸島空中服務救援網；從執行白天 100 海里以內的飛行任務到長途跋涉，多次"蛙跳"輾轉至汶川地震災區的實施立體救援；從白天救助到初步掌握和具備夜間緊急出擊的能力。交通運輸部救助飛行隊，從嚴落實"救助是主要任務，訓練是日常工作"的原則，堅持對標香港政府飛行服務隊，堅持遵循"榮譽屬於過去、奮鬥才有未來"的隊訓，謙虛謹慎、砥礪前行。科學妥善處理"安全第一、救助第一"的邏輯關係，始終保持"彷彿聽見了事故的腳步聲"的安全意識，牢牢樹立"安全的時間越久，風險的概率越大"的憂患意識。全面完整貫徹新發展理念、加快構建新發展格局、着力推進高品質發展。

在那些日子裏，救撈局幹部隊伍始終保持救撈事業憂患意識，堅持發揚"主動出擊、主動作為、主動迎接挑戰、主動承擔責任"，即"四個主動"精神，不僅夯實了救撈隊伍發展根基，而且總能在關鍵時刻發揮關鍵作用，充分地體現了救撈隊伍的價值。

在交通運輸部的堅強領導下，交通救撈事業實現了跨越式發展，能力得到質的增強，面貌發生了可喜變化，取得了輝煌業績，贏得人民羣眾和國內外同仁的廣泛讚譽，被稱為黨和政府構築在海上的"德政工程"。據有關資料表明，救撈體制改革以來取得的主要成就，體現在以下方面：

**一是積極穩妥實施了救撈體制改革。**

2003 年 2 月 28 日，經國務院批准，交通部會同國家計委、國家經貿委、財政部、勞動和社會保障部、中央編辦等六個部委共同印發了《交通部救助打撈體制改革實施方案》。《方案》重新組建結構，由交通部救撈局統一領導和管理的北海、東海、南海 3 個救助局和北海第一、東海第一、東海第二、南海第一 4 個救助飛行隊。

主要承擔人命救助、財產救助、環境救助三大職責，經費來源由國家財政統一劃撥。上海、煙台、廣州 3 個打撈局主要承擔國家賦予的環境財產救助和搶險打撈等職責，經費來源實行自收自支。

### 二是堅定不移地履行救助打撈職責。

2003 年體制改革以來，交通運輸部救撈系統共執行應急救助搶險打撈任務 22722 起，出動專業救撈力量 31813 次，成功救助遇險人員 53536 名（其中外籍 7475 名），成功救助遇險船舶 2911 艘（其中外籍 486 艘），成功打撈沉船 234 艘（其中外籍 12 艘），直接獲救財產總價值約 1533.8 億元。同時還圓滿完成了特殊的政治、經濟、軍事、外交、搶險救災等項任務。如"神舟"飛船發射海上應急救援保障，赴汶川地震災區抗震救災，赴廣東、廣西、遼寧抗洪救災，實施陸島、陸路、公路、鐵路、民航突發事件救援等。

### 三是全力打造"三精兩關鍵"的專業救撈隊伍。

按照交通運輸部黨組確立的"建設一支人員精幹、裝備精良、技術精湛、在關鍵時刻能起關鍵作用的國家專業救撈隊伍"的目標勇毅前行。

### 四是全力推進國家規劃的實施。

2007 年 4 月國務院批准了《國家水上交通安全監管和救助系統佈局規劃》。截至 2022 年我們共建造和購置了百餘艘大中型技術先進、功能齊備的新型救撈船舶和 20 架大中型救助直升機，有力增強了救撈系統高海況條件下應急救助和搶險打撈能力。

### 五是救撈科技研發取得了重大突破。

先後攻克了 200 米和 300 米飽和潛水成套技術，這與蛟龍號深潛器一樣對我國向深海進軍、從海洋取寶具有里程碑意義。

### 六是立體救助體系建設穩步推進。

救助飛行隊伍從零做起，穩步推進。4 個飛行隊現有飛行員 87 人、救生員 178 人、航務 58 人，自有大中型救助直升機 20 架，小型訓練機 4 架，在沿海設置了 9 個飛行基地和多個飛行起降點，構建起一道較為完備的海陸空立體救助防線，在應急救助和搶險救災行動中發揮了關鍵作用。

### 七是扎實開展精神文明建設、交通救撈文化建設。

踐行建設一支精幹實用的國家專業應急救助搶險打撈隊伍，為經濟社會發展和構建和諧社會保駕護航的救撈願景，大力弘揚把生的希望送給別人，把死的危險留給自己的救撈精神，發揚光大特別能吃苦、特別能戰鬥、特別能團結、特別能奉獻的救撈作風，積極構建交通救撈核心價值體系，不斷積聚交通救撈建設發展的正能量。

### 八是探索實踐了一條獨具特色的中國交通救撈發展之路。

實施了“關口前移、站點加密、動態待命、隨時出擊”的新的動態待命值班制度，狠抓“救助隊伍、打撈隊伍、飛行隊伍”三位一體的隊伍建設，認真履行“人命救助、環境救助、財產救助”三位一體的救助職責，充分發揮“空中立體救助、水面快速反應、水下搶險打撈”三位一體的綜合功能，在交通救撈實踐中進一步夯實了三個“三位一體”的救撈格局，走出了一條獨具特色的中國交通救撈發展之路。

總結救撈事業的建設發展規律，交通運輸部救助打撈局在積極推進救撈事業科學發展的實踐中，積累了六方面的寶貴經驗。

　　一是必須把以人為本作為貫徹落實科學發展觀的核心立場，優質快速高效地履行救撈職責，盡最大努力保障人民羣眾生命財產安全。二是必須堅定不移地走"三位一體"（即救助、打撈、飛行'三位一體'的隊伍建制；空中立體救助、水面快速反應、水下潛水打撈'三位一體'的綜合功能；人命救助、財產救助、環境救助'三位一體'的崗位職責；也形成了中國特色救撈核心價值觀）的獨具特色的中國救撈發展之路，不遺餘力地增強救撈實力，為建設海洋強國多作貢獻。三是必須堅持以"三精兩關鍵"為目標，努力打造精幹實用的國家專業救撈隊伍，為創建"平安交通"不懈努力。四是必須加強戰略管理，做好頂層設計，堅定不移地推進改革創新，不斷開創救撈事業科學發展、安全發展新局面。五是必須大力推進救撈文化建設，大力弘揚救撈精神，不斷增強救撈發展軟實力。六是堅持"四個主動"，在憂患中求發展，在適應我國改革開放的需要中不斷創新，不斷作為，救撈系統因此取得了長足進步。

　　習總書記要求我們不忘初心、牢記使命。回顧歷史，在救助征程上，我們初心不渝。歷史是照亮未來的燈塔，隨着海洋強國戰略的推進實施，內地海上救助飛行隊將向着實現中華民族偉大復興中國夢的目標同心協力、砥礪前行……

# 萬里攜手
# 築雄鷹

# 第二部分

# 第八章

# 國家海空立體救援體系
# 發展歷程之香港往事

畢耀明

香港特別行政區飛行服務隊原總監

## 序 / 故事的開端

2001 年 9 月，交通運輸部（MOT）下屬華德公司與香港政府飛行服務隊（GFS）取得了聯繫，並首次提出了為國家建設海上救助飛行隊的合作設想。大約 6 個月後，我作為時任總監得到了時任交通部副部長洪善祥的接見，他給我講述了一起發生在中國沿海的特大海難，時至今日每當想起這場海難我的心情都久久不能平復。

1999 年深秋，"大舜"號遇險，雖然船隻距離海岸僅有 2 公里，但由於事發夜晚，風急浪高，國內缺乏應對的救援設備和救援方法，彼時並不具備相應的救援能力，最終 300 餘人不幸罹難。事件發生後，中央政府感到震驚，決定在中國沿海建立一支空中救援隊伍，最終交通運輸部找到了香港政府飛行服務隊。國家對於生命的態度，對人民做出的許諾，讓我很是激動，並衷心支持，當即承諾未來將利用一切可利用的資源支援交通運輸部救助飛行隊的建設。

## 望 / 看不見的阻礙

合作有着重重的困難，首先就是資源短缺，當時的香港政府飛行服務隊還是個很小的部門，僅有 25 名飛行員。其中大部分是外國人，並且這些外籍職員不會說普通話也缺乏向國人傳授知識技能的意願，為此我做了大量的努力，透視歷史增加認同感、消除負面情緒，調整制度增加工作積極性、消除管理漏洞。面對層層阻礙，我積極同香港各界華人溝通、共同努力，為合作提供一切可能需要的援助。然而，政治敏感是最難解決的問題，彼時香港剛剛回歸祖國不久，尚未完全穩定，內外部勢力混雜，社會輿論壓力大。大家疑問，一是香港資源並不豐富，為甚麼要調用香港資源供國家使用，二是香港政府飛行服務隊只是個小單位，如果把最好的機組隊伍派出給國家使用，那該如何應對緊急情況以保障香港地區的安全。

## 恒 / 赤子之心

早年間，我曾在英國皇家空軍受訓，在其頂級直升機培訓學校成為一名直升機教員並成功留任，之後在英格蘭任教並對英國皇家空軍進行直接的飛行培訓。加入香港政府飛行服務隊後，我成為第一位既能駕駛直升機又能駕駛固定翼飛機的中國籍飛行員。

海上搜救飛行風險高、難度大，全世界只有少部分發達國家和地區掌握了該項技術。面對日益複雜的國際形勢，任何國家都不會把飛行尖端技術白白分享給中國。我深知香港政府飛行服務隊對於國家發展的重要意義，此時正是迎頭趕上的最佳時機。中國作為一個新興大國，必須擁有一支世界一流的救助飛行隊伍，裝配先進的設備設施，使用國際公認的程式和技能，在國際社會履行大國擔當。

## 破 / 披荊斬棘

要想使國家的搜救技術水平達到世界頂尖，那麼香港政府飛行服務隊對交通運輸部的幫助必須是全面的、可持續的，且毫無保留的。為了實現這個願景，在各方努力下，經過審慎謀劃和精心部署，交通運輸部和香港政府飛行服務隊制定了一攬子計劃，開始了一系列交流活動，雙方派遣了大量的飛行員、救生員、工程師以及管理人員進行交流訪問和集中工作。

2003年，香港政府飛行服務隊特別派遣隊入駐遼寧大連，人員包括飛行員、救生員和工程師，開展了為期三年的冬季值班待命工作。這是極其關鍵的三年，面對人員短缺、能力不足等問題，在香港政府飛行服務隊的幫助下，交通運輸部度過了發展初期的困難時期；這是極其不平凡的三年，雙方開展了大量的交流培訓，在香港政府飛行服務隊的幫助下，交通運輸部打牢了基礎、發展了隊伍、擴大了影響；這是具有里程碑意義的三年，中國北方有着香港地區不具備的嚴寒天氣，香港政府飛行服務隊獲得了大量極端惡劣天氣的運行經驗，進一步提升了自己的綜合能力，同時交通運輸部的搜救技術水平開始靠向世界舞台中央，逐步向世界一流邁進。

## 顧 / 再回首

香港回歸祖國已經二十六年了，回想當初，香港政府飛行服務隊與交通運輸部的合作，應該是香港回歸祖國後香港與祖國的首次合作，同時也是最有意義、最成功、最應該被載入史冊的一次合作。這是中國的成功，也是世界的成功，許多生命因此在波濤洶湧的大海中獲救。中國在海岸線上空編織了一張安全網，不分國籍、不分膚色、不分晝夜、不收取任何費用，為經過那裏的人們提供安全保障，這是國際負責任大國的擔當。

作為親歷者、參與者、見證者，我深深感受到國人對於生命的敬畏，那無私奉獻的精神、悠遠綿長的文脈傳承讓我感慨淚目，讓我自尊、自信。今天的成功離不開諸公的努力，這裏要特別感謝香港特區第一任特首董建華先生、前救助打撈局局長宋家慧先生、前救助打撈局總工程師潘偉先生，正是他們的遠見卓識、英明領導和永不放棄的精神，為我們的事業開闢了道路。我也想對交通運輸部、香港政府飛行服務隊所有工作人員表示衷心的感謝，沒有你們的恪盡職守，無私奉獻，我們不可能在這麼短的時間內取得如此巨大的成就，譜寫了又一個發展的奇跡。

# 第九章
# 汶川

陳志培

香港特別行政區飛行服務隊原總監

2008 年 5 月 12 日，北京時間下午 14 時 28 分，四川的汶川發生 8.3 級大地震，破壞地區超過 10 萬平方公里。當時我在香港，通過新聞報導知道四川的汶川發生大地震，使我深深感到不安。身處 1800 多公里外的香港特區，縱然我們擁有配備精良的直升機、訓練有素的飛行技巧和技術過硬的空勤員，且山區拯救更是香港的日常任務。但在一國兩制的前提下，我們並未有立即被調度到四川參與搜救和支援行動。

5 月 13 日下午約 6 時 30 分，我正在和家人在外吃晚飯，突然收到交通部救助打撈局宋家慧局長的電話。憂心忡忡的他正部署派出交通部的救助直升機與人員前往汶川，協助災後的救援和維持物資供應的工作。基於交通部與香港政府飛行服務隊有着長期的合作默契，宋家慧局長和我都不約而同地提出：讓我們肩並肩地去幹這有意義的事。

這裏將時間回撥四年到 2003 年夏季，交通部的兩部最新 S76C+ 搜救直升機剛到了大連不久，宋家慧局長為了加強當時渤海灣冬季的拯救能力，特地跟特區政府商議，希望政府飛行服務隊能派出一個機組人員到大連參與冬季值班，同時對交通部的飛行員和空勤人員開展一些搜救培訓項目。經過連番商討，及至行政長官辦公室，最後香港一行七人（包括我本人在內）在 2003 年 11 月 19 日到達大連，展開參與內地的救助工作。

2003 年的渤海灣冬季值班維持到 2004 年的四月初，事實證明冬季值班效果非常好。有見及此，宋家慧局長為了加大力度建設國內的立體（海、陸、空同時進行）搜救能力，也考慮到政府飛行服務隊人手緊張，提出從香港政府飛行服務隊借調一位飛行教員，到上海協助搜救飛行員培訓，同時參與救助飛行隊選購救援直升機型號和飛行隊基地選址的論證工作。我非常有幸得到這個任務。為方便我參與當時的工作，在 2004 至 2006 年初，一家四口搬到了上海居住。宋局長怕我和家人不適應內地生活，處處照顧有加。我和家人初期本來也是戰戰兢兢，但兩個兒子開學後很快便適應校內生活，交了很多同學和朋友，有些到現在仍然有聯絡，這也是後話了。

回到 2008 年 5 月 13 日，由於地震後情況緊迫，我第一時間匯報時任保安局李兆光局長，李局長當然非常願意運用香港的力量和技術，在這危急時間為國家效力，但他也同時提出了他的憂慮：就是香港的飛行員和空勤員雖然對山區救援有相當經驗，但對四川當地的地形和氣象卻非常陌生。我向李局長保證，我們每個同事都經過嚴格的培訓，對海上和山區拯救都特別有經驗，機組自身安全肯定沒有問題。得到我的保證，李局長同意我先派機組人員到現場，夥同交通部機組人員，利用交通部的 H225（最新型號的超級美洲豹）直升機，作第一波的救援工作，李局長同時亦向時任特首曾蔭權匯報，曾特首也給予了此次行動巨大的支持。

5 月 17 日，香港特別行政區政府飛行服務隊派出救援隊伍，乘坐民航機前往廣漢，參與民航直升機抗震救災指揮中心統籌的救援工作，保安局副秘書長丁葉燕薇女士到機場送行。

飛行服務隊隊員抵達廣漢的空中救災指揮部總部後，隨即聯同交通運輸部的搜救人員出動，執行各項救援工作，包括從山區救出倖存者；將地面搜救隊伍送到偏遠的山區，搜索失蹤或受困的災民；以及運送救援物資到災區。

及後考慮到救援規模太大，我又再向李局長建議派香港的 AS332L2 美洲豹二型直升機到現場加入救援隊伍。得到李局長的同意後，飛行服務隊在 5 月 23 日加派配備搜救裝備的美洲豹直升機飛抵廣漢加強救援資源。美洲豹起飛前，保安局常任秘書長張瓊瑤女士親自到飛行服務隊總部送行。

　　飛行服務隊在四川一共進行了三星期的救援工作，先後派出兩批共 13 名隊員，包括機師、空勤主任、飛機工程師及飛機技術員。21 日內共出動 26 架次超級美洲豹直升機，救出 96 名災民及運送 119 名工作人員及 7900 公斤物資前往災區，其中包括地面搜救隊員及負責監察唐家山堰塞湖的專家。在完成任務後，飛行服務隊派往四川參與救援的隊員與裝備最後在 6 月 6 日撤返香港。

　　這次救援行動充分體現了我們同胞"一方有難，八方支援"的精神，中央政府對此事特別關注。8 月底，香港特區行政長官辦公室（特首辦）打電話給我，說中央政府將有國級領導人會親自到香港慰問曾經參與救災和災後支援工作的香港工作人員，但消息只是初步，具體是誰和在甚麼日期都未有最後定案。因為人數眾多，亦涉及複雜的保安問題，而飛行服務隊總部設在機場禁區內，機庫又有足夠地方，特首辦建議領導人接見儀式在飛行服務隊的機庫內舉行，我當然立即答應全力配合。

　　雖然時隔已經十多年，但我相信 2008 年的汶川地震開創了香港特區和內地合作救援行動的先河。我希望在這基礎上，我們可以繼續構建一個共同的搜救運作模式和標準，將國家的救援事業推進到新的高峰。

# 第 十 章

# MOT 合作感想

蔡照明

香港特別行政區飛行服務隊原高級空勤主任

今年，是香港回歸祖國二十五周年，一個意義深長的特別年份。在香港度過了回歸後四分之一世紀，我這個土生土長的香港人，難免會經歷很多難忘的往事，其中印象最深刻的是當年有份參與交通運輸部、由救助打撈局局長宋家慧先生帶領，創立中國第一支海上救助飛行隊的過程，那可説是我三十多年飛行職業生涯中，最為刻骨銘心的一件事。

我是 1977 開始參加飛行工作的，那時候的我，跟香港其他年輕人一樣，對國家認識不多。日常工作中，因政治因素，很少有機會了解國家，只知道當時內地並沒有像香港一樣，擁有一支正規的空中搜救隊伍，為人民提供拯救服務。偶爾，如內地水域發生嚴重人命傷亡意外，香港飛行服務會被召喚參與拯救任務。記得以前凡接到要進入內地水域範圍執行搜救任務，由於政治因素，總是涉及很多外交層面的聯絡及手續問題，往往費時頗長才獲得批准進行，耽誤了許多寶貴的救援時間，極不理想。那時我就在想，如果中國能夠擁有自己的空中拯救隊伍，該多好呀，不知有多少海上作業者的生命財產可以得到保障！殊不知，我這個夢想竟在多年後實現了。

香港回歸前一年多的某一天，我在辦公室忽然收到了一個電話，對方説是香港華德公司代表孫富民先生，詢問我可否安排時任交通部部長黃鎮東先生訪問政府飛行服務隊，説黃部長希望透過訪問了解並認識我們的日常工作，並特別提到想聽取有關直升機空中拯救方面的知識和經驗。接到通知之後，經過各方高層領導的努力協調和批准後，黃鎮東部長一行人員在香港訪問期間，特別抽空造訪了政府飛行服務隊總部，讓我們有機會介紹了我們部門的工作。我記得黃部長和其隨行人員對我們的工作表現了極大的興趣，尤其對直升機絞車救人技術及拯救設備等方面特別關注。我想，自該次訪問後，交通部與香港政府飛行服隊已播下了合作的種子。其後，經過幾年的相互協調，2001年，在宋家慧局長官式訪問香港保安局及政府飛行服務隊後，內地和香港政府飛行服務隊正式開展了史無前例的合作，為內地的空中救援服務發展奠下了永久基石。

從2001年開始，直至我2008退休這段日子裏，我非常榮幸有機會參加了交通運輸部海上救助飛行隊初始成立的過程，親身見證了海上救助飛行隊從零到有、從有到精、從精到專的整個過程，令我讚歎不已！我記得在海上救助飛行隊開始組建，第一組內地機組人員被派往香港跟我們交流學習時，看到他們雖身處陌生環境，加上語言不通，及面對種種新的飛行條件，但每個組員勤奮學習的態度及接受新環境的能力，令人讚賞，肅然起敬。當時，透過和這組人員緊密相處及認識，我已充滿信心地認為，中國海上救助飛行隊一定可以成功創立，毫無懸念！後來，我在2003年又奉命在大連值班待命，2006年更借調往上海出任教員工作，退休後也在珠海擔任了義務訓練。通過多年的密切工作，我看到整支海上救助飛行隊上上下下都展示出對飛行工作的熱忱，尤其對飛行安全的重視及對保障人命財產工作的認真，我更深切感受到海上救助飛行隊今非昔比，已成大器。

成功非僥倖，海上救助飛行隊從開始組建，經過二十多年的成長，現已發展成為一支家喻戶曉、極負盛名的空中救助力量。短短二十年時間已有如此突出的成就，從飛行救助發展史來説，絕對是令所有人佩服的，是每一位海上救助飛行隊持分者的驕傲！每當我在媒體上看到關於海上救助飛行隊出動拯救任務的報導時，總是內心激動、肅然起敬，因我仍從中依稀看到我從前的身影，不禁懷念那一段"飛一般的歲月"。

今天，在香港回歸祖國二十五年之際，能再次回顧中國海上救助飛行隊誕生及成長的過程，見證國家在保障人民生命財產事業所做的巨大貢獻，我能參與其中，是我畢生榮幸！我以身為中國人為傲！

祝祖國繁榮昌盛，國泰民安！

# 第十一章

# 與救助飛行隊的
# 合作往事

霍偉豐

香港特別行政區飛行服務隊救生員、絞車手教練

## 救撈先鋒

在過去三十多年的專業生涯中，我有很多機會與交通運輸部救撈局屬下救助飛行隊的同事一起工作。他們的敬業精神和對使命的一份堅持給我留下了深刻的印象。早在 2004 年，我就開始為救助飛行隊的絞車手和救生員做檢查考核，培訓和考試當然可以讓我對救助飛行隊的操作水平有所了解。然而，無論你如何努力使訓練變得真實，我們都無法只通過模擬來測試和看到一支救援部隊的真實能力，而"實戰"可以。對我來說，這種機會在 2008 年出現了。

## 汶川大地震

我是第一批被派往汶川參與救災任務的政府飛行服務隊人員。我們於 2008 年 5 月 17 日離開香港前已經與南海第一救助飛行隊協調，並獲得了一些有關當地運作情況和關注點的第一手資料。當我們在香港出發之際，南海第一救助飛行隊的特派專隊亦從珠海的基地起程，帶着他們最新的 AS225 直升機前往四川廣漢機場，為執行救災任務做準備。這架 AS225 直升機是幾周前才抵達珠海，其性能正是我們應對四川高溫及高海拔環境所需要的重要工具。

同日抵達廣漢機場，我們隨即與南海第一飛行隊特派專隊人員會合。很快我們就收到第一個任務：從山區某處倒塌的礦場拯救十幾名工人。礦場的位置高度在 1500 米左右，比我們通常在香港執

行任務的區域要高 [1]。由於空氣密度隨着高度的增加而下降,降低了的空氣密度將會降低發動機和主旋翼的效率,飛機的操縱會受到一定程度影響。因此,我們在執行任務時必須非常小心,時刻留意發動機的運作及操控。這次任務讓我們第一次嘗到了四川環境的獨特性,也讓我們為接下來更具挑戰性的任務做好了準備。

　　除了天氣及陌生的地形外,在山區裏執行任務其實亦有不少其他風險,其中之一就是縱橫交錯在山谷中的運輸鋼索及電纜!

　　該地區的山脈非常高,而且由於天氣原因,我們常常無法去到比山頂更高的高度飛行前往目的地。相反,我們必須沿着山谷和較

---

1　香港特區最高的大帽山,高度為 957 米

低的高度飛行才能完成任務。但是由於每個山谷內都有很多有採礦單位架設起的運輸鋼索系統及電纜，而這些鋼索和電纜並未在地圖上標示出來。

雖然 AS225 直升機在當時候是比較先進的機種，但亦沒有任何設備可以有效地偵測到這些障礙物，同時如果我們的直升機碰到這些鋼索，結果將會是致命的！因此，每當我們在山區飛行時，我們都必須保持高度警惕並保持全方位的目視監測。

在執行其中一個任務時，我們必須飛到一個倒錐形山谷的底部，營救 5 名被困在水電站超過一周的工人。他們的一些同事在地震中因大規模山體滑坡而死亡，其餘的同事受傷，但由於道路被山體滑坡阻擋，被困在山谷中。幸運的是，他們其中的一個並無受傷，能夠徒步幾天到一個村莊求助。

我們找到了該水電站（見上圖），但問題是我們必須下降 300 多米才能到達該站，但山谷被複雜的運輸鋼索和電纜網覆蓋，就像多

個蜘蛛網。在評估形勢之後，我們選擇了比較少運輸鋼索和電纜網覆蓋的山坡（下圖），沿着山坡，以緩慢而謹慎的方式逐步下降。在通過第一層"蜘蛛網"後，我們將停下來尋找下一組，然後飛到下一個"蜘蛛網"的最大開口處，然後下降到較低的層面，直到我們到達水電站。

　　與下降相比，實際救援相對簡單。但是在救援後，再從山谷底爬升回到飛行高度，就是另一個挑戰了。因為我們已經拿起了額外"重量"，除了鋼索和電纜之外，我們還要留意直升機發動機的功率，再慢慢爬升，確保發動機可以負荷得來。在整個山谷救援行動中，我們亦有非常之近一些鋼索的時候，甚至乎我們可以看到鋼索上的銹蝕和紋理！

　　總而言之，在四川工作期間，我們都看到了交通運輸部同事的進步。他們的專業能力和判斷力比我幾年前看到的要高得多。

## 與時俱進

在四川聯合救災工作結束後不久,我有幸再次到救助飛行隊工作。這次是做回我的老本行,當一名救生員導師。

2010 年,我受邀前往東海第二救助飛行隊,為 4 名新入職的救生員做絞車吊運訓練。這是我渴望的使命。救生員是我最喜歡的科目,因為直升機救生員往往會是現場唯一的救助人員。他一方面要照顧傷者,另一方面要處理整個情況,確保直升機吊運過程中每一個環節及人員的安全。所以,除了專業技能外,能夠在高壓力下保持清醒、警覺,單獨工作也是一個重要的屬性。

同時,救生員也要有很強的溝通能力,例如在救援任務期間,救生員可能要與其他救援人員或遇事船隻上的水手溝通、合作,去完成任務。因此,溝通技巧也非常重要。我個人認為,作為直升機機組人員,在一次成功的救援任務中擔任救生員是最有價值的經歷。

我在廈門的教學和飛行經歷非常愉快,甚至可能是我職業生涯中其中一段最美好的時光。東海第二救助飛行隊上上下下提供了所有可能的支援和資源,以便我們可以進行非常密集的培訓計劃,保持課程的連續性。其實在三個月內培訓 4 名救生員是絕不容易,飛行員和工程團隊都提供了不懈的支持，使飛行計劃在空域交通管制、飛機維護等各種限制下得以順利進行。還記得在水中救援的部分，為了趕上由於一些因技術問題而落後了的進度，我們必須每天完成三至四個訓練飛行，而我作為教官就要每天浸在海中三、四個小時。另外為了省時，訓練與訓練之間我們都會繼續穿着防浸衣，而訓練後協調就必須在簡短的午餐期間進行。對我來說是一次很好的持久力訓練。對於新救生員來說，這是一個非常好的例子，向他們展示無論困難有多大，只要保持靈活性並樂於為達成目標而多走幾步，世間上沒有不可完成的工作。

　　除了吊運訓練之外，教他們基本的急救護理知識和技術也是一種愉快的教學經歷。急救護理是救生員培訓大綱中非常重要的元素，因為"救援"不僅僅是把傷患救起，而是要穩定他們的傷勢，減少痛楚，不再造成進一步傷害並促進康復。從某種程度上來說，這個想法對他們來說是相當新的。我在這方面所提供的培訓，正是可以從他們職業生涯的開始就引入一種救人思維。我也很高興看到每當我舉辦急救護理的課堂時，如果值班人員手頭沒有任務，他們就會加入。而通過他們的經驗分享，每一次的急救護理課堂就有更多實務參考，使理論課互動性更強，學習效果更好。

**感想**

　　這些年來，我有機會參與培訓國家飛行救助隊的空勤人員。之後更有機會跟他們一起在汶川工作，甚至到廈門培訓新兵。之後的幾年，亦有多次機會到各地的飛行救助隊進行探訪調研，有機會見證了救助飛行隊的演變，就好比一間初創公司至今已成為亞洲其中一支非常成熟且完善的搜救力量，我們非常自豪能夠參與此過程。在未來，期望我們有更多的合作機會，一同為確保區域海上安全努力！

# 第十二章
## 記・二零零三年冬

李國倫

香港特別行政區飛行服務隊

　　回望一段充滿感觸的往事，才發現原來已經是二十年前。

　　這段經歷雖然只有幾個月，但期間的所見所聞所感，當中的衝擊卻是一個終身受益的教育。無論是如何看待自己的工作，專業的堅持和奉獻的精神，乃至價值觀和人生觀，對於當時還年輕的自己，有着舉足輕重的影響，一直到二十年後的今天。

　　2003 年，不管是從宏觀的大環境來看，還是從自身的遭遇來看，都是一個低谷。遭沙士疫情蹂躪過後的香港，每個人都有種與死神擦身而過的倖存感，而同時又要面對疫情後的經濟不景氣。那時候的我，想到能夠保住在飛行服務隊的工作，已經很不錯了。

　　偏偏就在暗自慶倖不久，冷不防悲劇襲來。兩位隊員在夜間拯救任務期間發生意外，不幸犧牲，隊內隨即陷入一片愁雲慘霧之中。畢竟飛行服務隊編制很小，每天值班時間的相處，令全隊上下的關係密切得尤如親人一樣。從此與兩位隊員天人永隔，讓人難以接受。接下來的一個月裏，隊內都忙於籌備喪禮，進行告別儀式的彩排，心力交瘁的狀況可想而知。喪禮當天正值是炎炎夏日，汗水夾雜着淚水，我送別了兩位朋友，在浩園看着緩緩降到土裏的棺木，伴隨着儀仗隊悠悠的風笛聲，2003 年的夏天就這樣過去了。

　　入秋後的一天，總監召我到他的辦公室，要給我一個任務。香港的保安局正與內地交通運輸部救助打撈局合作，在飛行服務隊中抽調由直升機飛行員、直升機救生員、直升機絞車手、機務、航務組成的七人小隊，前往當時位於大連的北海救助局北海第一救助飛行隊，進行為期四至六個月的交流訓練活動。這個任務，我二話不說就接下了，被總監選中成為代表飛行服務隊的航務通訊員，可以視之為對自己工作能力的肯定。另外一個原因，就是經過剛剛的夏天，在熟悉的環境下工作，少不免會睹物思人，令我的心情煩悶。這個機會能讓我離開一下，暫時拋開香港的事情，轉到一個陌生的地方迎接挑戰，我是求之不得的。

當年二十七歲的我，之前從未試過離開出生地超過一個月。這次要去這麼遠的地方工作和生活，也不知道要怎樣做準備，無論是在大連的工作細節和生活條件，心裏也沒有一個底。我帶上一個大背包，穿了一件在香港冬季時用的外套，就這樣出發飛去大連。約三個小時後，飛機在大連周水子機場落地。在滑行道去客運大樓的途中，我從飛機的舷窗向外望，跑道旁都是整齊的平房，沒有太多的高樓大廈。由於周水子機場是軍民兩用的，所以我甚至可以看到空軍的殲七型戰機排列在機庫前面，頓時感到很興奮，心想這裏就是我往後幾個月工作的地方，那種對將來未知的緊張感覺就好像一掃而空了。

我抵達大連的時候是十一月，一踏出機艙門，迎來的就是北方氣候的涼意，氣溫只有攝氏七度。這個溫度對於自小在南方生活的我，已經算是寒冬了，我帶來的外套只是勉強可以應付。那時候的我還不知道，相比起兩個月之後親身經歷的中國東北寒冬，七度是多麼和暖怡人的天氣。

當時的北海第一救助飛行隊剛剛組建不久，航務控制中心就臨時設於大連機場賓館的一個房間裏，而飛行隊的成員就在賓館不同樓層的客房留宿，我被分配到其中一個獨立客房。另外，北海救助局跟駐守在周水子機場的空軍借用了一個機庫，兩台 S-76C 救助直升飛機，B-7309 和 B-7310 的日常維護工作，就由機務的隊員負責在那邊進行。

這樣的工作環境，跟我在香港時有很大的區別，畢竟飛行服務隊在香港機場設有專屬的基地，辦公室、控制中心、機庫、訓練隊員飯堂等設施一應俱全。所以我很難想像，在同一天空下會有另一個飛行隊，在如此有限的條件，仍然能夠專業地履行人命救助職責。相比起擁有優厚資源的香港政府飛行服務隊，剛起步的北海第一救助飛行隊所肩負的使命絕對不比我們少，他們是如何做到的？這是我在大連的交流訓練活動的遇到的第一個思想衝擊。

安頓下來後，我開始了在大連的工作和生活。東北的飲食習慣和氣候環境跟南方有很大差別，我們七名從香港來的隊員都在慢慢地適應着。幸好救助打撈局十分體恤我們，特別安排了各類的食物和生活用品，讓我們在大連也有家的感覺。由於工作和休息時間都在機場賓館待着，所以無論在值班還是工作時，都有很多跟北海第一救助飛行隊的隊員接觸的機會。在一天的值班後，負責航務控制的隊員也會在休息室或者是其中一個客房裏聊天，為了拉近彼此的距離，我自然也會參與其中。對於我這個從香港來的隊員，在這種工作條件下留在這裏幾個月，剛好又是冬季，春節期間也不能回家，他們是十分之感謝的。在言談間，我才發現他們大部分都是從東海救助局借調到這裏，以支援剛成立的北海第一救助飛行隊的運作，他們的家都在上海那邊，我對他們的敬佩之情油然而生。同樣是別井離鄉，留在大連度過冬季和春節，目標也是為了國家在北海建立空中人命救助事業，難道他們的付出會比我少嗎？相比之下，我是被大家簇擁着關注着，而他們默默的耕耘和奉獻就更加值得尊敬，這是我在這裏體會到的第二個思想衝擊。

航務控制中心所位於的機場賓館，跟飛行隊的機庫有一段距離，走路是去不了的，所以在值班的時候都不會接觸到機務的工作。機務作為飛行隊的飛機維護和保固的重要力量，我是很希望可以參觀他們的工作環境和流程的。加上我是一個航空迷，想藉此近距離觀摩一下北海第一救助飛行隊的 S-76C，跟香港政府飛行服務隊的有甚麼分別，所以我抓緊機會向長官請求，參觀了例行飛行訓練前機務的整備工作。

　　那天早上，氣溫十分寒冷。我跟飛行員一起坐車從機場賓館，經過空軍的檢查站崗進入機場範圍。一下車，廣闊的停機坪颳着刺臉的北風，我看到機務的隊員早已經在機庫內，為今天的例行飛行訓練進行整備和預先檢查的工作。為了保護直升飛機，旋翼和其他重要部分也覆蓋着又厚又重的布膜，而飛機也連接了地上的穩固束縛繫帶。經過一整晚的低溫，凹入地下的繫帶穩定扣都因為被水注滿而結冰了。穿着禦寒大衣的機務隊員，正在合力把布膜除下來。他們的臉上都是白花花的，眉毛和鬍子都沾上雪片，鼻孔呼出的濕氣都已經結成冰晶，但是這些都無阻他們的工作。之前一直都在航務控制中心值班，房間有暖氣供應，要在這種嚴苛的天氣之下工作，這種艱辛是我無法想像的。我只是來參觀一個早上，已經冷得發抖，非常難受。相比機務的隊員，他們是每天都待在這邊，一面忍耐寒冷，一面守護飛行隊的重要救助資源。

　　整備工作完成，我看着飛行員、絞車手、救生員走向直升飛機的身影，他們在外邊的飛行訓練和搜救任務的情況，我只能靠想像去領會。但是經歷當天早上刺骨的寒風後，零下二十度的氣溫和超過四十節的風速，對我來說再也不只是天氣預報內的一串數字。在冬季的北海，天氣、風速和海況都十分嚴苛。面對無情的怒海，飛行員、絞車手和救生員每一次飛行訓練和搜救任務，也是一個嚴峻的考驗，他們是帶着冒生命危險的覺悟，去完成被交託的任務。這是因為他們知道，無論是一同在飛機上出生入死的隊友、在機庫為直升飛機保固的機務、在無線電替他們引領指路的航務、乃至於地面所有在支援北海的第一救助飛行隊成員，都正在為自己保駕護航。不管大家從哪裏來，在大連我們就是一個團隊，為着相同的目標而奮鬥，成就了一個看似不可能的使命，這個就是我在大連所感受到最重要的思想衝擊。

二十年過去了，今天北海第一救助飛行隊已經發展成熟，部署在北海不同的救助基地，隨時候命為海上人命救助發揮關鍵作用。我深感榮幸參與過北海第一救助飛行隊在組建初期的工作，見證了隊員們當年辛酸、奮鬥和快樂的時光。相比其他隊員，我的付出可算是微不足道，自己能夠在歷史的一頁中叨光，我的感覺是幸運而又感激的。

# 第十三章
# 大連回憶

陳偉強

香港特別行政區飛行服務隊總工

在二零零三年夏秋間，我接到政府飛行服務隊總工程師李宗智先生委派，作為機務代表前往大連、煙台及蓬萊做一次考察，當時我可以說是資歷最淺的人員，同行由保安局首席助理秘書長作為領隊，以及一位政府飛行服務隊機長一同成行。當時最主要具體任務就是評估大連、煙台及蓬萊三地作為國家飛行救助隊建設，所需要之條件及評估運作事宜。

同年十一月初，政府飛行服務隊與中國交通部救助打撈局進行交流活動，飛行服務隊派出七名隊員，分別兩位機長（陳志培機長和黃俊邦機長），兩位空勤主任（蔡照明先生，李健祥先生）及兩位機務人員（簡志輝先生及我），與一位通訊員（李亞倫先生）進行預期四個月之交流。

這四個月之交流，是我人生一次難得機會，除了寶貴的工作經驗，最重要的是可以手牽手、心連心，與志同道合的國內同行一起執行任務，期間完成了各項訓練計劃及救援應急行動。現在就與各位分享一下我作為機務人員在四個月交流之一點回憶及感想。

首先我想分享一下國內機務同行在有限條件下的組織以及協調能力。在大連之交流中，有來自不同背景及系統之機務人員，有交通部飛行救助隊、香港政府飛行服務隊、中信海洋直升機服務有限公司等。當我到達 B-7309 和 B-7310 兩台 S76 型號直升機停泊的機庫時，基本上維修與維護作業條件（包括電力照明，維修工具等等）都非常有限，當時大家並沒有氣餒和沮喪，相反地，採用中信海直人員對困難外場處理的經驗，交通部年青人員的幹勁、創意及飛行隊的作業分享，將難處以及問題一一解決，能夠有效保障 B-7309 和 B-7310 的飛行安全操作，完成各項指派任務。在這四個月的交流，不但令我贏得寶貴的工作經驗，更重要的是，我也贏得了友情，認識到一羣專業、愛國、愛救援事業的朋友。從大連到現在，二十年來，我們經常通過電子媒體，互相問好，技術交流研討。友誼一直在心中，可以說，這是我在交流活動中最大最好的收穫。

在大連的交流當中，交通部機務人員大部分都是剛從航空院校畢業入職，機務工作經驗不多，但可以看見這羣年青人對工作的熱誠，對專業夢想的追尋，對國家救援事業的承擔。令我對國家發展充滿希望，感到樂觀。二十年後，我所見到的那些年青人已在交通部救助飛行隊擔任更繁重的任務，在各方面已成為尖子，能夠與他們共事過，我甚感欣慰及光榮。

大連四個月的交流完結，並不僅是簡單地完成一個單一任務，相反，是一個經驗交流的開始，是一個互相合作的開始，是交通部與香港政府飛行服務隊技術相輔相成、互促互進的成功開端。交通部飛行救助隊之成功及驕人之發展，正是標誌着國家過去二十年之迅速發展，以及國家作為大國對人民之愛護，對國際社會及航運之責任。

最後，我一定要感謝交通部各資深領導在大連，在不同交流期間之愛護、教導以及經驗分享。謝謝大家！

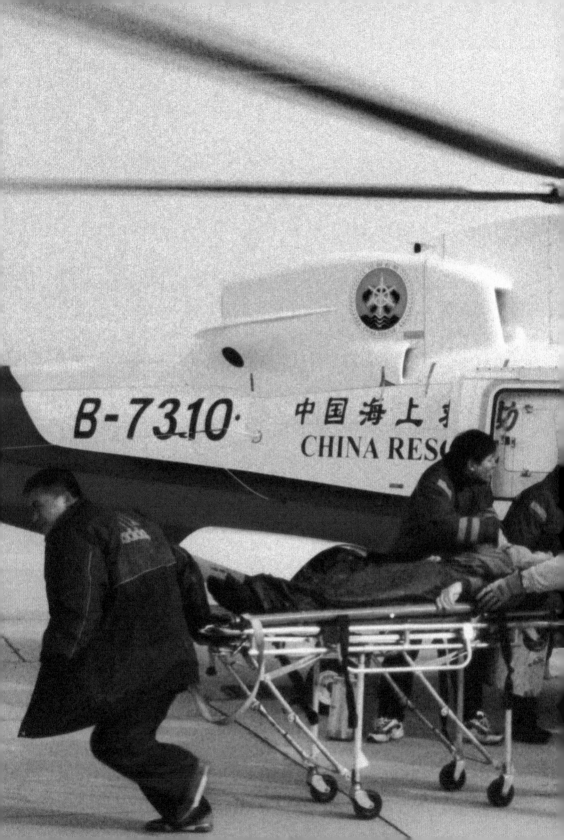

致那些年的
峥嵘岁月

# 第三部分

# 第十四章

# 在與香港政府飛行隊員
# 學飛行的日子

潘　偉

交通運輸部救助打撈局原總工程師

　　2003 年底，香港政府飛行服務隊（簡稱香港飛行隊）確定派飛行任務小組到渤海灣執行冬季飛行救助值班任務。這是我們國家的一件大事，也是渤海灣海域有史以來第一次有了空中專業救助力量，為海上安全提供有力保障。我有幸以飛行員的身份參加香港飛行隊任務小組在大連的飛行保障工作，我們救撈局保障人員與他們安排在同一個酒店裏。當他們進住酒店的第二天見到我們時，每個人都非常熱情與我們打招呼，沒有一點陌生感，臉上都掛着和善的笑容。他們着裝整齊、行動敏捷、工作有序，隨時都能感受到他們是一個整體。我每天看到他們按職責分工緊張而有序地忙碌着，感到既好奇，又新鮮，心裏總是不自覺地冒出疑問，他們都在忙碌甚麼？為甚麼總有忙不完的事情？他們已經是世界上公認的一流成熟飛行隊，沒有更多的建設性工作，每天只需要做些例行的日常工作就可以了，為甚麼總有忙不完的事情？剛開始因彼此間不熟悉而不好意思提問，只是觀察。待熟悉後，可以隨時詢問他們的工作內容，可以站在他們身後，觀看他們操作時電腦上的內容，對我們有疑惑的問題，他們總是耐心解釋，就像家人一樣。隨着認識的不斷加深，才知道他們每天都要提前做好飛行前的各項準備工作，按照規範的內容和規定的標準，一項一項進行準備，做到有救助任務時可以隨時快速出動。不飛行的時候，大多時間是學習各自的飛行業務知識和處理一些香港飛行隊的業務工作。每個人利用 E-mail 進行交流和總結比較多，很少看到他們開會，但各崗位間的人員面對面交流很多，工作和生活看起來很順暢、很和諧。

當年我們國家還沒有專業的海上救助飛行單位，一個飛行單位一般需要五年以上的運行磨合期，才能正常飛行。風險更大的飛行救助單位一般需要八年以上的時間才能正常運行。上級領導知道我們飛行單位剛組建，沒有任何飛行救助經驗，需要有個成熟的飛行單位來幫帶。看到香港飛行隊到內地來，認為這是個非常好的學習機會，於是主動與香港特區政府主管部門溝通，經同意，在大連的香港飛行任務組又承擔起了"海上救助飛行"教學任務。我們交通部救助飛行隊當初只有 4 名從部隊招進來的直升機飛行員，十幾名機務人員都是從民航院校畢業的大學生，此外從我們系統單位潛水夫中選拔出來的救生員，每個人都沒有接觸過海上救助飛行，沒有一點救助飛行知識。我和其他飛行員、機務人員、救生員有幸參加了在大連的這次培訓課程。

因為教學工作是臨時安排的，而且工作量很大，需要針對我們的知識水平編寫教學大綱，從繁複的飛行手冊中歸納出教學講義，在上課前還要編制 PPT 教學課件，加上他們平時的日常工作，每個人的工作量是成倍增加的。但從他們身上看不出任何畏難情緒，每個人都信心十足，想早一天把我們教會，每個人都全身心地投入到準備工作中。在一個多星期的時間內，他們很快準備好並列印了十三門教學講義。當我們這些學員看到一摞摞厚厚的教學材料時，都感到很吃驚，這麼短的時間內，裝訂準備好了十幾門課程的材料，內容有圖有文字，且還是英漢雙語的，標注英語的目的是便於我們以後在直升機手冊（英文版）內查找，看起來他們不僅工作效率高，而且工作很規範。

教學課程看起來簡單，但教起來難度不小。首先，要解決語言關。香港人說的是粵語，而我們這些學員大都是北方人，聽不懂粵語，為此上級在廣州找了個本局內作機關工作普通話和粵語都精通的年輕人小林，作為我們的課程翻譯。小林是個聰明、勤快的小夥子，很快就與飛行任務組的香港人熟悉了，粵漢雙語問題解決了，但還有個英漢雙語的問題。教學課程都是英文版直升機手冊內的內容，有些專業英語，不僅我們是第一次接觸，小林也弄不明白他們用粵語解釋的內容。為此，我們又找了個學員當中專業英語比較好的機務同志作為課堂上的英語翻譯，當他也不懂的時候，可以對照手冊，搞明白意思後，再翻譯給我們。這樣，我們這個班就有了世上少有的雙雙語兩個翻譯。儘管學習起來是比較吃力的，花費的時間也比一般教學多得多，但大家經常為弄懂一個名詞或術語而開心，甚至當費了很多周折，突然明白是一個大家再熟悉不過的意思時哄堂大笑。

　　教學課程都是由飛行任務組的主管和各崗位負責人擔任。當年我們還習慣於利用白筆黑板上課，他們那時已經非常熟練地用投影儀上課了。每個人提前做好了精緻的 PPT 課件，並把課程要義分發給我們。他們平易近人，沒有一點架子，每一個問題，不管是複雜的還是簡單的，都要反覆與我們確認，直到我們真的懂了為止。每節課後，都會打出一個英語單詞 Questions（問題），希望我們能夠提出更多的問題。我們在課堂上不管提出甚麼樣的問題，每個教員都會信心十足地耐心細緻解答。更讓我佩服的是，當有些問題他們無法當場給出準確答案時，他們會說我不確定，或說我回去後查對下資料，明天答覆你。他們這種嚴謹、謙虛、務實的教學態度和敬業精神，讓我們對他們更加敬重。在後來的工作生活中，他們當年的那種工作態度和敬業精神，深深地留在了我們每個人的腦海裏，也影響了我們許多人，甚至後來的一批批新人。

除了理論課以後，讓我感受最深的是這完全顛覆了我多年的飛行理念。看到他們漂亮的連體制服，我們單位認為整齊莊重，於是也按其樣式製作了同樣的飛行服。當他們知道我們的飛行服不是按飛行規範標準製作的時候，香港飛行隊的畢耀明總監從自己的飛行服口袋中剪下一塊面料，在課堂中用打火機反覆燃燒，並問我們面料為甚麼沒有燒着。他告訴我們這種面料是防火的，是按預防飛行風險製作的，它不僅飛行時方便，而且在遭遇火災等重大危險時，可以起到保護作用。飛行頭盔看成起來很漂亮，但戴起來又重又悶，一般飛行員很少長時間佩戴，但它在受到撞擊時，可以保護飛行員的頭部，可以挽救飛行員的生命。以前只知道直升機怎樣飛，但很少知道為甚麼是這麼飛。通過他們的講解，讓我深刻地認識到飛行安全不能僅靠運氣，而是完全可控的。對待任何一種重大飛行故障，都有相應的處置措施和程式，通過系統的訓練，這些風險是完全可以規避的。當空中出現發動機故障時、當操控系統出現故障時、當空中出現火警時等等一些嚴重飛行故障時，都會有與之對應的有效的處置措施。他們不厭其煩地講解手冊中的圖表和程式，非常自信地講解其中的道理，在我們看來，好像飛行手冊是他們編寫的一樣。在課堂上，或是生活工作中，他們也會把自己多年的工作經驗毫無保留地教給我們，甚至是把一些珍貴的、甚至是基本不對外傳的總結資料留給我們。這讓我們擴大了知識面，走了許多學習捷徑。

　　一個半月的理論課學習很快過去了，他們也在 2004 年春季到來時，結束了在渤海灣的飛行救助任務。我覺得他們身上貯存着大量的、寶貴的飛行經驗和知識，我們還有很多東西要學，有很多東西需要向他們請教。

在當年的夏天，陳志培機長應我們交通部邀請，來到上海負責我和另一名飛行員海上救助飛行訓練。我們上海飛行隊裝備的是美國生產的 S-76 系列中最新型的救助直升機，當時應該算是接近第三代直升機，而我原來飛的是第一代直升機，跨度非常大，許多設備從來沒有見過。而且，所有機上設備資料和螢幕上顯示全部是英文的，沒有陳志培教員講解，我們甚麼都做不了。經常看着厚厚的英文手冊發呆，心想，甚麼時候能夠把這些內容全部學會？陳志培原以為我和另一飛行員都是飛行 20 多年的老飛行員，應該很容易教，但經過接觸，發現我們對三代機一無所知，且英語水準幾乎為零，如果我們自己沒有自學能力，今後學習起來會很吃力的。陳志培針對我們倆的飛行特點，花了一定時間，制定了一套訓練方案。從理論課到座艙實習，先是把最基本的基礎打好。上海的夏天又濕又熱，即便直升機停放在機庫內，座艙的溫度也有 40 多度，他帶着我們倆一遍一遍地講解操作每一個設備，演示每一套程式。因為有些設備使用起來比較複雜，我們倆也經常會因為一個環節接不上而無法繼續操作，他不厭其煩反覆講解，直到我們掌握。每次在座艙裏講解，都能看到汗水不停從他面頰流淌，不大工夫汗水就濕透了大部分衣裳。我們看在心裏，怕他勞累過度，儘量減少他在座艙的時間，但每次他都善意地謝絕了我們的勸導，直到把講解內容解釋清楚為止。

　　接下來就是海上飛行訓練，開始的時候我對自己感覺良好，陳機長教的內容，我基本能夠做到。但每一次飛行後，他的臉上都顯得很嚴肅，我以為是他訓練標準高，要求嚴。但在一個半月後的一天，他突然對我說：你不適合海上救助飛行，你自己提出停飛吧。我一下子就蒙了，飛得好好的，怎麼一下子不適合飛行了。再說我也是飛了二十多年了啊！他說：“不是飛行技術問題，而是理念認知問題。一架飛機不是一個人在飛,而是一個機組在飛。一個機組組織管理好了,救助任務才能完成,才能在遇到較大風險時,化險為夷。我提出的和希望的飛行目標,你都做不到。"我以前也是當機長的,機組都由我來負責,一切行動都聽我的。我想不明白,他希望的是甚麼?要達到一個甚麼樣的標準?回去苦想了兩天,突然我有了一些感悟,他所希望的是飛行時機組成員分工負責,共同把控直升機,每一動作意圖和有用資訊都要及時交流到每一名機組成員腦海裏。我第三天找到陳機長,把自己的想法跟他說了一遍,他也認可我的想法。經過幾天的時間,他重新制定了教學計劃,並商定了飛行改進辦法。再飛行時,我有意克服自己以往的舊習慣,以前當我改變航向時,一邊說一邊開始動作。現在是先說出來,得到他認可再開始動作,並且要聽到其他機組成員的認可回答。他操作機上設備時,以前我經常因忙不過來,而不顧及他的動作,回答也是機械式的應付。他為了糾正我的毛病,常常故意錯誤操作,說是接通了自駕,但直升機並沒有反應,我再檢查時,發現左右轉換按鈕並沒有轉換。在電腦中輸入座標是件繁複的事,一串串數位需要一個個地核對,以前總是相信副手能夠正確操作,現在是必須兩個人都核對無誤時,才按下確認按鈕。一個動作說起來很容易,但要養成習慣,並達到一定的反射意識是很難的。他常說:"我們是在複雜條件下的超低空飛行,有一點差錯都很少有時間糾正和處置。"經過一個多月的苦練,我們之間已經能夠做到心領神會的程度。在最後一個飛行日結束後,我終於看到了陳機長抿着嘴嘴角向上翹起的微笑。他向我伸出手說道:"祝賀你成為一名海上救助飛行員。"此時,我內心有種說不出的激動,通過這段時間訓練,我悟到了很多道理,認識了許多知識,增強了自我學習的能力,眼界更寬更遠,心靈更加明亮了。如果沒有陳機長,我成為不了一名海上救助機長；如果沒有他，我今後的飛行之路，可能會是日復一日地在原地徘徊，在可能遇到的複雜險情，結局可能不可想像。

因為我有了這段艱難痛苦的飛行經歷，這也讓我在以後當教員和考試官時，更加注重座艙資源管理能力和飛行處境敏感意識。有些人，因為沒有達到這些要求，而沒有通過考試。並且這些人不會經過簡單的訓練，經過補考而通過，因為這些良好習慣是需要長時間養成的，大都需要經歷我當年的艱難之路。正是因為有了全面系統的嚴格訓練和考核，才成就了我們救撈系統的高水準飛行隊伍，才能在更大風險、更加複雜的條件下，完成一個又一個海上救助任務，拯救了無數個遇險者的生命，保證了多年的飛行安全。一個高風險飛行單位能夠保持二十多年無事故，這在世界上是少有的。

一個飛行隊伍的建成需要多年的時間，一個高水準的飛行隊伍更需要不斷地改進和完善。經過多年與香港政府飛行服務隊的交往與工作配合，我們都有了共同的心願，就是把交通運輸部海上救助飛行隊打造成世界一流的救助隊伍。在我任局總工程師分管飛行工作時，陳志培機長也升任了香港飛行隊總監，我們之間的交往更加便捷了。雙方進一步完善了交流機制，以協議的形式固化下來。每年至少召開兩次技術交流會，交流彼此的工作體會和經驗，完善制度和培訓體系。我方每年都制定交流學習計劃，分批安排技術人員到香港飛行隊學習。退休後的香港飛行隊畢耀明總監，組織了部分退休的各方面技術專家，定期或不定期來我們飛行隊進行指導幫助。尤其是令我非常感動的是，當我和我的機組第一次進行夜間海上課目考核時，大家都知道這是一次風險非常大的飛行，都勸說畢耀明總監不要上機，但他不顧年齡大和夜間不適的困難，堅持要跟我們一起飛行，並說道："只要你們敢飛，我就敢坐"。同我們一樣穿好裝備，堅定地坐上直升機。他這種義無反顧的舉動，給了我們巨大的力量和最大的鼓勵，這是對我們最深的信任，這就是拯救至上，生死與共，我們一定會而且肯定能完成世界上僅有的幾個國家能做的夜間海上飛行課目，我們必須做到！飛行中，畢總監時不時探過身子，檢查我們操作的每一程式和動作。近一個小時的飛行考核結束了，落地後，當我們還不知道考核結果時，他首先對我們豎起了大拇指，這一刻，我們全體人員明白了，我們通過了，我們也能勝任這一世界尖端的飛行課目，也能讓無數個在夜間海上遇險者對我們寄託起生命的期望。

　　在當初與香港飛行隊的接觸的階段，我們之間在對救助理念的認識是所不同的。他們強調的是"安全第一，不安全的事不做"，而我們的理念是"把生的希望送給別人，把死的危險留給自己"。我們從小到大受到的教育是勇於奉獻、不怕犧牲。他們的理念是沒有自己的生命，就無法拯救別人。很長一段時間，我和我的同事都認為，在風險非常大的海上救助飛行中，沒有犧牲的信念，就無法把處在危險境地的遇險者搶救回來，甚麼事情都不可能萬無一失。可我在後來的訓練和救助中逐漸感悟到，我們與香港飛行隊的理念並不矛盾。救人的事業一定要有犧牲自己的精神，但並不代表必須以命換命犧牲自己。做救助事業的人要有堅定的救人信念和不怕風險的勇氣，同時在救助方法上要講科學，按穩妥有效性辦事，不能蠻幹。正是有了這正確的理念，我和我的機組才能在無數次的救助中，面對從未遇到並無法破解的風險，大家科學謀劃、穩妥實施，完成了過去不可能但現在可行的救助。在遇到狂風暴雨時，精準計算繞過雷雨搶在暴雨到達前僅有的 5 分鐘把人救出來；在遠端救助油量不足無法回到機場的條件下，做好備降在野外的計劃；在 182 米高的煙囱上無法看到地面的條件下，通過絞車手觀察口令，精準操控把兩名遇險者拯救回來；在船帆林立的世界着名帆船"帕拉達"

上，在吊運鋼索隨時可能纏繞在桅杆上的情況下，救生員利用高空拋繩引導，把傷患搶救出來。一次次打破常規的飛行救助，一次次創造了不可能的可能，打破了我們長期固守的條條框框，讓我們救撈人的理念與香港飛行隊的救助理念得到完美的融合和詮釋。

經過我們雙方的共同努力，我們救助飛行隊建立了較為完善的制度體系、飛行培訓體系、飛行保障體系和安全監管體系。我們的飛行更加安全穩妥，救助更加快速有效。在我們與香港飛行隊的多年合作下，我們的理念得到了昇華，我們救助能力和安全保障不斷得到提升，我們的合作更加緊密。我相信在我們海上人命救助的共同信念下，我們的救助事業一定更加強大，我們一定會共同為實現中華民族偉大復興、建設海洋強國的目標而不懈努力。

# 第十五章

# 內地香港一家共建海空救助網

## ——記香港飛行隊協助交通部救撈局建立渤海灣海區立體救助網建設回顧

丁平生

交通運輸部救助打撈局原副局長

## 一、主動作為創新篇

為了更好體現黨和政府"以人為本"的執政理念，快速有效地實施海上人命救助工作，原交通部上海救撈局承擔組建救助飛行隊任務，並且在上海浦東籌建"上海高東海上救助直升機場"。經歷了多年籌建，2001 年 3 月 5 日，中國第一支海上救助飛行隊伍 —— 交通部上海救撈局直升機隊成立了，即現在的"交通運輸部東海第一救助飛行隊"應運而生。這是我國救撈發展史上的一個重要里程碑，它開啟了我國救撈空中應急搶險救助的新篇章。

海上救助飛行隊需要有高水準的專業技術人員來管理，然而當時上海海上救助飛行隊建隊初期面臨着許多困難。新購買的兩架美國 S76C+ 中型救助直升機屬於世界一流直升機，沒有駕駛技術過硬的救助機長，也沒有熟練機務、航務方面的專業技術人員，僅有的幾名飛行與機務人員也是剛從部隊轉業而來，當時我國能夠擔負海上油田服務的直升機飛行公司僅有兩家，而且僅能提供海上作業人員接送等商業飛行技能。在此背景下，為了能儘快進入角色，交通部上海救撈局與中信海直公司簽訂了三年執管協議，委託中信海直公司選派機長和機務等人員參與飛行隊管理，其中王鵬和閻增軍兩位優秀的中青年直升機機長來飛行隊後，對參與救撈系統來執行海上救助任務感到壓力很大，表示需要不斷摸索學習，積累經驗，才能投入救助飛行。

海上複雜環境下的救助，不同於普通飛行，具有高風險、高技術、高難度、高標準等特點，每一次救援都會面對不同場景、複雜環境，如遇惡劣天氣條件下，既要保證有效救助遇險人員，又要保證機組安全，就必須練就過硬的看家本領。而當時必需的技術和本領對我們救助飛行隊來說，幾乎是一片空白。

隨着飛行、機務、航務等專業人員的有序招聘，雖然飛行隊引進了幾位剛從部隊轉業的直升機飛行員和機務管理人員，但是他們都缺乏專業的海上直升機救助技能，不經過專業訓練，飛行隊要想在複雜的惡劣環境下搜救遇險人員，那可是異想天開。飛行隊迫切需要專業的"師傅"來帶教，而且既要有豐富的海上救助資歷，又願意毫無保留地把技能教會我們的救助飛行隊員的好"師傅"，在哪裏找呢？在這關鍵時刻，具有敏銳直覺和開拓視野的宋家慧局長，果斷的把目光轉向了剛剛回歸祖國不久的香港政府飛行服務隊。香港政府飛行服務隊前身是港英皇家空軍預備役搜救部隊，正式成立於 1993 年 4 月，是香港特別行政區政府管轄下的一支優秀的空中搜救及飛行支援紀律部隊。擁有 11 架不同型號的救援飛機，為香港政府和香港市民提供 24 小時緊急空中救護、搜索及拯救服務，並且協助香港特區政府各部門的有關工作，也承擔香港水域和廣東珠江口周邊海域的應急海上人命救助。擁有數十年陸島海空救助飛行經驗的隊伍，救援能力享譽世界。

而上海海上救助飛行隊建隊之後還有許許多多沒有解決的問題，還有很長一段路需要慢慢探索。但是時間不等人，當時的形勢已經不允許交通部救撈局按照一般的方式來推進海上立體救助工作了，必須想盡一切辦法儘快的讓這項工作開展起來。

2003 年，正值交通部救撈體制改革進入關鍵時期，救助飛行隊發展也是宋家慧局長最為關注的重大事項，救助飛行隊能否儘快成長，是擺在交通部救撈局的重要難題，如何破解呢？"自己不行那就把教員'請進來'，把先進成熟的經驗'引進來'"，宋家慧局長高瞻遠矚地提出"我們可以比照技術實力雄厚，同樣從事人命救助工作的香港飛行隊的運控模式進行管理"。宋家慧局長更是傾注大量精力和心血，就如何發展內地救助飛行隊，出謀策劃、親力親為、主動作為、勇於擔當，經反覆探討與醞釀，在主管領導同意和全力支持下，並得到國務院港澳辦及相關部門大力支持協助下，多次赴港與香港特區政府保安局和香港政府飛行隊直接面談協商，以真誠之心獲得了香港特區政府相關部門的充分理解和支持。在此基礎上，宋家慧局長經過深思熟慮後提出以"冬季渤海灣海域開展救助直升機救助值班為由頭，全面推進內地救助飛行隊與香港政府飛行隊合作"的創新模式，這是交通部救助飛行隊為加快成長的創新之舉，充分展示了"一國兩制"思想在新世紀我國海空救助領域的具體運用，也是落實中央"建立健全各種突發事件應急機制"指示的重要實踐。

2003 年 8 月 26 日，交通部救撈局與香港政府飛行服務隊在深圳再次進行了商談，香港政府飛行服務隊方面表示，雙方在渤海灣的交流與合作，不存在技術問題。在得到政府高層溝通批准後，政府飛行服務隊人員將參與我部在渤海灣執行海上空中救助服務，幫助我部人員提高海上救助技能，開展技術交流等活動。

2003 年 10 月 12 日至 14 日，根據交通部救撈局與香港特區政府保安局達成的意向，香港特區政府保安局和香港飛行隊一行六人考察渤海灣周邊機場。香港考察組人員有：保安局首席助理秘書長陳鄭蘊玉女士、助理秘書長衛懿欣小姐、政府飛行隊高級空勤主任蔡照明先生、一級飛行員王俊邦先生、機務工程師陳偉強先生、三級空勤主任李健祥先生。他們此行的目的是考察大連周水子國際機場、大連警用直升機機場、煙台萊山國際機場和蓬萊沙河口機場，為 2003 年 11 月冬季救助直升機執行的海上救助任務做前期調查。考察機場後，於 10 月 15 日在北京，交通部救撈局與考察組就當年冬季在渤海灣雙方執行救助值班和開展救助技術交流相關問題進行了會談，並就香港飛行隊派出機組人員到大連協助救助飛行隊救助值班，並帶訓交通部救撈局飛行隊人員達成意向。

隨後，經過不斷的努力反覆磋商，最終經國家相關部門、總參和交通運輸部領導同意，並在港澳辦與香港特區政府相關部門的支持幫助下，交通運輸部救撈局與香港政府飛行服務隊達成了 2003 年 11 月派出 7 名飛行機務人員赴大連，執行冬季渤海灣救助直升機值班待命工作，並為救助飛行隊後續管理簽訂備忘錄。由香港飛行隊全方位帶教內地救助飛行隊，用最短時間訓練出一批能適應海上救助飛行任務的完整機組人員，包括合格的救助飛行員、機械師、絞車手、救生員，以及合格的飛行隊管理人員。為我國第一支海上專業救助飛行隊與香港政府飛行服務隊合作，開啟廣闊空間，也為交通運輸部救助飛行隊快速安全發展打開新篇章。

## 二、情同手足促成長

2003 年 11 月 21 日，為確保渤海灣冬春季節海上安全，在香港特區政府高度重視下，香港政府飛行服務隊秉承血濃於水的民族情感和救生救難的人道主義精神，派出以蔡照明高級空勤主任為領隊的七人隊伍來到大連，參與渤海灣海上人命救助值班待命任務。

參加海上救助待命任務的香港政府飛行服務隊隊員共 7 名，包括機長兩名，空勤人員兩名，機務人員兩名，以及空管人員一名，他們都是具有 10 年以上飛行服務經驗的優秀飛行隊員。其中，高級空勤主任蔡照明更是服役 20 多年，是經英國皇家空軍飛行學院培訓的第一位香港空勤教官。作為香港人，遠離自己的家庭和親人來到寒冷的大連執行危險的救助任務，他們的身心承受着巨大的壓力，但他們沒有絲毫的怨言。機長王俊邦說，作為一名香港人，能夠來到大連，為國家做一點事，他感到無比的自豪。他說，我們十分珍惜這次機會。當救助飛行隊要為他們安排好一點的食宿條件時，他們表示，一切都和救助飛行隊其他人員一樣，一同吃住，不搞特殊。讓我們更為感動的是他們的敬業精神，香港飛行隊員抵達大連後，立即着手準備、制定飛行訓練計劃，熟悉我方機場的飛行規則和當地的地理環境、氣象海況情況，常常加班到很晚。機長陳志培和王俊邦更是加班努力，僅用 2 天準備就適應新的飛行環境。飛行訓練過程中，機組人員遇到的最大困難就是北方寒冷的天氣，但是香港飛行隊隊員不怕困難、堅強拼搏，很快就適應北方寒冷天氣，隨即投入到飛行訓練和救助值班當中。

2004 年 1 月 16 日，"利達洲 18" 號油輪在渤海灣海域失火，隊員們克服風大浪高和低溫嚴寒等困難，以高超技能迅速救起落水人員，初戰告捷，國人矚目。

在五個月冬季救助值班中，隊員們在完成飛行訓練、救助值班同時，不忘傳技授業，無償對內地救助飛行人員進行了卓有成效的培訓。在培訓過程中，隊員嚴謹負責，每個科目的培訓都根據內地飛行特點和要求專門制訂、編寫教材，並克服重重困難，將所有教材譯成中文。通過培訓，內地救助飛行人員的業務技術水平得到顯著提高。作為香港人的飛行隊員，遠離親人來到冰天雪地的北國，執行危險的海上救助任務，隊員們的身心承受着巨大壓力，卻沒有絲毫怨言，而將其視作"一生的榮耀"，謝絕了我們原想給予的特殊照顧。家屬來大連探親時，堅持自己承擔全部費用，"不願給大家添麻煩"。

在大連的五個月中，隊員們每天訓練、值班、培訓，一直沒有暢快地遊玩過。儘管人人技術精湛，但隊員們在工作中細緻入微、一絲不苟、羣策羣力、團結協作，給周圍的每一個人都留下了深刻的印象。隊員們高尚的愛國情操、可貴的敬業精神、卓越的專業技能和嚴謹的工作態度，是內地救助人員乃至每一個公職人員的楷模和榜樣。香港飛行隊隊員來內地數月，受到社會各界廣泛的尊重和愛戴，被稱為渤海上空的"紫荊之鷹"。對於飛行隊獲得的盛譽，正如蔡照明主任所說："這並不意味着中國內地、香港飛行合作的結束，這次合作僅僅是拉開帷幕。今後，雙方還將在技術交流、人員培訓等方面進一步合作"。交通運輸部救撈飛行隊將繼續向香港同仁學習先進的救助技術、管理理念和敬業精神，打造一支在關鍵時刻"衝得上去，救得下來"的海空立體救助隊伍。

香港飛行隊在渤海灣執行冬季海上救助待命任務在全國引起強烈反響，待命期間前來採訪的媒體紛至沓來，他們的英雄事跡頻繁被全國各大媒體報導，這項工作也成為我們黨和國家以人為本的典範。

交通部救撈局與香港飛行隊的合作是大陸和香港特區政府之間合作的成功典範。雙方在合作中克服了許多諸如文化、法規等方面的障礙，取得了可喜的成績，也為雙方進一步合作奠定了基楚。

2003 年 11 月，救撈系統與香港政府飛行服務隊的合作只是一個開端。此後，救撈系統與香港飛行隊展開了全方位的合作，這也成為我國內地海上立體救助事業快速發展的基礎，也為雙方多方位合作開啟了新征程。

2004 年 9 月 1 日，交通部救撈局與香港飛行隊簽訂了《交通部救助打撈局與香港政府飛行服務隊技術合作五年規劃意向書》。

2004 年 10 月至 2006 年 1 月，香港飛行隊派出高級機長陳志培到東海第一救助飛行隊指導工作。

　　2006 年 10 月至 2007 年 4 月，香港飛行隊又派出時任高級空勤主任蔡照明到東海第一救助飛行隊進行為期半年的技術指導工作。

　　2007 年 5 月至 2009 年 9 月，香港飛行隊再次派出空勤主任蔡德文到東海第一救助飛行隊開展交流指導工作。

　　2009 年之後，交通部救撈局與香港飛行隊又簽訂了第二個《交通部救助打撈局與香港政府飛行服務隊技術合作五年規劃意向書》。

　　交通部救撈局與香港飛行隊情同手足的合作取得了巨大成效，正如香港飛行隊畢耀明總監表示：在他 11 年的總監生涯中，與交通部救撈局合作的 6 年意義尤其深遠。中國有自己的救助直升機在海上執行救助任務，海上人員都更具安全感。中國有 18000 公里的海岸線，救助事業的發展一定會比美國和英國更具潛力。香港飛行隊在與交通部救助打撈局合作中，備受各級領導的厚愛，得到了很高的榮譽，其深感榮幸，香港飛行隊將堅定不移地為交通部救助飛行隊的發展提供幫助。香港飛行隊先後為交通部救助飛行隊培訓了 11 名飛行員、20 名絞車手、12 名機務維修人員，香港飛行隊在為內地培訓大批技術骨幹的同時，自身水平也在合作中得到了提升。他還表示，人員訓練是非常重要的，交通部救助飛行隊還應該加大培養力度，並注意通過改善工資、福利、環境等防止專業人員，特別是飛行員的流失；交通部救助飛行隊在建設初期由有經驗的通航公司託管，再逐步獨立運行的發展模式很好；在交通部救助飛行基地中，蓬萊機場值得投資建設成一個很好的救助飛行基地，上海可作為按香港飛行隊模式管理的試點，珠海可成專業技術人員的訓練基地。作為即將退休的香港飛行隊總監，他預祝交通部救助飛行事業蒸蒸日上、飛行安全、前途無量。退休之後，他作為交通部救助飛行隊的顧問將繼續為救助飛行事業的發展出謀劃策。

## 三、陸島救援添精彩

隨着冬季渤海灣救助值班的順利開展，交通部救撈局又與香港飛行隊共同助力，開展陸島救援體系建設方面的合作，香港飛行隊也給於極大的支持與幫助。

交通部救撈局與香港政府飛行隊考察組分別到大連長山島、山東蓬萊長島等周邊海島等地考察，了解海島地理環境和交通狀況，以及緊急救助的相關要求等，為日後開展陸島多方位空中救助提前了解基礎資訊。

2004—2007 年在宋家慧局長安排下，香港飛行隊畢總監、陳志培機長等考察人員先後考察了大連旅順長山島和山東煙台蓬萊長島等周邊島嶼，與地方政府部門探討海島應急救援、島上建立直升機起降點選址等方面事項，以及了解當地漁民生活出行，交通與地理狀況、海域環境等，以便在海島漁民出現緊急狀況時能及時提供空中救援。

其中蓬萊長島列島地處渤海與黃海的交界處，地理位置十分險要，是守護京津門戶渤海海峽的重要島嶼，是進出渤海灣內沿海各港口的重要航路和通道，長島列島水域包括：北隍城島、南隍城島、小欽島、大欽島、砣磯島、長島、大黑山島等縱貫渤海海峽。這裏島嶼礁石星羅棋佈，擁有獨特的海蝕地貌、奇礁異石，險灘惡浪隨處可見。長島列島分佈着大量小島嶼和的眾多漁村，具有深厚的海洋文化、純樸濃郁的漁家民俗，自古以來海島老百姓信奉媽祖，期盼媽祖神靈保佑漁民平安歸來。然而，島嶼與蓬萊陸地隔海相望，距離較遠，出行非常不便，只能依靠小船且耗時較長，冬季海島受寒潮大風影響，島民出島更是危險，一旦遇到急病等突發狀況只能聽天由命。

為了貫徹落實好黨中央"以人為本，關愛生命，構建和諧社會"的執政理念，交通部救撈局在香港飛行隊協助下主動作為，迎接挑戰，在加強海上應急救助建設的同時，積極拓展救助服務範圍，從海上人命救助延伸至海島及陸上其他救助搶險任務。率先在北部海域建立起陸島救援網，有效拓展了救助功能和施救範圍。

從 2007 年 2 月 3 日山東蓬萊長島空中立體救援網建設啟動儀式開始，交通運輸部救撈系統先後與沿海部分省市共同建立了陸島空中救援網路，北起大連長山島，南至西沙永興島共建立起渤海灣大連水域、遼東半島、舟山群島、福建沿海和珠江口水域及西沙永興島等區域的陸島空中救援網路，39 個臨時救助直升機起降點，這標誌着我國沿海陸島空中救援網體系已初步形成。交通部救撈系統利用空中救援網已對 117 名急症高危人員實施了有效救助，對包括 83 名海島遇險或重病人員，以及依託陸島救援網臨時起降點進行轉場、加油、補給而實施的對 34 名海上遇險人員的救助。應該說，陸島救援網為陸地和島嶼開創了空中救援通道，為島上百姓和駐島官兵開闢了一條生命線，為其實施快速、高效的陸島空中救助爭取了寶貴時間。

自 2004 年起交通部救撈局救助飛行隊進駐蓬萊機場後，每年都有多次應蓬萊長島當地政府請求，緊急派出救助直升機救援突發傷病員和急症生命垂危的漁民及島民，我們救助飛行隊的善舉被長島人民稱呼為"現代媽祖"。

2004 年 11 月，在香港飛行隊配合下，救助飛行隊在山東萊州灣海域成功救起了受寒潮大風襲擊翻沉的"海鷺 15"輪 9 名船員。

2008 年 11 月 17 日，繼山東蓬萊長島陸島空中救援網啟用之後，北海第一救助飛行隊承擔的遼東半島陸島救助網及長山島等海島臨時直升機起降點，已全部建成啟用。

2008 年 11 月，黃渤海受北方寒潮大風的影響，多艘漁船在渤海灣大王家島附近島礁水域遇險翻沉，大連救助飛行基地緊急安排 B-7313 和 B-7126 大型救助直升機聯合出動，合力救助大連莊河大王家島附近的 54 名漁民。此次成功救助人數之多、救助強度之大，再創我國海空陸島立體救援之最。

2008 年"5.12 汶川大地震"發生後，交通部救撈局飛行隊與香港飛行隊聯合組成抗震救災搶險空中救援隊，先後派出 2 架救助直升機緊急奔赴災區，在極其危險的環境下，拯救了 225 名受困民眾。在關鍵時刻發揮出空中救災的重大作用，為災區救死扶傷、搶救受傷民眾，做出了巨大的突出貢獻，得到了全社會各界的高度關注和讚譽。

陸島救援網的建成及其發揮的效能得到了當地政府和百姓的高度認同，取得了良好的社會效應，充分體現了交通部救撈局飛行隊這支專業救助隊伍的作用，更體現了交通部救助飛行隊與香港飛行隊合作共贏、勇於奉獻、勇於拼搏和勇於擔當的敬業精神。

2009 年 11 月 11 日，《解放軍報》刊登了一篇題為《"南海神鷹"飛架陸島救援通道》的報導。對陸島空中救助事業進行報導，宣傳政府"以人為本"、為民服務的好事。

在此，借用香港飛行隊蔡照明空勤主任的肺腑之言形容：交通運輸部救助飛行隊的成長是從我在 2003 年冬季奉命在大連值班待命開始，2006 年更借調往上海出任教員工作，退休後也在珠海擔任了義務訓練，透過多年一起密切工作，我看到整支海上救助飛行隊上上下下都展示出對飛行工作的熱誠，猶其對飛行安全的重視及對保障人命財產工作的認真，我更深切感受到海上救助飛行隊今非昔比，已成大器。

成功非僥倖，海上救助飛行隊從開始組建，經過二十多年的成長，現已發展成為一支家喻戶曉、極負盛名的空中救助力量。海上救助飛行隊只用二十年時間能夠發展到今天的成就，從飛行救助發展史來說，絕對是令所有人佩服的，是每一位海上救助飛行隊持分者的驕傲！每次，當我在媒體上看到關於海上救助飛行隊出動拯救任務的報導時，總是內心激動，肅然起敬，因我仍從中依稀看到我以前的身影，不禁懷念那一段"飛一般的歲月"。

今天，能再次回顧交通部海上救助飛行隊誕生及成長的過程，見證國家在保障人民生命財產事業所作的巨大貢獻，以及能參與其中，是我畢生榮幸！也以身為中國救撈人其中一員為傲！最後祝交通運輸部救助飛行隊和香港政府飛行服務隊發展壯大，再創輝煌！

# 第十六章
# 血濃於水的兄弟情

張金山

交通運輸部救助打撈局原副局長

　　傾情支援內地，無私提供援助是香港政府飛行服務隊對交通運輸部救助飛行無私幫助的真實寫照。20 多年來，香港政府飛行服務隊用實際行動闡釋了兩地守望相助，血濃於水的同胞之情、兄弟之情。在祖國內地飛行救助事業發展史上寫下了溫暖而濃重的一筆。更是見證並充分證明了在"一國兩制"方針指引下，香港和內地在許多領域能夠達成互利共贏，攜手發展的共同目標。香港飛行隊給予交通部救助飛行隊的傾力相助和無私援助，充分體現了民族情感和救苦救難的人道主義精神。在交通部救助飛行隊的發展過程中，特別是在組建初期，香港飛行隊在專業技術、規範管理、安全理念、法規建設和救助技能等方面，都給予了非常大的幫助。正如 2018 年 11 月 12 日，中共中央總書記、國家主席習近平會見香港澳門各界慶祝國家改革開放 40 周年訪問團時發表重要講話中，所指出的"內地第一支救助飛行隊是在香港政府飛行服務隊手把手幫助下組建起來的"。

　　有關救撈救助飛行隊組建初期香港政府飛行服務隊的支援和幫助的過程就不多敘述。這裏只是從本人參與救助飛行隊管理和建設的角度，談談我們怎樣向香港政府飛行服務隊學習的，學到了甚麼。

## 一、敬業精神

　　香港政府飛行服務隊作為一支專業的海上救援隊伍有着很強的敬業精神。2003 年 11 月，我國渤海灣水域連續出現大風降溫天氣，海上救助任務繁重，特別急需空中救援力量，針對海上救援工作的迫切需要，交通部決定派遣上海救助飛行隊趕赴大連執行海上應急救援任務。當時由於我部救助飛行隊剛組建不久，嚴重缺乏專業救助人員。在十分困難的情況下，我們請求香港特區政府派出專業人員幫助我們，共同執行渤海灣海域的救助值班任務。在特區政府的大力支持下，香港政府飛行服務隊派出了由高級空勤主任蔡照明先生帶隊，由 7 名優秀專業人員組成的工作組，參與渤海灣海域救助值班待命任務。在此期間，工作組成員不懼天寒地凍和南北地區差異帶來的極端不適應，兢兢業業的開展工作。在完成救助值班工作任務的同時，還將他們寶貴的救助經驗分享給我們年輕的飛行隊人員。為了更好地完成任務，熟悉海域氣象，確保救助安全，他們加班加點編寫訓練大綱和操作規程，經常工作到深夜。當飛行隊為他們安排條件較好食宿時，他們卻要求和內地隊員同吃同住，不搞特殊化。為方便他們和香港聯繫配給的行動電話，也婉言謝絕。他們這種對待工作一絲不苟的敬業精神和香港內地一家親的主人公精神深深感動了我們，值得我們好好學習。

## 二、職業操守

　　香港政府飛行服務隊之所以能夠成為世界一流水準海上救助隊伍與他們具有嚴格的職業操守分不開。記得有一次我帶隊去香港飛行隊考察學習，有一件事讓我印象深刻。那天上午我們來到飛行隊，時任總監的陳志培先生讓我們稍等，說要接受檢查。我好奇的在旁邊看着，只見一名普通的飛行機長手裏拿着記錄本神態嚴肅地對陳志培總監進行例行檢查。首先讓陳總監出示飛行駕駛執照，查看是否符合。然後按照事先準備好的提綱進行詢問。陳總監嚴肅認真的一一作答。事後我問陳總監你們經常這樣互相檢查嗎？你作為飛行隊的最高領導也要這樣接受檢查嗎？他說："是的，只要你從事這項職業就必須接受檢查，這是職業的要求"。簡單的回答使我切身體會到這就是香港飛行隊職業操守的具體體現吧。在交通部救助飛行隊組建初期，我們只有兩架直升機，但是沒有該機型的機長，僅有兩名部隊轉業的飛行員，這兩名飛行員在部隊已經飛了幾千小時，是技術優良的機長。但是，駕駛軍用飛機和駕駛民用飛機是有很大區別的，很多駕駛技術和操作理念不一樣。在培訓民用救助直升機駕駛技術過程中，陳志培總監作為教員機長以科學的態度，認真負責的精神對他們進行培訓，一絲不苟地言傳身教。他不僅在飛行技術上對我們飛行員進行訓練，更多地是培養他們救助飛行理念的形成、安全預控的本領和機組管理的能力。在他不遺餘力的努力下，終於培養出內地第一代救助機長。為以後培養我們自己的飛行員打下了良好的基礎，起到了孵化器的作用。在培訓過程中充分體現了陳機長優秀的職業操守和一絲不苟的工作態度。從中我們深深體會到，他們傳授的不僅僅是專業技能和具體的操作方法，更重要是從他們傳幫帶的過程中更多傳給我們的是一種對事業的執着、一種責任和令人敬畏的職業操守。

## 三、救助能力

交通部救助飛行隊的建設發展是香港飛行隊的同行們手把手教出來的。2001年，中國內地海上救助飛行還是一片空白。為了在短時間內使飛行隊伍儘快能夠承擔海上救助任務，時任救撈局局長宋家慧就如何發展內地飛行隊，向香港飛行隊尋求援助。經過多方努力，於2004年9月1日，交通部救助打撈局與香港飛行隊簽訂《交通部救助打撈局與香港政府飛行服務隊技術合作五年規劃意向書》。根據意向書的安排，香港政府飛行服務隊先後派出高級專業技術人員來內地幫助我們培養各領域的專業人才，包括飛行員、絞車手、維修技師和航管人員。為後來內地救助飛行隊伍的發展和建設起到了至關重要的作用。

2004-2014 年雙方共簽訂兩次五年技術合作意向書。交流互訪達 100 多人次。在飛行隊基礎建設上也做了大量工作，協助編寫了首部《中華人民共和國交通運輸部直升機救生員職業標準》和《中華人民共和國交通運輸部直升機絞車手職業標準》。

2003 年香港飛行隊機組在大連工作期間，在完成救助任務的同時，陳志培團隊還利用有限的時間，耐心細緻地培訓內地飛行隊的工作人員。根據當地的地理環境氣候特點認真修改訓練方案，包括從儀錶飛行、盲降的飛行原理到發動機系統防凍等工程技術，每個訓練課目都是根據飛行員的特點及要求而特別制定的。

按照陳志培先生的話說"內地救助飛行已是從無到有，從小到大，從簡到精。那時培養的飛行員、絞車手現在都成了某一方面的帶頭人了，看到他們成長如此迅速救助飛行事業發展如此之快，感到很欣慰很高興"。

在香港飛行隊的幫助下，內地的救助飛行隊的基礎管理水平和救助能力有了長足的進步，多次完成了很多急難險重的救助任務。飛行隊的發展壯大與香港飛行隊的真誠幫助是分不開的。

## 四、行業規範

為了救助飛行事業長遠健康發展和安全發展，作為一支專業從事海上人命救助隊伍，應該納入國家民用航空體系管理。但當時海上飛行救助在我國內地尚屬於新生事物，國家民航管理部門沒有相應的管理規範和規定。在行業上就缺失必要的監管，長此以往，對救助飛行隊伍的長遠發展和安全發展必然帶來重大影響。為了解決這個難題，我們在向香港飛行隊請教的同時，與民航局同志一起拜訪香港民航處了解情況。香港民航處對救助飛行採取的監管方法是，在飛行器管理上按行業規章執行，在救助行動上由飛行隊根據海上人命救助的特殊性和高風險性提出具體的豁免條款。這些豁免條款在民航管理部門備案，並按相應豁免條款對飛行隊進行監管檢查。這樣就解決了行業管理部門對救助飛行的行業監管問題。按照這樣的做法，在交通部和國家民航局的大力支持下，交通部救撈局和國家民航局飛行標準司簽訂了有關監管協議，並將交通部救助飛行隊正式納入民航的管理體系。在飛行管理上執行民航規章第135部，在航空器維修管理上執行145部民用航空器維修單位合格審定規則。

從此，交通部救助飛行在行業管理上步入法律法規正軌，為此後長遠健康安全發展提供了保障。

交通運輸部救助飛行隊的成長壯大，基本上是按照香港政府飛行服務隊的運行管理模式發展起來的。不負眾望，至今內地救助飛行隊已經安全運行20多年。救助能力達到了世界先進水平。基本實現了中國沿海全方位覆蓋，全天候運行的目標，基本形成了具有快速反應能力的現代化海上飛行救助體系，人才培養基本能適應裝備引進的需求。目前，已經擁有多名帶飛教員機長和獨立執行高難度救助任務機長。機務維修人員已經實現民航145部要求的維修資質，可以對現有各機型實行全面整機維修。

時光荏苒，交通運輸部救助打撈局和香港政府飛行服務隊的合作已近20年了。當年許多感人的場面歷歷在目，在此過程中我們成為了朋友，成為了兄弟。最後衷心祝福兩地救助飛行事業朝氣蓬勃，再創輝煌。

# 我與香港飛行隊的二三事

張　戎

交通運輸部東海救助局副局長

## 尋找"師傅"

為了更好地開展海上德政工程，體現黨和政府"以人為本"的執政理念，快速有效地實施海上人命救助工作，交通部於 1996 年以部長辦公會議形式決定，由原交通部上海救撈局承擔組建救助飛行隊任務，並且在上海浦東外高橋地區高東鎮建設"上海高東海上救助直升機場"。在經歷了近五年的籌建工作之後，2001 年 3 月 5 日，中國第一支海上救助飛行隊伍——交通部上海救撈局直升機隊成立，後更名為"交通部上海海上救助飛行隊"，也就是今天的"交通運輸部東海第一救助飛行隊"應運而生。

隨着飛行、機務、航務等專業人員的有序招聘，直升機場的建造完成，第一批兩架從美國西科斯基飛機製造公司引進的 S-76C+ 直升機也於 2001 年底準時到位，中國大陸首支海上救助飛行隊初具雛形了。雖然隊伍成立了，可要執行海上人命救助工作可不是一件簡單容易的事。飛行隊引進了幾位剛從部隊轉業的直升機飛行員，卻缺乏專業的海上直升機救助技能，人命關天，可非兒戲，不經過專業訓練，飛行隊要想"開張"救人，那可是異想天開。

飛行隊需要"師傅"，而且急切地需要既擁有豐富的海上救助資歷，又願意毫無保留地把技能教會我們年輕的救助飛行隊員的好"師傅"。這個"師傅"很難找，經過不懈努力，終於還是找到了。在時任交通部救助打撈局宋家慧局長帶領下，經過反覆考察磋商，最終經部領導同意，並在港澳辦與香港特區政府的支持下，部救撈局與香港政府飛行服務隊簽訂備忘錄。由香港飛行隊全方位帶教內地救助飛行隊，用最短時間訓練出一批能適應海上救助飛行任務的完整機組人員，包括合格的救助飛行員、機械師、絞車手、救生員，以及合格的飛行隊管理人員。

香港飛行隊可是有着悠久歷史的政府飛行服務隊，專業從事海上及內陸人命救助、警用航空、消防滅火以及特情處置等多功能的，在國內外享有盛譽的政府飛行隊。而且，自香港回歸以來，香港飛行隊十分熱衷於為祖國效力，非常願意把他們的本領無私地傳授給我們年輕的救助飛行隊員們。有了這樣的一位"名師"帶教，何愁交通部救助飛行隊的健康發展。

備忘錄簽署後不久，首批香港飛行隊以資深空勤主任蔡照明為領隊的"師傅們"，陸續來到高東機場，為我們年輕飛行隊的飛行員、機械師、絞車手、救生員等開展全方位培訓。從此，交通運輸部海上救助飛行隊的建設篇章翻開了嶄新的一頁。

## 難忘第一課

2003 年 1 月，新年的鐘聲剛剛敲過不久，根據備忘錄制訂的赴港培訓計劃，本人作為飛行隊管理人員，有幸擔任交通部救助飛行隊領隊，一行八人（含管理人員、飛行員、絞車手、救生員）赴香港飛行隊受訓，為時六周。

首次來到香港赤鱲角國際機場 —— 香港政府飛行服務隊駐地，抑制不住內心激動的心情，放眼望去，一切都是那麼的新鮮。由於事先有過溝通，香港飛行隊的接待人員早早地就在進門安檢處等候着我們。由於是第一天，我們還沒來得及辦理出入證，所以在經過嚴格的安檢之後，由接待人員帶着我們進入了駐地大門。隨着電梯的上升，很快我們就來到了一間寬敞的辦公室，身着制服、中等身材、留着兩撇小黑胡，看上去就十分精幹的香港飛行隊總監畢耀明先生接待了我們。在簡短的歡迎辭之後，就由香港飛行隊各位教官把我們的飛行員、絞車手、救生員引導到不同的部門開始各自的培訓。我和同事孫岳（時任上海飛行隊副隊長）作為管理人員，就在畢耀明總監辦公室，由畢總監為我們開啟受訓第一課。

"我先問你們一個問題：作為飛行隊管理者，你的首要任務是甚麼？"畢總監用他那並不十分標準的普通話向我們問了第一個問題。我想了一下，回答說："我們是救助飛行隊，我認為，完成救助任務是第一位的，我作為領導，首要任務當然是想盡一切辦法，完成交付的救助任務"。身旁的孫岳似乎也同意我的觀點，贊同地點了點頭。而此時畢總監道："作為管理者，你的第一任務是要確保你的機組四個人出去，一定要四個人一起安全回來，這就是成功！如果有第五個人回來，那他就一定是被救者，那你們就是立功了！因為，作為飛行單位，自身安全永遠是第一位的，只有保證了機組自身的安全，才能保證救助任務的勝利完成；如果你的機組連自身安全都得不到保證，怎麼可能保證被救者的安全呢！"聽了畢總監的一番言語，我一時不知道說甚麼了，因為在我的認知中，我們救撈職工講得最多的一句話不就是"把生的希望送給別人，把死的危險留給自己"嗎！如果時時處處首先想到的是自身安全，那與我們經常講的救撈精神有無違背呢？

如果說對於這個問題的答案當時我還有疑惑的話，隨着時間的推移，隨着我在飛行隊管理崗位待的時間越長，接觸飛行單位同行的機會越多，了解飛行單位管理中的正反案例越多，我對畢總監給我授的"難忘第一課"的理解就越來越深刻了。我切實感到，安全的確是飛行隊的首要任務，這與發揚救撈精神並不矛盾，因為離開了安全，一切都是徒勞！只有確保了安全，救助才是有效的！想明白了這個道理，飛行隊的管理才能找到重心所在。

## 血濃於水的情分

2008 年 5 月 12 日，這個特殊的日子永遠給國人留下一個深刻的烙印，汶川地震讓世人把目光聚焦在中國，聚焦在四川。國難當頭，抗震救災，成為當時舉國上下最為關注的一件大事。

5 月 13 日下午，時任交通部救撈局飛行調度中心主任的我正在北京交通部的辦公室裏處理着日常的公文，電話鈴聲響起，我拿起電話剛說了一句"喂，您好"，就聽到聽筒的另一端傳來了一陣熟悉的香港普通話："張主任您好，我是陳志培，我想請問您，汶川地震了，交通部這裏有沒有計劃派飛機去汶川參加抗震救災？"原來是時任香港政府飛行服務隊的總監陳志培打來的問詢電話，我回答道："目前我還沒有接到這方面的任務，請問您有啥想法嗎？"我疑惑地問道這位遠在香港的飛行隊總監。"如果交通部要派飛機去參加抗震救災的話，請一定要帶上我們，我們香港飛行隊願意和內地的飛行隊一起，去汶川參加抗震救災，盡我們的一份力量！"我頓時深受感動，但又很無奈地說："好的，我明白了，但是我現在不敢確定去參加，因為宋家慧局長現在正在上海出差，我得請示他之後才能做決定。而且我們是海上救助飛行隊，執行內陸救援任務可能還得要部領導批准才行""哦，那好吧，如果有消息請第一時間通知我，我這裏可以儘快申請辦理去內地執行任務的手續，我們一定派出精銳隊伍跟你們一起去！"

話音剛落，我的手機響了，"張戎啊，你現在馬上起草給徐副部長和李部長的簽報，主動申請救助飛行隊派直升機去汶川參加抗震救災。現在是國難當頭，雖然我們是海上救助隊伍，但是也有義務去內陸參加抗震救災。我現在正趕往虹橋機場準備返回北京，晚上回來我們一起議一下，爭取明天一早把簽報放在部長的辦公桌上"。接完宋家慧局長的電話，我立即安排處內同志分頭行動，為直升機去汶川制定詳細的行動方案。當然，我忘不了趕緊給陳志培總監打了個電話，告訴他我們正在向部領導申請去汶川參加抗震救災工作，由於大型救助直升機 EC-225 剛引入飛行隊不到半年，機型較新，希望香港飛行隊能派出有經驗的機長和機械師和我們一同前往，安全完成抗震救災任務。

接到我的電話後，陳總監格外興奮，我在聽筒的這一端也能感受到他是多麼期盼能和我們一起，在這個國家最需要人人出力的時刻，作為香港同胞，作為血濃於水的華夏兒女，陳志培總監所代表的香港飛行隊同行們是多麼願意貢獻出他們的全部力量啊！

在隨後的日子裏，香港飛行隊派出一架固定翼飛機以及十數名精兵強將，伴隨着交通部的四架救助直升機陸續抵達四川廣漢民航飛行學院的停機坪，開啟了首次內地和香港合作，組成聯合機組執行抗震救災的神聖任務……

# 第十八章
# 攜手共進，守衛海疆

閻平

交通運輸部救助打撈局飛行管理處副處長

交通運輸部救助飛行隊是我國唯一一支專業海上人命救助飛行隊伍。目前救助飛行隊已經在中國沿海設立 9 個救助飛行基地，現擁有 24 架各型救助直升機。預計到 2024 年，8 架超中型救助直升機將全部交付使用，機隊規模擴展至 32 架、救助半徑將從目前的 110 海里擴展至 200 海里，中國沿海空中救援網路基本形成，海上專屬經濟區基本覆蓋。

在 2001 年，救助飛行隊還是只有一個基地、2 架飛機的新隊伍。救助飛行隊 20 多年的建設達到空前的規模，充分體現了國家 "以人民為中心" 的執政精神，得到了交通運輸部各級領導的堅定支持，傾注了救助系統幹部職工的心血汗水。作為在飛行隊成立初期就加入的人員之一，我見證了救助飛行隊發展壯大的過程。回顧歷史，救助飛行隊救助飛行能力的快速形成，還離不開一支香港紀律部隊的無私支持 —— 香港政府飛行服務隊。

為了填補國家救助行業空白、提高國家海上綜合救助能力，救撈系統作為一個管理船舶的單位，從零建設一個專業從事海上救助的航空單位，面臨的挑戰是巨大的。在這種情況下，為了提高專業的空中救助技術、更好地執行空中救助任務，2001 年，時任交通運輸部救助打撈局局長宋家慧先生找到了時任香港政府飛行服務隊總監畢耀明先生，建立了雙方的合作關係，鋪就了內地海上救助飛行能力建設快速發展的軌道。

2003 年底，為了協助救助飛行隊快速建立海上搜救飛行能力，香港政府飛行服務隊頂着層層壓力、克服重重困難、冒着嚴峻的風險，派出由飛行員、空勤員和機務維護人員組成的 7 人小組到達大連，與我救助飛行人員共同執行冬季渤海灣海域救助值班待命任務，並出色地完成了"利達洲 18 號"輪的救助任務。這是雙方技術合作建立的重要標誌，也開啟了雙方人員交流的友誼之路。

　　我現在依然記得，2003 年寒冷的大連機場，在集裝箱改造的工作間，一邊是香港機務專家、操着一口香港普通話，一邊是剛畢業的菜鳥、懷着敬畏和懵懂，大家都穿着厚厚的冬衣，凍得瑟瑟發抖，依然比比劃劃、努力溝通。在共同值守的幾個多月裏，大家同吃、同住，一起工作、一起說笑，我見到了這些香港人的專業、敬業；體會到了這些香港人的細緻、嚴謹；我感受到了這些香港人的無私、赤誠。我對專業救助飛行能力最初的認識，也是在寒冷和南方普通話的環境中建立起來的。

　　隨後，我非常有幸到濕熱的香港，在滿耳的英文和粵語的環境中進行實地學習。這段系統學習的歷程，讓我建立起了一個成熟的航空單位、專業的救助單位的模型。從各專業的獨立運行到各部門協同配合，從日常工作運轉到救助任務執行，從標準程式檔案到工具位置圖板，這支紀律部隊在方方面面都彰顯了嚴明務實的操守、細緻嚴謹的作風、精益求精的追求。

　　更加感動我的，還有他們的友善。我們在香港政府飛行服務隊學習的機務和飛行人員，都有專門的人員帶教，有計劃、有落實。每位師傅都認真負責，不厭其煩，努力用多種方式分享他們的經驗、知識。有些師傅只是一般工作人員、只帶你一天，他們也會提前準備，放慢工作節奏，延長工作時間，費力的將廣東話變成普通話和英文，來讓我們明白工作怎麼做，為甚麼這麼做。甚至有些人都不認識，也會在你有困難時主動詢問，幫助解決。他們不求回報，樸質而真誠。那段學習和生活的時光，是我人生的寶貴財富。我不僅收穫了知識，也知道了甚麼是"凍鴛鴦"（冰奶茶加咖啡的混合飲料）。現在回憶起那段經歷，我依然會被他們的善意感動。

20多年來，香港政府飛行服務隊對救助飛行隊的支持一直不斷。交流互訪人數累計超過100人次，陳志培總監、蔡照明高級空勤主任、蔡德文一級空勤主任、霍偉豐高級空勤主任先後在我部救助飛行隊交流工作長達4年多的時間，培養了多位的救助飛行專業人員，傳授了大量的隊伍建設經驗。即使在疫情期間，雙方也通過視訊會議的方式，交流即將列編的H175機型的使用經驗。香港政府飛行服務隊在技術和管理上給予救助飛行隊的大力支持和無私幫助，對救助飛行隊和海空立體救助網路的快速建立和壯大，對救助飛行隊的搜救技術提升和安全運行起到了舉足輕重的作用。雙方合作20年，香港政府飛行服務隊不僅展示了高超的救助技能和職業水準，更體現了高尚的人道主義精神和深厚的民族情懷。雙方的合作不僅是兩個單位的合作，更是民族凝聚力的體現、是愛國精神的彰顯，更是無私奉獻、大愛無疆的見證。

除了"良師益友"，香港政府飛行服務隊也是一個標杆，指引和鞭策着救助人不斷思考如何建設內地救助飛行隊，建設怎樣的救助飛行隊。20多年建設發展，救助飛行不負眾望，雛鷹展翅，建立起了完備的救助專業技術人員培養體系、航空器維修體系、航空單位運行體系，用"安全飛行8萬多小時、執行救助任務6090起，成功救助遇險人員6192人、執行多起國家重大保障任務"的成績詮釋了救助飛行全體人員對使命和擔當的解讀，對救撈精神的傳承。救助飛行成為我國海上人命救助的重要手段，發揮了"空中輕騎兵"的關鍵作用。

隨着內地和香港各領域的互融互通，為提升國家海上綜合應急保障能力，應對海上安全保障需求，香港政府飛行服務隊和交通運輸部救助打撈局，在今年再次簽署了五年技術合作規劃意向書。合作內容也從原來的人員培養為主，擴展至技術交流和實戰演練方面。雙方將資源分享、互為支持、攜手共進，共同建起國家海空立體救助網路，為國家發展戰略、保衛人民生命財產安全保駕護航。

我相信，在共同的使命驅使下、在共同的情懷感召下，雙方的合作必將不斷加深，雙方的情誼也將源遠流長。

# 第十九章
# 兄弟攜手抗震極災建奇功

宋修璞

交通運輸部北海救助飛行隊原隊長

　　交通運輸部海上救助飛行隊成立於 21 世紀之初。飛行隊剛成立的時候，各種專業人員十分緊缺，尤其是具有海上救助技術、技能的專業人員。為使救助飛行隊儘快成長，肩負起海上救助各項任務，交通運輸部救助打撈局宋家慧局長親赴香港，與香港政府飛行服務隊協商合作事宜，聘請香港政府飛行服務隊的教員機長、空勤主任為我們培訓飛行員、絞車手、救生員等專業人才。同時，還邀請了香港政府飛行服務隊派出機組與我們飛行隊共同執行渤海灣冬季海上救助任務。香港政府飛行服務隊十分關心國家飛行隊的建設和發展，給予了我們大力的支持和幫助，連續兩年與我們共同承擔渤海灣冬季海上救助任務。期間，不僅教給我們各種專業技術，更傳授了海上救助的理念和豐富的救助管理經驗，讓我們得以快速成長、壯大。

　　在與香港政府飛行服務隊的合作中，我們共同完成了一次又一次的生死救援任務，建立了非常深厚的兄弟情誼，這種友情令人終生難忘。讓我印象最深刻的是 5.12 地震的生死大救援。

　　2008 年 5 月 12 日 14 時 28 分 4 秒，我國四川省阿壩藏族羌族自治州汶川縣映秀鎮發生了 8.0 級特大地震，剎那間山河震盪，萬物遭劫。汶川告急，北川告急，綿竹、什邡告急……災情就是命令，在黨中央、國務院、中央軍委的領導下，廣大的人民解放軍、武警、公安幹警、各級醫務人員和志願者紛紛奔赴災區，全黨全軍和各族人民萬眾一心、眾志成城，立即展開了轟轟烈烈的大營救。

5月14日20點，接到宋局長電話："汶川發生了8級特大地震，全國展開了緊急救援，你隊馬上做好派EC-225型直升機前去救援的準備，隨時待命出發"。接宋局長的電話後我立即召開了緊急會議，各部門領導和有關人員全部到會。會上首先傳達宋局長的指示，大家一致表示：我們應該聽從指揮，馬上奔赴前線。會上，成立了我隊抗震領導小組及前往汶川的救援小分隊。會後，各部門立即緊張有序地展開準備工作，飛行人員詳細研究飛行計劃，機務部門全面認真檢查飛機，航務部緊急申請飛行航線，後勤保障充分準備好所需應急物資，至凌晨一點鐘準備工作全部就緒。

5月15日，我隊高廣、李嘉兩機長駕駛B-7125號直升機直赴蒼穹，緊急馳援汶川執行抗震救災任務，小分隊人員同機前往。飛機起飛不久即進入雲中飛行，在桂林落地加油後又繼續前行，到達重慶機場時天已經黑了，考慮到災情緊急，在徵得宋局長的同意後，B-7125直升機再次拔地而起，持續前往抗震救災前線。當夜十點，我機在廣漢機場穩穩落地後，立即向救災指揮部報到，並表示可立即擔負救助任務。

5月16日，我隊機組到指揮部受領救助任務，開始了緊急艱險的救援工作。同時宋局長為了確保安全，更好更順利地完成救助任務，協調香港政府飛行服務隊派飛行、機務人員同我隊一起執行救助任務。

5月17日，香港政府飛行服務隊鄧成東機長一行人員到達後，我們立即混合編組執行救助任務，由我隊和香港政府飛行隊各一名機長執飛，我隊一名副駕駛負責通信領航。

作為國家海上專業救助飛行隊，我們曾接受過暴風驟雨的洗禮，也曾經受過驚濤駭浪的考驗。但災區救助現場的惡劣環境，仍然出乎我們的想像。汶川北川等災區的海拔二千多米，這裏山勢險峻，地形複雜，呈 V 字形的狹窄山谷，到處是懸崖絕壁，加上了茂密的森林，縱橫交錯的高壓線和不斷滾落的飛石，都給直升機救援工作帶來了極大的困難。更為嚴峻的是這裏複雜的天氣，低雲、濃霧、強對流及可能發生的風切變，隨時威脅着機組的飛行安全，稍有閃失就會機毀人亡，每一次的救助飛行都是一次生死穿越。而我們兩地機長不畏艱險，密切配合，駕駛直升機穿越在崇山峻嶺中，一次又一次地完成了救助任務。

5 月 20 日下午，我隊接救災指揮部的指令，有幾位羣眾被困深山峽谷之中，命我隊直升機前去救援。受領任務後，我隊高廣機長和香港飛行隊鄧成東機長帶領機組詳細地研究了營救方案，隨即駕機向深山峽谷中飛去，到達目標上空後，機組人員密切協同，睜大眼睛仔細搜索。時間一分一秒地過去了，直升機飛了一圈又一圈，正當大家的心情越來越着急的時候，在峽谷的盡頭塌方山體下發現了目標。然而，現場的惡劣環境讓所有人員倒吸一口涼氣。只見被困人員所在之處，三面環山，中間是一條僅 30 米寬的死胡同。山谷兩側十分陡峭，上邊還有好幾道高壓線和採礦索道。這是一處救援絕地，直升機無法直接下降到遇難人員上空，即使能進去，也無法調頭飛出來。此時餘震不斷，山體塌方隨時會出現，被困人員危在旦夕。而且天氣已近黃昏，峽谷內光線已經變暗，如不及時採取措施，將錯過最佳救助時機，兩位機長緊急商量後，決定提前下降高度，倒退進峽谷救助。並通報機組人員。當高廣機長下達"倒飛進峽谷救助"的口令後，兩位機長密切配合，駕駛直升機在一百米外稍寬鬆的地方下降高度，然後調頭倒飛進高壓線的下面。因倒退飛行，兩位機長無法看清後面的目標，只能靠絞車手的口令在峽谷中飛行，這是從未有過的。副駕駛、絞車手和救生員跪在地板上，將身體探出機艙，仔細地觀察着，隨着絞車手的口令，兩位機長穩穩地操縱直升機一點點地後退着，巧妙地避開了兩邊的峭壁和樹木，終於到達了遇險人員的上空。在高壓線下峽谷的深處，周圍十分狹窄，在離地 45 米的高度，直升機再無法下降了，這個高度是陸地救助 5 米安全高度的九倍，對於絞車手和救生員都是極大的考驗。因為鋼索放得越長越難於控制，一旦與兩邊的山體碰撞或樹木纏繞，後果不堪設想。救人要緊，兩位機長默契配合，將飛機穩穩地停在被困者上空，救生員李春林毫不猶豫地躍出艙門，絞車手徐徐地放下鋼索，李春林努力平衡着自己的身體，穿過樹叢落在待救人員的旁邊，迅速地為兩位待救人員套好救生套，檢查安全後發出上升的手勢，絞車手迅速按下上升按鈕，被救人員徐徐上升，由於氣流的影響，產生了嚴重的旋轉和擺蕩，救生員迅速地拉緊救生繩，儘量地減輕擺蕩和旋轉，絞車手操縱絞車將兩人救上直升機。絞車手再次放下鋼索，將剩餘人員救上直升。兩位機長駕駛飛機迅速平穩地飛出峽谷，順利返航，圓滿地完成了任務。

5 月 21 日，在宋局長的密切協調下，香港政府飛行服務隊又派出了一架救助直升機，飛赴廣漢機場參與救災行動。香港飛行隊直升機到達後，由於飛行員普通話不夠標準，加之對內地飛行環境不熟悉，經兩隊協商由我隊派副駕駛參與香港機組的救援行動。內港兩地，兩架直升機，兩個救援機組，雙方人員搭配，打造成了一支強勁的優質救援隊伍。從峽谷裏、從懸崖邊、從亂石堆救回一個又一個生命，挽救了一個又一個家庭。在生死救援中，機組人員承載着巨大的風險。但不管有多大的艱難險阻，兩地的機組人員都表現出了極大的忠誠、堅強、勇敢和執着，創造了一個又一個救助奇跡，一次又一次奏響勝利的生命之歌。

在緊張的抗震救災工作告一段落後，香港政府飛行服務隊直升機先期返港，我隊 B-7125 號直升機一直堅持到空中救援結束。在汶川抗震救災行動中，我隊共飛行出動一百餘架次，救助遇難人員225人，我們的救助行動得到了救災指揮部和各級領導的肯定。在中央領導視察災區時，空中救災指揮部總指揮的匯報，高度肯定了我們的工作。我隊高廣機長被中共中央、國務院、中央軍委授予“抗震救災模範”獎章和證書，並參加了在北京召開的表彰大會。李嘉機長被廣東省評為“抗震救災優秀共產黨員”，另有五人被交通運輸部救撈局授予“救撈功臣”，十人被授予“救撈勇士”。B-7125 直升機也被授予“功勳直升機”。香港政府飛行服務隊也受到了黨和國家領導表彰和接見。

汶川大地震已過去十多年了，每當想起抗震救災的日日夜夜，往事歷歷在目。在此次救援任務中，我們高度發揚了抗震救災精神，與香港政府飛行服務隊結下了更為深厚的友誼，願這種精神和友誼代代相傳、發揚光大，在海上救助事業上踔厲前行，永創輝煌。

# 第二十章

# "連"上雲霄　情灑海天

## —— 交通運輸部北海第一救助飛行隊及大連值班點創建歷程與救助業績

王震峰

交通運輸部救助打撈局安全處處長

　　碧波蕩漾、生機盎然的渤海灣，歷來是我國北方海上交通運輸的"黃金水道"，是國家"六區一線"和"四類重點船舶"的保障水域，整體現狀呈現港口航道多、客貨船舶多、水網養殖多、天氣變化大等諸多特點，水上應急救援服務一直是客觀需求旺、實施風險高、保障難度大。每當遭遇惡劣海況或航行意外時，總會有一些船舶無奈傾覆於濁浪之下，也會有一些不幸者悲慘葬身於魚腹之中。茫茫滄海，悠悠天地，瀕臨絕境的人們是多麼期盼海上媽祖的降臨、希望能絕地重生。

　　"把生的希望送給別人，把死的危險留給自己"，這是被譽為當代海上媽祖 —— 救撈人的使命和情懷。為更好擔負起國家海上救生和應急救援的責任，更加有效履行海上救助的國際義務，21 年前，原交通部、救撈系統領導在分析研判國內實際和學習國際經驗的基礎上，決定要組建我們自己的專業海上救助飛行隊伍。

　　2001 年 11 月，為探索我國開展海上應急救援工作的主要路徑，也為妥善解決內地海上救助飛行事業初創時期人才、技術相對匱乏的難題，在黨中央國務院領導的親切關懷下，在原交通部領導與香港特區政府領導的共同努力下，由香港政府飛行服務隊幫助交通部救助打撈局培訓海上立體救助專業技術人員、同時以剛成立的上海海上救助飛行隊（現東海第一救助飛行隊）為基礎，全面籌建內地海上救助飛行隊伍一事達成共識，並很快予以落實。從此中國內地海上救助飛行事業，在香港政府飛行服務隊幫助和引領下，逐步進入起步發展的軌道。

2003年下半年，原交通部領導針對我國北方海域海上應急救援工作的迫切需求，決定成立渤海灣海上救助聯合指揮部，調派原交通部上海海上救助飛行隊（現東海第一救助飛行隊）的直升機，赴北部海區擔負海上日常救助和待命執勤任務。與此同時，在大連市政府的大力支持下，擁有巨大區位優勢的大連市周水子民，用機場專門辟出的場地也被正式選定作為北部海區救助值班待命點，這也開創了海上救助飛行依託當地民用機場運行的嶄新模式。

2003年11月21日，經香港特首董建華先生批准，香港政府飛行服務隊蔡照明先生率領7人小組飛抵大連，開始與我方選派人員一起執行渤海灣冬季救助值班和培訓任務。原交通部時任救助打撈局局長宋家慧同志親自迎接，並協調部署相關工作事宜，自此拉開了內地和香港聯合開展海上應急救助工作的序幕，大連也成為把我國海上救助飛行從夢想變為了現實地方。

2004年冬季，港府飛行服務隊隊員再派機組赴渤海灣開展應急值守和海上救助工作，我們的飛行人員、空勤員和勤務人員抓住不可多得的學習機遇，不放過任何一個向港方人員學習取經的機會，以人一己十、精益求精的勁頭，學理論、學技能、學管理、學維修，並在實戰中循序漸進，在不斷摔打磨煉中勇毅前行，逐步積累了海上救助飛行經驗，掌握了對飛行運行和救生裝備管理的基本知識，也為後來北海第一救助飛行隊（以下簡稱北一飛）的建設發展和規範化管理奠定了有利條件。

常言道：師傅引進門，修行在個人。回想起北一飛大連救助飛行基地建設之初的景象，真是百感交集、感慨萬千。當時飛行隊既無固定辦公場所，也無值班待命宿舍，加上業務經費有限，基本無法保證全天值班和救助任務的完成，工作生活當中遇到的困難和尷尬隨處可見。可全體同志不等不靠，全隊上下堅持"主動作為，勇於擔當"的工作信念，堅守"一切為了救助、一切服務飛行"的工作理念，一個一個克服困難，一件一件解決麻煩，上下聯動，多管道協調。經過原救撈局宋家慧局長精心協調，大連市政府伸出援助之手，先後解決了辦公值班用房和部分經費等難題，協調當地駐軍騰出機庫用於專業救助直升機的存放與維修。2006 年 1 月 13 日，經原交通部批准，北一飛正式掛牌成立，隊屬大連救助飛行基地與煙台蓬萊救助飛行基地隔海而立，遙相呼應，構成渤海灣水域互為倚重的應急救助基地，也支撐着北一飛穩步形成我國北方海域海空應急救援服務體系中不可或缺的拳頭力量，基本實現 24 小時守護渤海灣海上人命、財產和海洋環境安全。

2008 年 8 月，經過多方持續努力，大連市人民政府將大連救助飛行基地配套設施建設納入大連周水子國際機場的統一規劃。2015 年 3 月，大連救助飛行基地配套設施工程正式開工建設。2017 年 7 月，大連救助飛行基地辦公及業務值班樓完成基礎設施建設，全面正式投入使用。如今，一座設施齊全佔地 14752.4 平方米、總建築面積 9693.8 平方米的現代化海上專業救助飛行基地，卓然屹立於大連周水子國際機場站坪南側，基地面貌煥然一新。站立在基地草坪，環顧寬敞規整的機庫大廳和功能全面的辦公及業務值班樓，作為大連救助飛行基地不斷發展的建設者和見證人，心中的成就感和自豪感油然而起，溢於言表。

我們一直以香港政府飛行服務隊為榜樣，在學習中不斷開拓創新，在實戰中不斷成長進步，尤其是大連救助飛行基地的軟硬體投入使用，有效地促進了北一飛救助能力和服務實力的夯實和提高。經過十幾年的發展，北一飛已經成為擁有 2 架 EC-225 大型救助直升機、3 架 S-76C+ 中型救助直升機、4 架 G2 小型訓練直升機的海上救助專業力量。人員也從最初的十幾人擴展為擁有飛行、機務、航務、運控等多個業務部門、職工 150 餘人的專業隊伍,全隊職工平均年齡 35 歲,年富力強。建立起了適應公共安全應急需求和符合國家民航規則標準的管理運行機制,飛行運行更為專業化、規範化、標準化。具備飛行員自有機型的培訓能力,機務工程人員具備自有機型的定檢、年檢和部件維修能力,直升機救生員全部可以自己訓練培養。特別是在交通運輸部的大力支持下,在部救撈局各屆領導的關懷指導下,歷屆隊領導班子帶領業務骨幹想發展之想、急任務所急,從實際出發。在國內無任何經驗可以借鑒的前提下,潛心研究、虛心請教、勇於實踐、科學施訓,在國內探索出一套夜間海上搜尋救助新技術,率先在北部海域建立起陸島救援網,有效拓展了救助功能和施救範圍。同時,全隊宣導技術革新,鼓勵集體攻關,圍繞救助業務,大膽嘗試應用直升機帶纜、直升機海上消防、公路空中救援等多項新技術新技能,制定的《直升機救生員訓練與考核要求》等行業標準,填補國內航空救援的空白,反覆運算提高應急救助服務水準。

十多年來,我們始終堅持以人民為中心的發展思想,發揚"主動作為,勇於擔當"精神,安全飛行 43065 架次,22473 小時,執行救助任務 2080 起,從生死線上救起 2414 名遇險人員。其中,大連救助飛行基地就執行救助任務 740 起,救起了 835 名遇險人員。渤海之濱的救助神鷹用救撈人特有的堅定信念和捨生忘死的救助行為,為遼闊的北方海疆,築起一道道守護生命的安全屏障,譜寫出一曲曲感天撼地的英雄壯歌。轉頭凝視、回憶那一幅幅生死營救的畫面,彷彿就在眼前,使我永遠難忘。

2004 年 1 月 16 日，滿載 2000 噸柴油的“利達洲 18”輪在旅順以北 57 海里處起火，15 名船員棄船逃生。B-7309 和 B-7310 號兩架救助直升機與救助船舶“德翔”輪、“北海救 197”輪聯合出擊，一次史無前例的渤海灣海上立體救助行動就此展開。香港政府飛行服務隊高級機長陳志培、機長王俊邦、資深高級空勤主任蔡照明與救撈系統救生員朱林飛等密切合作，成功將漂流海上的 15 名遇險船員全部救起，一場海上立體救助行動初戰告捷，開創了救撈系統與港方人員聯合救助的先例，實現中國救撈第一次在海上實施人命救助。

2004 年 11 月 26 日，“海鷺 15”輪在山東龍口海域不幸翻沉，所有船員命懸一線。“北海救 195”輪、“B-7309”救助直升機奉命出征，船機協同。香港政府飛行服務隊王俊邦機長、絞車手陳勇璿率隊的機組人員和內地機組人員共同克服天氣寒冷、海況惡劣等不利因素，爭分奪秒展開救援，雙方默契配合，熟練快速動作，成功救起了 9 名遇險船員，創造了當時國內直升機單次救助任務救起人數新紀錄。

2008 年 11 月，黃渤海受北方寒潮大風的影響，遼寧莊河附近多艘漁船遇險翻沉，大連救助飛行基地緊急安排 B-7313 和 B7126 大型救助直升機聯合出動，合力救助大連莊河大王家島附近 54 名漁民。此次成功救助人數之多、救助強度之大，再創我國海空立體救援之最。

2010 年 9 月，勝利油田作業三號平台在渤海灣遭遇颱風，平台整體傾斜 45 度，25 名工作人員命懸一線。在大連值班的 B-7313 救助直升機跨越 180 公里緊急救援，當直升機飛臨現場後，發現平台上空井架林立，飛行抵近救援難度急劇增加。再加上飛行距離長，燃油存量少、救援時間短、干擾因素多等複雜狀況不斷疊加，機組施救人員如臨大考，但他們沉着果斷，一點一點接近傾斜的井架，憑藉高超的技術、準確的判斷和精準配合，兩個架次成功將25人全部救起，開創了我國海上專業救助直升機複雜環境救助的先河。

2013年12月29日，柬埔寨籍雜貨船"光明號"在遼寧旅順海貓島附近觸礁擱淺，船上15名朝鮮籍船員遇險。大連值班的B-7313直升機緊急出動，精準定位，精確計算，在直升機有效載重範圍內，一次將15人全部營救，開創了當時單次救助人數之最。

2017年7月，"明星18"輪在河北灤河口海域突遇"土颱風"進水，船上祖孫三代共5人棄船逃生，在空地救助力量連續搜尋無果，全家陷入絕望境地。在渤海灣天氣轉好的間隙，大連B-7309號機組緊急出動，在抵達指示海域後，機組人員按照事先預測的風向、海流，反覆搜尋無果，機組人員不輕言放棄，不斷調整直升機高度和角度，擴大搜索範圍，在飛機油量允許的最後15分鐘裏，終於發現目標，把在海水中浸泡近8個小時的一家5口安全救上直升機，挽救了一家三代人的生命。

2018年8月15日、16日，颱風"摩羯"橫掃渤海海域，我們接連不斷接到求救電話，及時出動3架救助直升機，配合兩艘專業救助船舶和基地應急救助隊員，按照直升機搜救、船舶救援、應急隊員配合的方式，充分發揮了"三位一體"的救撈國家隊的優勢，先後成功救助3艘船上15名遇險人員。

2019年12月26日，受冬天當季強冷空氣影響，渤海、渤海海峽和黃海北部出現了6-7級、陣風8級的偏北風，"海虹01"輪在大連以北52海里處沉沒，船上共12人在救生筏等待救援，正在大連值班待命的B-7312號救助直升機出動實施空中救助，機組人員克服天氣寒冷、巨浪高達7-10米的困難，在大風浪中成功將全部

12 名遇險船員救上直升機。

2020 年 12 月 29 日，受強冷空氣影響，山東煙台出現大風、強降溫和強降雪天氣。"達豐 6"輪空載於 29 日凌晨進入煙台港內錨地避風，避風期間，因錨鏈斷裂隨風漂航至煙台第一海水浴場擱淺。現場西北風 7-8 級，陣風 10-11 級，浪高 3-4 米，"達豐 6"輪上 8 名船員生命受到嚴重威脅。B-7309 救助機組克服船舶上下跳動幅度 6-10 米的困難，成功將 7 名遇險人員轉運到安全地帶，現場抖音播放觀看人數達 200 多萬人，贏得了社會一致好評點讚。

2021 年 9 月 21 日中秋團圓佳節，受出海氣旋影響，黃渤海海域連續降雨，海上狂風巨浪不斷侵襲作業漁船。我們隨時候命、聞令而動，連續出動 3 架救助直升機實施空中救援，高效執行 3 起救助任務，成功救助 12 名遇險人員。

2022 年 3 月 17 日，遼寧長海縣海洋島東南 35 海里處"眾艦 33"輪發生主機故障、雙錨斷裂，船舶失控向南漂航，船上 9 名船員亟待救援。B-7309 號救助直升機反應迅捷，即刻前往現場實施人員營救，順利將 9 名遇險船員營救至直升機內並安全返場。

回憶起這一個個生死交互的瞬間，這一幀幀直擊內心的畫面，是考驗也是考卷，是希望也是成就，是黨和政府海上德政工程的最優展現，更覺得是只有國家強大，我們才有能力保障海上交通運輸安全，讓人民安居樂業！

自 2003 年大連由香港政府飛行服務隊與救撈系統人員共同擔負海上救助飛行值班開始，到今天人員精幹、裝備優良、設施齊全，可以執行所有海上、陸地和參加國家重大應急救助任務，軟硬實力的全面提升、改善、增強，隊伍的不斷壯大，無不體現黨中央國務院的英明決策，無不展示交通運輸部黨組高瞻遠矚，無不匯聚着香港政府飛行服務隊付出的汗水，無不凝聚着北一飛人的心血，無不展現着北一飛人的風采。目前，我們共榮獲省部級集體榮譽58個，獲得全國文明單位、全國精神文明建設工作先進單位、全國五一勞動獎狀、全國交通運輸行業文明單位、全國海上搜救先進單位等多項榮譽，先後有 2 人獲得全國五一勞動獎章，有 69 人次榮獲省部級以上獎勵。

撫今追昔，心潮澎湃，這裏是一片沃土，滋養培育了一大批先進楷模；這裏又是一個熔爐，鍛造了一大批勇士尖兵。我自豪，曾經是光榮團隊中的一員；我期盼，未來能造就更多的英才，為人民羣眾提供更好安全出行服務。

成績屬於過去，奮鬥才有未來。隨着中國特色社會主義進入新時代，我們將迎來新目標，接受新任務，迎接新挑戰，邁入新征程。只要我們始終按照黨中央提出的堅持以人民為中心的發展思想，堅定不移堅持人民至上、生命至上，擔當起新時代賦予了救助飛行隊的新使命和新責任，踔厲奮發，勇毅前行，定能以更加嶄新的面貌書寫救助飛行事業的現代化發展新篇章！

# 第二十一章
## 追尋騰飛的翅膀
### —— 香港飛行隊與救撈系統合作回顧

宋立仕

交通運輸部北海救助局人教處處長

　　幾天前，中國潛水打撈協會理事長宋家慧先生打電話給我，説他準備寫一部關於救撈系統和香港政府飛行服務隊合作回憶錄，希望我能夠以一名記者的身份寫一下當時救撈系統和香港飛行隊合作的所見所聞。説實話，以前做了 20 多年宣傳的我已經很長時間沒有寫東西了，心裏不免有些打怵，但想到宋家慧理事長接近 70 歲的年齡，還在為了自己的理想和信念孜孜不倦的追尋，我毫不猶豫地拍着胸脯答應下來。

　　但是沉下心來細細一想，與香港飛行隊的合作已經快二十年了，往昔的記憶已經被無情的歲月敲打得七零八落，現在從哪兒寫起呢？

## 一、合作背景

　　大海佔地球面積三分之二，為人類留下甚麼樣的記憶，我想對於不同的人來說，給出的答案會截然不同。一般來説，離海洋越遠的人越是會嚮往大海，嚮往大海的寬廣和美麗，期待有一間天天能夠看到大海的海景房，是的，前面沒有任何遮擋，對大海一覽無餘的海景房。但對於生活在海邊的人或者説和大海打交道的人來説，給他們記憶最深的卻應該是大海的兇猛和殘暴。

　　這是一個普通得不能再普通的道理，只不過一般人不會去關注這個，除非你是一個海上救助人，就比如交通運輸部救助打撈局老局長宋家慧同志。

老首長一生與大海結緣，有着極為傳奇的人生經歷。他祖籍山東長島，生在大連太平島，當過漁民，曾經是我國最年輕的超大型油輪船長，後來成為海事總局的副局長、救撈局的局長、交通運輸部安全總監、全國政協委員，直到現在還擔任潛水打撈協會理事長。但是回想起來，我覺着在救撈系統的 10 多年時間，是他到現在為止最為精彩、最具人生價值的一段人生經歷，當然，也是他最難以割捨的一段時光。

漁民出身的他深知大海的無情和可怕，因此，當宋家慧出任交通運輸部救助打撈局局長的時候，他對於我國海上安全的期待，不僅僅來自肩上的責任，更多的是源於植根於內心的渴望。

事實上，當宋家慧上任救撈局局長時，恰逢我國海上安全形勢最為嚴峻的當口。原因其實並不複雜，海上安全無國界，作為一個主權國家，保障本國海域海上安全是一個國家應盡的職責和義務。但是，海上救助是一個比較費錢的活，由於我們國家建國後一直不富裕，需要花錢的地方多，因此在海上救助打撈方面的投入就一直比較少。因此在建國幾十年救撈的發展歷程中，基本都是因為比較慘烈的海難的發生推動了救撈發展，救撈人自己總結為“事故推動論”。

也由於國家投入的減少，救撈系統逐步形成了自給自足，以經營養救撈的發展道路，生存壓力下，很難提高救助水準。

改革開放之前，我國經濟發展一直比較緩慢，特別是海洋經濟發展一直處於不溫不火的狀態，雖然海上安全事故時有發生，但海上安全形勢與救助能力欠缺之間的矛盾並沒有被激化。但是隨着我國改革開放的不斷深入，我國海洋經濟迅速發展，保障海上安全與海上救助能力欠缺之間的矛盾不斷激化，直到 1999 年“大舜”輪沉船事件的發生，矛盾最終爆發。

1999 年 11 月 24 日，客滾船"大舜"輪遭遇寒潮襲擊，在煙台附近海域遇險沉沒，船上 282 人葬身大海，海難震驚全球。但是"大舜"事件的發生絕非黑天鵝事件，而是徹頭徹尾的灰犀牛事件，也就是説按照當時的現狀，早晚會發生。事實上，在"大舜"事件發生前後，的確有多起海上災難事件發生，只不過沒有"大舜"輪事件嚴重，因此並沒有引起足夠的重視。

　　實際上，自建國以來，我國的救撈水準沒有質的改變，海上救助基本以船舶救助為主，船舶進行海上救助有幾個比較大的問題不好解決。一是速度慢，一旦人員落水，很難在短時間內進行救助，如果是水溫比較低的情況下，特別是北部海域寒冷的冬季，救助成功率非常低。二是大風浪天氣條件下很難靠泊施救，這個大家能夠理解，兩條船在風雨飄搖的海面上，和兩片樹葉沒甚麼區別，帶纜和靠泊施救都非常困難。還有一個比較大的難點，如果海域比較狹窄或者特殊，船舶進不去，一旦人員遇險，同樣不好施救。海邊生活的人，很多都親歷過遇險的人近在咫尺，岸上的人束手無策，眼看着親人命喪大海的悲劇。

　　我頭一次見到宋家慧同志應該是在 1998 年左右，當時我是煙台救助打撈局的一名宣傳幹事，宋家慧同志當時應該還是部海事局的副局長，陪同翁孟勇副部長到煙台檢查安全工作，英俊的面龐，偉岸的身材，陪在身材不高的翁部長身邊，特別的顯眼。誰也沒想到，不久之後他會成為救撈局的局長，更不會想到他會在救撈一幹十多年的時間，將當時搖搖欲墜的救撈帶的風生水起。

　　第二次見到宋家慧同志，就是"大舜"輪事故以後了。宋家慧同志作為國務院事故調查組的成員，全程參加了"大舜"輪事故原因的調查。據説，當時國家是要追究救撈系統的責任的，後來並沒有追究，原因有很多，但是主要原因還是因為國家多年來對救撈的投入不足，欠帳太多，沒有能力執行特殊海況下的救援。

不管是成長經歷，還是後期宋家慧同志參加"大舜"輪事故調查等工作積累的寶貴經驗，都為他日後走上交通運輸部救撈局局長崗位的快速接手埋下伏筆。其實現在看來，在當時海上安全極其嚴峻的形勢下，交通運輸部黨組在救撈局局長的選人上也是下足了功夫的，可謂是知人善任，別無他選。

2000 年 9 月，宋家慧正式就任交通運輸部救撈局局長，開啟了他十餘年的救撈生涯。對於他的到來，當時大家的傳說很多，這還要從當時救撈系統所處的境況說起。當時的救撈系統不能說千瘡百孔，也是朝不保夕。由於國家投入很少，各局基本上把精力都放在維持生存上，但即使這樣各單位的情況也非常的糟糕。記得煙台打撈局最困難的時候，職工的工資都發不下去了，局裏實在是沒有辦法了，趁着交通運輸部副部長劉松金同志視察煙台打撈局的機會，向部裏借錢，結果劉部長在職工大會上當着所有參會人員的面說了很多讓局領導班子很沒面子的話，主席台上沒有一個敢吭聲的，不過現在看來劉部長也是良藥苦口，後來還真把錢借過來了，解了當時的燃眉之急。

大家都忙着掙錢養家，職責完成情況肯定就不會那麼好，因此上面對救撈系統的工作也不是很滿意。加上當時國家正在展開事業單位改革，許多事業單位劃企，在宋家慧來救撈之前就有救撈的救助職責劃歸海事局，其他職責劃企的說法，剛好宋家慧又是從部海事局副局長的位置上過來，因此下邊便有了宋家慧就是專門來收編救撈系統的說法了。

事實證明這個傳言並不準確，但如果說一點原因沒有也不準確，世界上很多事情，偶然中存在必然，必然中存在偶然，救撈的發展也是這樣。宋家慧擔任局長期間曾經多次說"有為才有位"，還提出了四個主動，"主動出擊、主動作為、主動迎接挑戰、主動承擔責任"，也許正是他後來的一系列舉動和做法，改變了救撈系統最後的命運。

宋家慧上任伊始，工作千頭萬緒，但擺在他面前最重要最緊迫的任務是趕緊扭轉海上救助不利的嚴峻局面。當時面臨的困難很多，例如裝備匱乏落後，管理方式滯後，人員素質低下等很多問題，想短時間一併解決是不可能的，因此只能根據當時的條件，把能解決的優先解決。

我記得當時比較大的一項改革就是動態待命，這是區別於當時執行的碼頭待命的一種新的待命形式。以前救撈系統所屬的救助船舶一直是停靠在各救助碼頭執行海上救助待命任務，當海上險情發生時需要從碼頭出動，出動時間比較長。同時由於船舶在碼頭停靠，還會出現船上人員不齊的情況，因此影響了出動效率。動態待命就是船舶在海上易發安全事故的海域設置待命點，船舶直接在海上待命，記得當時提出的口號叫"關口前移、站點加密、動態待命、隨時出擊"，這種待命方式無疑大大提高了救助效率，但是這種待命方式也大大增加了船員們工作的艱苦程度，所以剛開始執行這項政策時遭到了廣大船員的強烈反對。

宋家慧局長上任初期，救撈系統的整體情況是比較糟糕的，從人員的素質，思想的穩定，到整個系統的裝備、經營和資金狀況都比較差。當時的國內和國際航運形勢正處於一個蓬勃發展的階段，社會上對於船員的需求非常旺盛，系統各局船員流失都比較嚴重，許多有資歷、有經驗的船員離職到其他的船務公司工作。當時船隊裏搞船員調配工作的人員工作非常辛苦，每當船舶開航都要挨家挨戶去做船員的工作，大家都不願意出海，好多人通過仲介自己到外面幹，在外面幹一個月頂在單位好幾個月。

當時煙台救撈局還自己經營客滾船，記得有一天晚上宋局長坐船從大連到煙台，在船上聽說船員對動態待命意見比較大，就在船舶離港後召集船員們座談，想聽聽大家的意見。好多船員情緒很激動，對工作的艱苦程度，對工資待遇等提出了不少尖銳的問題。說實話，我站在旁邊都有點聽不下去了，但是宋家慧局長卻一直不急不躁，展示出令人敬佩的風範，一直同大家交流到很晚，那晚的情形，我至今仍難以忘懷。

事實證明，動態待命確實大大提高了救助效率，這從一定程度上緩解了當時的嚴峻局面。但是隨着時間的推移，宋家慧發現，海上人員救助中的關鍵問題並沒有得到緩解，那就是惡劣天氣或者極寒天氣條件下的人命救生。因為在這兩種天氣條件下，船舶救助有很大的弊端，在大風浪條件下，船舶往往靠泊困難貽誤戰機，還可能發生兩船相碰船毀人亡的慘劇。而極寒條件下，船舶救助就顯得更加無奈，因為海水的導熱係數高，人一旦落水很容易因為熱量流失導致低溫昏迷，特別是在北方海域寒冷的冬季，留給我們救援的時間很短，船舶行動慢的弱點被暴露無遺，也成為海上慘劇頻繁上演中無法回避的痛點。

是的，要徹底解決這一死結沒有別的辦法，那就是飛機、飛機、飛機！重要的話說三遍。我們都想到了，難道宋家慧局長想不到嗎？！

但是，空中救助是一個全新的領域，雖然在此之前救撈系統已經從美國西科斯基公司購置了兩架救助直升機，可因為缺乏成熟的空中救助人員，以及必要的程式和規範等等，我國的空中救援從準備到實戰還有許許多多沒有解決的問題，還有很長一段路需要慢慢地探索。

　　但是時間不等人，當時的形勢已經不允許宋家慧按照一般的方式來推進海上立體救助工作了，必須想盡一切辦法儘快地讓這項工作開展起來。但是直升機救助比你想像的要困難得多。在當時，放眼整個中國擁有直升機駕照的人就非常少，能夠駕駛救撈系統所屬直升機機型的飛行員更是少之又少。而且，當時國內直升機基本是執行簡單的通勤工作，要在複雜的海況下執行救助任務，國內飛行人員無論從水平能力和經驗等各個方面都難言勝任。其實宋家慧局長上任之初，也把目光放在國內，通過引進或者高薪租用其他航空公司的適任人員，自主建立空中救援體系。但客觀地講，空中救援不是兒戲，其專業性、規範性、系統性太強，風險太大，想在沒有成熟經驗基礎上一蹴而就，宛若天方夜譚。我曾經與救撈系統租用的兩位非常優秀的直升機機長有過深入的交流，他們一個叫王鵬，一個叫閻增軍，都是來自珠海直特別優秀的機長，但他們對到救撈系統來執行海上救助任務也感到壓力很大。我記得閻增軍說，駕駛直升機進行空中救助就像拿着盤子在空中走鋼絲，難度是按幾何倍數增長的。因此說，要快速完成我國海上空中救助體系建設，借鑒成熟的經驗是最穩妥、最現實的辦法。

　　時不我待，擁有着敏銳直覺的宋家慧局長果斷地把目光轉向了境外，彼時的香港剛剛回歸祖國，香港特區政府和人民，滿腔回報祖國的熱忱，香港政府飛行服務隊有着數十年的救助飛行經驗，早已經在我國南海海域名聲大振，還擁有與救撈系統相同的機型，宋局長豈能放棄可以讓我國海上空中救援事業瞬間騰飛的重大機遇，內地與香港政府飛行服務隊合作的序幕就此開啟。

## 二、合作過程

2003 年 11 月 21 日,香港政府飛行服務隊第一批參加渤海灣救助的飛行人員抵達大連,大連市副秘書長王藝波、部局局長宋家慧、副局長丁平生、北海救助局局長侯景華及中央電視台等媒體到機場迎接。

22 日中午,大連市副市長邢良忠代表大連市政府舉行隆重的歡迎儀式,熱烈歡迎香港政府飛行服務隊隊員及北海救助飛行隊人員來大連執行救助待命任務,並宴請香港政府飛行服務隊及交通部北海救助飛行隊全體人員。

此次參加海上救助待命任務的香港政府飛行服務隊隊員共 7 名,包括機長兩名,空勤人員兩名,機務人員兩名,以及空管人員一名,據香港空勤主任蔡照明介紹,計劃經過 4-7 個正常飛行日的訓練,12 月 1 起正式執行救助任務。在此前的一周時間裏,香港政府飛行服務隊人員加班加點,在深入了解我方的救助程式、場內及場外飛行程式、儀錶程式的基礎上,認真編制了領航及航行記錄表、重量及重心計算表,編寫了數碼發動機控制器及綜合儀錶顯示系統課堂訓練教材並進行了訓練,同時制定了詳盡的搜救訓練課程。據香港政府飛行服務隊機長陳志培介紹,雖然 S-76C+ 直升機是他們非常熟悉的機型,但由於生產年代不同,配置差別又很大,因而要在極短的時間內熟悉飛機他們承受着巨大的壓力,他們只有努力工作,爭取儘早地適應新的飛行環境。

訓練過程中,機組人員遇到的最大困難就是北方寒冷的天氣。由於現在救助隊的飛行人員都來自南方,本來就很不適應北方的寒冷天氣,加上飛機在空中執行訓練任務時又必須打開飛機艙門,空中強大的寒冷氣流能很快將人凍僵。同時,寒冷的天氣也給直升機的操控帶來了困難,由於直升機現代化程度較高,電子設備相對較多，寒冷的天氣對一些電子設備的正常運行產生諸多負面影響，增加了飛行的難度。

11 月 25 日至 26 日，救助飛行隊進行了兩次船、機配合海上救助訓練。機組人員在天氣寒冷，能見度較差的情況下，順利飛抵了"德匯"輪執行任務的渤海一號待命位，並圓滿完成救生訓練任務。

本次救助直升機在渤海灣及相關海域執行海上救助任務，得到了交通部領導的高度重視，因而部救撈局把這項工作作為各項工作的重中之重，認真抓實抓好。部局宋家慧局長直接參加飛行隊各項工作的決策和協調；丁平生副局長一直坐鎮大連，親自參與飛行隊的各項工作。

此次香港政府飛行服務隊隊員應我方邀請來到大連，擔負着執行渤海灣海上救助任務及我方飛行人員業務技術培訓的雙重職責，12 月 5 日晚，香港政府飛行服務隊兩名航醫專程飛赴大連，對我方飛行人員進行飛行救護知識的培訓。

在 6 日上午的培訓中，香港政府飛行服務隊吳民豪醫生、劉楚超醫生通過圖文並茂的多媒體講座，向飛行人員進行了飛行生理、直升機內病人護理、低溫症及創傷患者的檢查處理等方面知識和技術的培訓。其中低溫症傷患的救治是香港政府飛行隊航醫針對渤海灣地區冬季天氣寒冷的特點，專門編寫的一項培訓內容，該內容對渤海灣及相關海域冬季的海上人命救生具有十分重要的意義，這充分表明了香港政府飛行服務隊對這次赴內地執行任務的高度重視。

12 月 8 日，香港政府飛行服務隊人員組織我方機務人員進行了一次機務知識培訓，香港飛行隊機務人員介紹了香港政府飛行服務隊的機務管理情況和救助服務過程中的部分工作程式，並根據我方的飛行訓練情況，對我方飛行訓練中起飛程式、返回程式等方面存在的問題提出了整改意見，使我們的飛行訓練工作逐步走上正軌。

12 月 23 日，交通部洪善祥副部長在部救撈局宋家慧局長的陪同下，專程來到渤海灣聯合救助指揮部，看望在這裏執行海上救助待命任務的香港政府飛行服務隊隊員，慰問指揮部全體職工。洪善祥副部長在宋家慧局長的陪同下，首先來到位於大連機場賓館 7 樓的渤海灣聯合救助指揮部，親切接見了正在工作的香港政府飛行服務隊隊員，洪部長同他們一一親切握手，並詳細詢問了他們在這裏的工作、生活情況。

　　隨後，洪部長視察了指揮部空管室、機務室和飛行準備室，並向值班的工作人員表示了慰問。

　　洪部長代表交通部向在渤海灣執行飛行救助任務的香港政府飛行服務隊隊員表示衷心的感謝和誠摯的謝意。洪副部長說，多年以來，香港政府飛行服務隊本着人道主義精神，多次參與執行內地的海上救助任務，為保障我國南部海域的海上安全做出了突出的貢獻。特別是在今年六月份，香港政府飛行服務隊冒着 11 級的大風，出動直升機成功救助了在汕頭外海域遇險的 16 名船員，在這裏也對香港政府飛行服務隊長期以來向我們提供的無私援助表示深深的感謝。洪副部長說，渤海灣海域冬季風大浪高，安全形勢十分嚴峻，在我們的飛行員還沒有完全成熟的情況下，邀請香港政府飛行服務隊隊員來執行渤海灣海域救助待命任務，對保證渤海灣海域冬季的海上安全將起到至關重要的作用。香港政府飛行服務隊隊員來到大連後，在工作和訓練中表現出的精湛技術和良好的敬業精神，給我方人員留下了深刻的印象，洪副部長希望我方飛行人員在努力提高飛行技術的同時，認真學習香港政府飛行服務隊隊員刻苦勤奮的敬業精神，努力建設一支敢打硬仗的救助飛行隊伍。在講話的最後，洪善祥副部長祝願在連香港政府飛行服務隊隊員及部分服務隊隊員家屬身體健康、聖誕快樂。

2004 年元月 16 日早晨 7 時 08 分，交通部救撈局調度室的寧靜被一陣急促的電話鈴聲打破：渤海灣海域一艘油輪失火，15 名船員棄船逃生，請求立即救助！

險情就是命令！部局調度中心立即將救助指令發送到交通部北海救助局和交通部渤海灣救助聯合指揮部。7 時 10 分，正在旅順外海域執行動態待命任務的"德翔"輪接到救助任務，4 分鐘內備車完畢，全速趕赴難船海域……

7 時 15 分，渤海灣救助聯合指揮部接到救助指令後，起飛申請、飛機出庫加油等各項準備工作有條不紊地展開，8 時 43 分第一架救助直升機從大連周水子國際機場凌空起飛……

海難的發生牽動着無數人的心，正在煙台檢查春運安全工作的交通部副部長翁孟勇得知油船失火的消息後，立即向也在煙台檢查工作的宋家慧局長作出指示：這次救助意義重大，要認真組織好，一定要保證安全。根據油船的遇險情況，宋家慧局長果斷作出決定，立即啟動固定翼飛機，實行空中搜尋指揮。

一次史無前例的渤海灣海上立體救助行動就此展開。

失火的"利達洲 18"油輪隸屬於浙江普陀利達船務有限公司，船長 97.3 米，載重 2100 噸，16 日早晨，當油船行至長興島以西海域時機艙突然失火，並很快蔓延至生活區，因船上裝載着 1900 噸零號柴油，隨時有爆炸的危險。船長在滅火無望的情況下被迫宣佈棄船，15 名船員中 12 人乘救生艇離船，3 人乘救生筏逃生。由於出事海域風力達到 15-18 米 / 秒，浪高達 6-8 米，救生筏入水後不幸翻扣，3 人全部落水，雖然其中兩人重新登上救生筏，但當時氣溫太低，情況十分危急。

第一架救助直升機由香港政府飛行服務隊高級機長陳志培、機長王俊邦駕駛，他們都是具有十幾年飛行經驗的資深機長，而陳志培機長更是作為 97 年中國人民解放軍入駐香港的空中領航員享譽國內外。但面對寒冷而惡劣的天氣情況，首次在北方冬季執行救助任務的他們仍然感到了巨大的壓力。

經過 25 分鐘的全速飛行，救助直升機於 9 時 08 分發現了濃煙滾滾的難船，隨即直升機在船的右側發現了難船釋放的救生艇，當直升機準備施救時，艇上的船員站起來表示自己目前安全，請先搜救落水的其他 3 名船員。直升機很快發現左前方隨風漂流的救生筏，擔任絞車手的香港空勤主任李建祥說，這是他頭一次在這樣寒冷的天氣下執行救助任務，當他打開艙門時，風颳到臉上如同刀割一般。執行救生任務的是上海飛行隊年輕的救生員朱林飛，他從懸停的飛機上逐漸接近波濤翻滾的海面時，立即感到一股寒氣籠罩他的全身。他說，濺到身上的海水立刻就結成冰，但當時他已經完全忘記了危險，救生筏裏全是水，裏面的兩名遇險船員已經失去知覺，他用最快的速度將他們吊上飛機。

因兩名遇險船員生命垂危，9 時 31 分，直升機在完成對兩名船員的救助後立即返航。4 分鐘後，第二架救助直升機從周水子機場起飛，兩架救助直升機在空中進行任務交接後，由第二架直升機進入現場執行後續的搜尋救助任務。

此時，乘救生艇逃生的 12 名船員被從附近經過的"新永安 17"輪救起，但其中一名船員因燒傷嚴重，請求立即救助。

10 時 01 分，第二架直升機抵達海難現場，並很快將傷患轉移到飛機上。10 時 33 分，直升飛機在尋找另外一名遇險者無望的情況下返回機場救治受傷船員。

在這次救助中，渤海灣聯合救助指揮部全體施救人員不畏艱險、頑強拼搏，在極為艱險情況下成功接救 3 名遇險者，表現出良好的技術水平和崇高的思想境界。而參加救助的香港政府飛行服務隊隊員在救助過程中，表現出的良好的技術技能和崇高的人道主義精神更是令人讚歎，擔任第二架直升機絞車手的香港飛行隊高級空勤主任蔡照明說，接救傷患時由於船舶搖晃十分厲害，船上障礙物太多，給接救工作帶來很大困難，當時他暗暗地下定決心，一定要把人安全地救上來，不辜負祖國對自己的期望。他在日記中寫道：血濃於水，能為祖國盡自己微薄之力，是他一生的光榮！

"利達洲 18" 輪救助是我國海上救助歷史上首次由救撈系統獨立完成的海上立體聯合救助行動，先後出動兩艘船舶、三架飛機，成功救助兩名遇險船員，並成功滅掉油火，轉移難船。

我也有幸參加了本次救助，我陪同宋家慧局長、北海救助局遲雙龍副局長從蓬萊機場乘固定翼飛機視察救助現場，到達現場後，"德祥" 輪還在給難船滅火，在飛機上能夠清楚地看到難船上冒出的青煙。

記得到達現場後，為了能更清楚地看到現場的情況，兩位首長命令飛機一再下降飛行高度，當下降到離海面只有 30 米的時候，飛機搖晃得特別厲害，從來不暈飛機的我忍不住吐了好幾次，虧着包裹有塑膠袋接着，才不至於當眾出醜。

香港飛行隊在渤海灣執行冬季海上救助待命任務在全國引起強烈反響，待命期間前來採訪的媒體絡繹不絕，他們的英雄事跡頻繁被全國各大媒體報導，這項工作也成為我們黨和國家堅持以人為本的典範。

2003 年底救撈系統與香港政府飛行服務隊的合作只是一個開端，此後，救撈系統與香港飛行隊展開了全方位的合作，這也成為我國內地海上立體救助事業快速發展的基礎。作為一名記者，我不能也無法對合作做出權威的評價，但是作為一個親歷海上立體救助事業飛速發展的救撈人，我永遠不會忘記像一名戰士，一直衝鋒在前的宋家慧先生；不會忘記為了內地立體救助事業撤家捨業、奮不顧身的香港同胞；以及為了內地與香港政府合作貢獻力量的每個人；是他們讓無數身陷絕境的生命轉危為安，是他們讓中國海上救助打撈事業重鑄新的輝煌。

## 第二十二章
# 憶往昔攜手共進
# 守初心勇毅前行

黃蓉峰

交通運輸部東海第一救助飛行隊原副隊長

　　黨和政府堅持"以人為本、執政為民"的理念，高度重視海上人命救助事業。1996 年 7 月，交通運輸部做出了運用救助直升機執行海上人命救助的戰略決策，決定在上海籌建我國第一個海上救助直升機機場，向海空立體救助的最前沿進軍。2001 年 3 月我國第一支海上專業救助飛行隊 —— 當時隸屬於上海救撈局的上海海上救助飛行隊（東海第一救助飛行隊的前身）在上海應運而生，承擔起了海上人命救助這一光榮使命。這是我國救撈發展史上的一個重要里程碑，它開啟了我國救撈空中、水面、水下"三位一體"應急搶險救助的新紀元。

　　建隊初期，困難重重。兩架剛引進的美國西科斯基 S76C+ 中型救助直升機，屬於世界一流直升機，但沒有駕駛技術過硬的救助機長，也沒有機務、航務方面的專業技術人員，僅有的兩名飛行員也是剛從部隊轉業而來，之前是開戰鬥機的。救助飛行，不同於普通飛行，具有高風險、高技術、高難度、高標準等特點，用專家的話說，每一次救援都像是踩在刀刃上，那場景不亞於美國大片。惡劣條件下，既要保證有效救助遇險人員，又要保證機組安全，就必須練就過硬的看家本領，而當時必需的技術和本領幾乎是一片空白。"自己不行那就把教員'請進來'，把先進成熟的經驗'引進來'"，時任交通運輸部救撈局局長宋家慧指出，"我們可以比照技術實力雄厚且同樣從事人命救助等工作的香港飛行隊的運控模式進行管理"。對此部黨組也高度關心和支持，宋家慧局長更是傾注大量精力和心血，就如何發展內地飛行隊，親自赴香港，與香港政府飛行服務隊（以下簡稱"香港飛行隊"）等洽談。2004 年 9 月 1 日，交通運輸部救助打撈局與香港飛行隊簽訂了《交通部救助打撈局與香港政府飛行服務隊技術合作五年規劃意向書》。2004 年 10 月至 2006 年 1 月，香港飛行隊派出高級機長陳志培到東海第一救助飛行隊（以下簡稱"東一飛"）指導工作；2006 年 10 月至 2007 年 4 月，香港飛行隊又派出時任高級空勤主任蔡照明到東一飛進行為期半年的技術指導工作；2007 年 5 月至 2009 年 9 月，香港飛行隊再次派出空勤主任蔡德文到東一飛開展交流指導工作。

　　"嚴謹刻苦的態度和作風能使人終身受益。"這是陳志培先生一到飛行隊指導工作就一直掛在嘴邊的一句話。記得有一天，他正在飛行準備室給飛行、空勤人員講課，無意中他的目光落在了靠牆小桌子上的一疊冊子上，上面已經落下了些許灰塵，他沉下臉走過去拿起冊子，先輕輕地拍打着上面的灰塵，然後將手冊豎起來，將封面對着大家，並高高地舉起來生氣地說："你們看，這是你們的飛行搜救訓練手冊，上面的灰塵說明至少有一周時間沒有人去翻閱它了，你們現在這樣把它束之高閣對嗎？"他停頓了一會，見大家都默不作聲又語重心長地說道："我一直和大家強調，既然選擇了飛行這個職業，一定要養成好的嚴謹的作風和習慣，一定要有手冊法規意識。因為手冊裏的每一條規則，都是前輩們多年累積下來的經驗，甚至是用血的教訓換來的。手冊是我們飛行、空勤人員的武器，也是我們的保護傘，我們必須清晰了解手冊裏的全部內容，我們要把每一個條款都刻進腦子裏，印在心裏頭。沒有時間你們也要擠出時間去看去讀去記，然後熟練地運用到實踐中，不斷總結、思考、完善，這樣才能成為一名合格的優秀的飛行員、救生員、絞車手。"

陳志培是上世紀 80 年代香港首批全職華人機長，在香港回歸祖國時，曾擔任中國人民解放軍進駐香港的空中領航員。在東一飛期間，他最早帶教的四名飛行員也都是從部隊轉業過來的。面對轉業軍人，他的帶教絲毫沒有含糊，依然是那麼嚴肅、嚴謹和嚴苛，有時可以說是無情的。他教學的最大障礙是語言，為了克服這個難題，他每天孜孜不倦地學習普通話，見縫插針地見着人就開練。為了我們飛行員快速理解、熟記知識點，他還提前將自己所熟悉的英文材料全部翻譯成中文，並以"中英對照"的方式製成幻燈片，逐一講解。他一直會親身指導示範，把最正確的飛行程式和習慣演示給他們看，給他們明確目標和樹立榜樣，他要求每個動作都要做到標準甚至是極致，一絲不苟。他還常說"身體是飛行員的本錢，技術是飛行員的基礎，作風是飛行員的保障。一名飛行員身體再棒、技術再好，沒有嚴謹的工作作風，那麼安全就沒有保障。"曾經陳志培先生帶教出來的飛行員現在大多都成了我們飛行隊伍的領軍人物，陳志培先生嚴格的帶訓、指導和管理，為東一飛高起點發展奠定了良好的基礎，也為東一飛從無到有，從小到大，從簡到精的蛻變起了至關重要的作用。

我還記得有一天下午我路過他的辦公室，便敲門走了進去，他站起來熱情地說："現在正好是下午茶時間，我可以請你喝杯咖啡嗎？這是我昨天新買的咖啡。雖然現在有許多選擇，可我還是喜歡和堅持喝這個，熟悉的老味道了。"

"是，我知道，就像你堅持一定要自己掏錢買咖啡一樣，你認為好的對的就一定會堅持！"

他一邊泡着咖啡一邊又說："咖啡的最佳飲用溫度是 58℃，到 35℃ 時甜味就明顯出來了，25℃ 時酸味明顯了，所以我一般都會在 10 分鐘之內喝完一杯，因為溫度下來口感就差了"

"陳先生，我真的好佩服你呀，你喝個咖啡都如此專業！是不是在你的字典裏就沒有大概、差不多等表達模糊意思的詞彙呀"

"哈哈，知我者你也！你對我的評價確實'差不多'啦……"他朗朗地笑着，帶着幽默風趣、帶着紳士般的風度。

當時我肅然起敬，因為他的專業、他的敬業、他的嚴謹，甚至他的嚴苛，無一不感染着隊裏的每一個人。對東一飛而言，他傳授的不僅僅是先進的飛行技術，科學的管理方法，更是一種責任、信仰、職業操守以及對飛行和管理的敬畏與熱愛之心。

初次見到蔡照明先生，你一定會聯想起香港警匪片中的阿sir，因為在蔡先生身上既有着英式皇家員警特有的英俊、帥氣、挺拔的身材外貌，還有着睿智，成熟，幽默的風度和品位。他做派儒雅，性情不溫不火，做事不急不躁，工作有條理，與人溝通時認真聽，細思考。說工作有條理，談生活有情趣，他話雖不多，但句句都能說到點子上，思考問題特別的深邃，見識也高遠，我們都親熱地稱他"老蔡先生"。

老蔡先生是個特別重情重義的人，他放棄了香港舒適的生活，克服了語言不通、氣候不適、生活不習慣等困難來到東一飛執教，在此期間他太太因為不放心他的身體，偶爾會來上海小住幾天，照顧年過半百的他，好幾次我都會和同事一起陪老蔡先生去機場送他太太回港。每次臨別時，他都深情地擁抱一下他的太太，然後依依不捨地久久地揮手道別，而那時我總會看到蔡先生眼裏嚙着的淚花。雖然在東一飛時間不長，但蔡先生卻和東一飛的同志們建立了深厚的感情，他經常會邀請他在東一飛帶的學生、徒弟去他家聚會，於推杯換盞間敞開心扉，交流思想和情懷；於茶餘飯後間排憂解難、答疑解惑、傳授技藝和知識；短短的半年時間裏，在他帶領下，編寫完成了交通運輸部救助飛行隊救生員和絞車手初始培訓教材。他不僅是導師、引路人，更像是大家的父輩、兄長和摯友。

一個週末，我和同事與老蔡先生相約去杭州一遊，並按照老蔡先生之前一直約定的慣例實行 AA 制。到了杭州，老蔡先生提議先去岳飛廟看看。杭州岳飛廟是國內規模最大的岳飛紀念地。頭門兩側有“三十功名塵與土，八千里路雲和月”的對聯，為岳飛所作《滿江紅》中的名句。正殿忠烈祠內塑有岳飛彩色坐像，壁上有明代洪珠寫的“精忠報國”四個大字，展廳內還陳列着關於岳飛的身前史料，可了解岳將軍精忠報國的一生，讓人心潮澎湃。老蔡先生認真聽着講解，時而會提一些問題，時而還會低聲交流一下他的見解。看着他認真嚴肅的神情，我的思緒一下子回到了 2003 年的冬季。

冬季的渤海灣海域，東北季風和強冷空氣頻繁出現，是重大海難事故多發海域，因此也是交通運輸部確定的重點救助海域之一。那年，交通運輸部決定從上海調兩架救助直升機部署在大連執行冬季渤海灣救助值班任務。由於我們內地飛行隊是剛剛組建的，空中救助技能和專業人員數量都不能滿足執行渤海灣救助值班任務的要求，因此應交通運輸部邀請，香港飛行隊克服了重重困難，首次派出了由飛行員、空勤員和機務維護人員組成的 7 人小組，於 2003年 11 月到達大連，與交通運輸部的隊員們共同執行渤海灣海域為期 4 個月的空中救助值班任務，蔡照明先生便是其中的一員。

冬天的大連，那是特別特別的冷，將近零下 30℃，颳着淩厲的海風，滴水成冰。蔡照明先生那年已經年過半百，頭髮幾乎都白了。生於南方長於南方的他，哪裏受過這樣的凍，雖然有一身強健的體魄，但還是很難一下子適應當地的氣候。他來了就生病，發高燒。我在大連見到他時，他口舌生瘡，説話都不利索，連手上都長了凍瘡。但即便這樣，他依然隨時候命，義無反顧地和他的隊員們一起，投入到一次又一次的救助中，同時還將自己的飛行救助本領，毫無保留地傳授給內地年輕的同行。

"精忠報國"四個大字閃着熠熠的光芒，我不禁想到，像老蔡先生這樣撇下妻子兒女，離開香港優越熟悉的環境，不遠萬里來到祖國內地工作。面對嚴寒惡劣的氣候、面對南北天壤之別的環境，面對自身身體的嚴重不適，更面對每次艱巨困難的救助任務，他兢兢業業、毫無怨言，更不為名利，這種忘我的捨己為人的奉獻精神、不畏艱險、竭盡全力救人於危難之中的人道主義精神以及血濃於水的民族情懷，不也正是一種"大愛"的生動體現嗎？

蔡德文先生在東一飛執教的時間最長，差不多有兩年四個月。在這2年多的時間裏，他為飛行隊的建設和發展也傾注了大量的心血，提供了有力的技術支援和堅實的專業指導。

他剛來東一飛，就開始積極主動跟大家交流，以最快的速度融入了東一飛這個大家庭。

蔡德文先生主持和參與了救生員、絞車手的培訓和訓練，憑藉其精湛的救助技能，結合每個學員的實際情況，進行了全面細緻的技術指導。每一次指導前，他都事先做好充分的準備，嚴格按照相關技術規範，要求空勤人員認真做好每一個動作，努力把握每一處細節。在指導過程中，他善於言傳身教，把自己多年來積累的寶貴救助經驗毫無保留地傳授給學員。在他的嚴格指導下，2名絞車手和10名救生員順利通過相關業務考核，取得了資格證書，大大提高了空勤人員的業務素質和綜合能力，為更好地實施海上人命救助打下堅實基礎。

蔡德文先生還主動要求深入基層，深入救助一線，積極參與多次的海上人命救助和重大災難事故救助，他以飽滿的精神狀態投入到每次的救助任務中，一次又一次地捍衞着生命、傳遞着希望，為最大限度地挽救遇險羣眾生命、最大限度地減低險情造成的損失發揮了重要作用。

蔡德文先生十分重視規範空勤人員的行為，提高空勤人員的組織觀念和紀律觀念。他把飛行訓練計劃和相關考核制度規範化、程式化，使空勤人員管理體系更加科學。他主動提供駕駛艙資源管理學習資料，為飛行、空勤人員提供駕駛艙資源管理培訓，在建立和完善駕駛艙資源管理培訓體系、飛行人員和空勤人員隊伍培養體系、救生裝備購買、使用和保養管理體系、飛行人員和空勤人員考評及定級體系等方面做出了重要的貢獻。

蔡德文先生還參照香港政府飛行服務隊運行模式，協助建立了東一飛大值班室，它標誌着內地飛行隊向世界一流飛行隊管理模式的學習和實踐，又向前跨出了重要的一步。大值班室建立後，蔡先生還不忘時刻關注大值班室的運行情況，及時指出運行過程中存在的問題，給出改進的建議。

除了空勤技術方面的指導和培訓外，蔡德文先生還立足自身工作實際，主動幫助推進各項日常管理工作。他在深入了解隊辦文、辦事和辦會流程的基礎上，積極協助隊辦公室建立和完善了檔案資訊的處理常式。在修訂職工崗位說明書的過程中，他主動提供了有力的資訊技術指導。蔡先生還主動參與了東一飛的辦公自動化普及工作，協助編制了各部門辦公自動化流程圖，製作了辦公自動化流程改善意見表格。在他的協助下，辦公自動化工作按步驟、分階段地穩步推進，並最終投入使用，為提高辦公效率，節約辦公成本，與現代化辦公理念接軌，實現"無紙化辦公"做出了重要貢獻。

在這 2 年多的時間裏，蔡先生一直以高標準嚴格要求自己。他遵章守紀，並始終以飽滿的精神、十足的幹勁，熱情的態度對待工作，對待大家，他所體現出來良好的精神風貌和高尚的職業品行，贏得了大家的廣泛讚譽和欽佩。

　　有位偉人說過：有些經歷是不能用時間長短來衡量它的意義的。對於我們而言，香港政府飛行服務隊陳志培、蔡照明、蔡德文三位先生在上海指導工作的經歷對交通運輸部救助飛行事業的發展，所帶來深遠的影響，以及為救助飛行隊高起點發展所奠定的堅實基礎，也是不能用時間長短來衡量的。他們豐富的工作經驗、高超的救助技術、創新的工作理念、高尚的職業操守、無私的奉獻精神，已成為飛行隊源遠流長的寶貴財富，並將一直推動着飛行隊這只捍衛生命、傳遞希望的"海上神鷹"，在祖國的碧海藍天展翅翱翔，以更加昂揚的鬥志、更加奮進的姿態，繼續踐行"人民至上、生命至上"的承諾，勇毅前行！

# 第二十三章
# 香港飛行前輩們的二三事

宋　寅

交通運輸部東海第一救助飛行隊教練機長

　　在我學飛期間，在剛經歷一次糟糕的飛行訓練後，我在阿德萊德飛行學院直升機教學中心遇到了香港政府飛行服務隊（以下簡稱 GFS）的 James，他問我今天飛得怎樣？我說飛得不好，在空中總是感覺手忙腳亂的，令我有些沮喪。他笑着說，沒關係的，能夠安全落地就是一次好的飛行！當時我只是覺得他在安慰我，但 13 年後的今天再回想這句話，我百分百認同：每一次安全落地就是我們最酷的樣子。

　　我之所以能有機會成為飛行員，是源於當年 TVB 的一部電視劇，名字叫《隨時候命》。這部劇就像將一顆飛行夢想種子埋到我心裏，劇裏的人物凌駕萬尺高空，迎戰海上急風，讓我對救助飛行員這個職業肅然起敬。可我怎麼也沒有想到這支英雄隊伍會來我所在的大學招飛，而我可以這麼幸運地成為其中一員，港劇裏人物的原型沒過多久就出現在了我的眼前。

　　以畢耀明、陳志培、王俊邦、蔡德文為代表的香港政府飛行服務隊的空勤人員，胸懷祖國、無私奉獻、對專業技術執着追求，幫助且激勵了一代代交通運輸部救助飛行隊的飛行人員不斷前行。他們中有從香港到大連對氣候完全不適應，但依然在連續低溫的環境裏帶飛我們的教員；有每次翻到飛行手冊《各系統描述》這個章節，就會露出小孩般笑容說"這是我最喜歡讀的部分"的機長；還有每天都把工作皮鞋擦得鋥亮，把裝備保養得乾乾淨淨的救生教員。他們傳授我們專業知識，分享我們搜救經驗，更重要的是他們用使命擔當感染着我們，他們憑藉着深厚的理論功底、豐富多種類飛行任務經驗，為交通運輸部救助飛行隊培養優秀專業技術人才作出了重要貢獻。

2010 年我剛從澳大利亞取得直升機商用執照回國時，就在東海第一救助飛行隊（以下簡稱東一飛）的院子裏見到了畢耀明總監，他正在作為協力廠商顧問對我隊開展安全檢查。那時候的東一飛在 GFS 的幫助下已經獨立運行了 4 年，但是在面對專業技術人才緊缺這個問題上仍然面臨着不小的困難和挑戰，如何儘快培養出更多能夠執行搜救任務的飛行員和絞車手無疑是最棘手的問題。面對這樣的局面，畢耀明總監依然堅持自己的原則，他在與我們進行座談時用粵語腔的普通話說道："海上搜救飛行雖然是一項高負荷、高危險係數的工作，但通過建立標準操作程式、培訓高素質的專業人才，它也可以是安全的。所以即使當下對機長的需求再迫切，我們對標準都不可以降低。"對此，作為當時還是飛行學員的我們觸動很大，在那一刻我感覺到責任，也感覺到壓力，下決心要努力爭取優秀，努力把自己技術能力達到甚至高於所對應的專業水準。

隨着救助飛行隊的發展，我們的訓練時間和任務經驗也得到了積累。在我進行機長考核的階段，再次見到了畢耀明總監，也是那一次他又給我們上了印象深刻的一課。

他在黑板上寫"你們認為機長應當是甚麼樣子的？"我們幾個輪流回答，有人說機長肩章上的第四條杠代表責任，所以機長一定要有責任感、責任心。有人說機長必須要有過硬的理論知識和技術，才能在飛機上應對一切發生的困難。也有人說機長很重要的是具備溝通協調的能力，尤其是我們海上救助，面對不同的救助場景、救助物件如何讓對方配合我們順利完成任務是至關重要的。畢總點着頭說"你們講得都對，但我希望你們對機長這個崗位能有更多的理解。"於是他在黑板上圍繞着問題寫下"將軍、CEO、老師、父母"這四個詞。

將軍，平常是指軍事將領，是要帶領團隊去衝鋒陷陣，也是衝在最前面的那個人。我想讓你們明白，機長也是一樣，在急難險重任務面前，機長要勇於擔當，尤其是在國家需要我們的時候，更不能退縮。CEO，意味着管理者，機長就是飛機上的最高管理者。機長需要監督大家去執行規章和程式，也要懂得去調配駕駛艙內可使用的一切資源，比如機組、裝備、地面的協助等等，目標就是保證機上人員的安全和航空器的安全。而老師，也是機長一個重要的角色。除了指出副駕駛做得還不夠的地方以外，還要把自己所掌握的知識和經驗去傳授給他，自己明白和教會別人可是兩碼事，是需要下很多功夫才可以做到的。同時，老師也需要有嚴謹的飛行作風，這一點不僅能夠保證飛行標準和制度一貫地、不折不扣地執行，更會影響到你的同伴，樹立榜樣的力量往往比一味地叮囑有用得多。最後一點父母，實際代表的是愛。你需要像愛你的家人一樣愛你的機組，將他們裝在心裏，考慮他們的安危，照顧他們的情緒，幫助他們提升自己，才能把這個隊伍越帶越好。

聽了他的這番話，我當時是醍醐灌頂的，這四個詞給我們描繪了一個更加立體的"機長"，而這些是在我平時技術訓練和書本上學不到的。後來，我一直都會用那個立體的形象指引自己、要求自己，到現在為止我也已經安全執行了 311 起任務，和我的團隊一起從大海和死神手中奪回了 224 條生命。而我所在的團隊 —— 東一飛，從成立至今，已執行救助任務 2017 起，救助了 1702 人。

已經很多年沒有見到香港這些前輩們了，感恩之情一直藏在我們的心裏。偶爾有一天，我在朋友圈看到畢總監轉發中國救撈人的帖子，他說道："我亦很榮幸能夠參加這個有意義的事業，我深以為豪。但我們不能沾沾自喜，時刻謹記沾沾自喜或好大喜功是威脅安全的極大隱患。我們必須牢記，安全飛行是我們最寶貴的財富，是飛行隊發展的關鍵。正因為牢抓安全，飛行隊取得了今天的優秀成績。"我點了個讚，留言告訴他："飛行隊取得今天的優秀成績，也是因為有你們的無私和大愛，謝謝你們。"

# 第二十四章

# 往事難忘

—— 與交通運輸部救助打撈局、
香港政府飛行服務隊合作

張赫然　林蓓蓓

中航國際

　　2001 年 3 月，伴隨着發動機的轟鳴，交通運輸部救助打撈局首購的兩架直升機徐徐起飛，在清晨金色的陽光裏，紅白藍三色機身熠熠發光。這一天，是交通運輸部救撈局歷史上里程碑的一天，兩架美國西科斯基生產的 S-76C+ 直升機成功進入服役，標誌着交通運輸部海上立體救助體系的構建邁出了堅實的一步。作為交通運輸部救撈局堅定的合作夥伴，這一刻我們無比驕傲，心緒起伏，回想聯翩。

　　我國的大陸海岸線長達 1.8 萬公里，長期以來，受季節性惡劣天氣的影響，海難頻發。為切實擔負起國家海上救助和應急救援的責任，保障人民的生命和財產安全，履行國際義務。1996 年，交通運輸部作出使用救助直升機執行海上人命救助任務的戰略決策，並決定在上海籌建我國第一個海上救助直升機場，購置海上救助專業直升機，逐步建立形成空海配合的立體人命救助體系。

　　2000 年，中航國際榮幸地接受了交通運輸部救助打撈局的委託，為交通運輸部救助直升機購置專案，提供招標階段的技術支援及合同簽約後的進口代理工作。當時，中國的通航事業剛剛起步，既沒有充足的直升機運行經驗，也沒有救助直升機採購經驗。項目伊始，我們團隊就面臨了巨大挑戰，在極短時間內，需要完成涉及中型直升機採購的全部技術需求檔案的編制，包括性能指標要求、配置要求等等。為此，我們集中了公司內部具有航空技術經驗和航空器國際貿易經驗的所有專家，最終圓滿完成了任務，形成上萬字的技術規格書，為中國海上救助直升機做出了定義。此後，我們又配合交通運輸部完成了所有對外英文合同檔案的起草，當交通運輸部救助打撈局領導閱過合同後心花怒放，説："這是我見過的最好的合同，是最能保護中方利益的合同"。2001 年 12 月，在經歷了合同執行過程中的各種困難，經過各方努力，交通運輸部首批採購的兩架 S-76C+ 直升機順利抵達上海虹橋機場。

可以説，中航國際的通航隊伍是伴隨着交通運輸部的海上救助事業共同成長起來的，歷經了二十幾年的時間，我們與救助打撈局的團隊並肩作戰，是交通運輸部堅定的合作夥伴。

在交通運輸部海上救助飛行隊創立初期，面臨着方方面面的困難，其中最主要的是缺乏飛行、航務、機務、後艙操作員等各方面專業技術人才。雖然建隊初期在飛行員方面採取了新老結合的方式，一方面聘請有一定軍用飛機飛行經驗的軍轉飛行員，另一方面從大連海事大學等院校中招收身體素質過硬、願意學習飛行的大學在校生進行飛行專業培訓。但擁有先進直升機駕駛經驗豐富、特別是過硬救助飛行技術的機長仍然短缺，機隊無法在短時間內構建起各項完善的管理制度，急需學習國際先進的管理理念和運行經驗。為此，時任交通運輸部救助打撈局宋家慧局長提出了一系列解決方案：一是依託國內運行經驗豐富的通航公司提供託管支持，解決有無問題，讓飛機先飛起來；二是逐步學習和建立先進的管理體系，形成科學的安全理念。為此，交通運輸部與香港政府飛行服務隊開展了密切合作，一方面派遣各個專業的人員赴港學習，另一方面，將香港政府飛行服務隊的"教員"們請進門，進行長期現場帶教和工作指導。同時，逐步形成專業人才的科學、自主培養體系，改變"半路出家"的人才聘請模式，建立起與國際接軌、高學歷、高素質、精專業、年輕而富有活力的人才梯隊。經過這二十餘年的風風雨雨，交通運輸部海上救助飛行隊不斷發展壯大，從最初的兩架直升機到現在的近三十架各型直升機，不但保持二十年安全運行無事故的紀錄，且擁有國內首屈一指的具備飛行、維修、培訓等全方位專業資質的人才隊伍，這與交通運輸部各屆領導自始至終秉持實事求是的科學態度和前瞻性的理念密不可分。

多年來，我們親歷了交通運輸部與香港政府飛行服務隊的密切合作，可以說，香港政府飛行服務隊為交通運輸部救助飛行隊夯實未來持續發展的基礎做出了不可磨滅的貢獻。

自 2003 年以來，香港政府飛行服務隊派出了多人次專業技術人員和飛行員赴各飛行隊常駐帶教。在香港政府飛行服務隊的支持下，交通運輸部各飛行隊培養出了大量青年人才，協助飛行隊建立起完善的管理制度。更為重要的是，在與香港政府飛行隊的朝夕相處中，交通運輸部救助飛行隊學習到科學嚴謹的工作理念和使命必達的工作態度。

2008 年 5 月 12 日，四川汶川發生特大地震，交通部迅速決定派遣救助直升機奔赴汶川，參與災後救助任務。在與香港政府飛行服務隊協商後，香港政府飛行服務隊亦決定派出專業機組，與交通運輸部共赴災區。在汶川救災期間，香港政府飛行服務隊與交通運輸部混編機組，在惡劣的氣象和地形條件下，多次執行受災人員搜救、物資遞運等任務，均圓滿完成。此次汶川救災，交通運輸部飛行隊經受住實戰的考驗，在飛行隊歷史上留下了濃墨重彩的一筆。

救災過程中，香港政府飛行服務隊與交通運輸部同吃同住，一切以執行任務、救助受災羣眾為第一要務，令人感動。印象最為深刻的是當時拍下且流傳甚廣的一張照片，應該是執行任務剛剛歸來，沒有床鋪、沒有被褥、甚至沒有片瓦遮蔽，就在大樹下，疲憊的機組席地而臥，酣然入夢，只能通過制服標識辨別哪位是我們交通運輸部的同志，哪位是香港政府飛行服務隊的機長。在艱苦的戰鬥生活過程中，交通運輸部救助飛行隊與香港政府飛行服務隊建立起緊密的戰鬥友誼和兄弟情誼。

二十年彈指一揮，與交通運輸部與香港政府飛行服務隊共同工作的經歷仍歷歷在目，每每憶起或感慨或熱淚盈目。我們衷心祝願交通運輸部的海上救助事業繼續揚帆破浪、踔厲奮發、開闢更新更廣闊的征程。

# 附錄

# 交通運輸部飛行服務隊與香港特別行政區政府飛行服務隊合作大事記

（2001 年 -2010 年）

## 2001
### 11 月

4 日，由交通部救撈局宋家慧局長率領的代表團訪問香港，香港特區政府保安局及香港政府飛行服務隊進行考察和會談，雙方就香港政府飛行服務隊為交通部培養海上搜救飛行員等急需的專業人員達成了共識。

宋家慧局長首次拜訪香港政府飛行服務隊，參觀飛行任務中心。

16-17 日，由香港政府飛行服務隊畢耀明總監率隊一行 6 人，赴上海高東海上救助機場考察和指導工作，揭開了雙方攜手合作的序幕。

遵照交通部領導冬季在渤海灣使用直升機執行海上救助值班工作的指示，考慮到交通部救助飛行隊剛組建，空中救助技能和專業人員都不能滿足渤海灣救助任務的要求，應交通部邀請，香港政府飛行服務隊在"非典"剛結束即派專家到京了解情況進行商談。

應交通部邀請，香港政府飛行服務隊派 2 名專家，參加由國家有關部委組成的購置直升機考察團赴英國考察，並應要求，就直升機技術性能、裝備配置和採購等問題，與代表團成員進行了專題座談。

13 日，中共中央政治局常委、國務院副總理黃菊在《關於擬邀請香港政府飛行服務隊與我方合作執行海灣人命救助任務的請示》上作出重要批示，國務委員唐家璿、華建敏也分別作出批示。

21日，香港政府飛行服務隊派出機長、空勤、機務等7人機組到達大連，參加交通部組織的為期四個月的冬季渤海灣加強救助值班待命工作。

**12月** 香港政府飛行服務服務隊機組蔡照明、王俊邦、陳志培、李健祥在交通部北海第一救助飛行隊直升機前合影。

**2004**

**1月** 香港政府飛行服務隊機組在大連機場，中間着橘紅色工裝的是當時交通部飛行隊唯一的女機務闔平。

交通部飛行救助隊朱林飛等在香港政府飛行服務隊交流培訓時，與
高級空勤主任蔡照明和李牛仔總機師合影。

16 日，裝載 1900 噸零號柴油的 "利達洲 18" 油輪在渤海灣海域失
火，香港政府飛行服務隊與交通部救助飛行隊的飛行救助人員及北
海救助局專業救助船密切配合、行動迅速，出動 2 架救助直升機、
1 架固定翼飛機，快速救回 3 名受傷船員，並撲滅油輪大火。

時任交通部救撈局局長宋家慧和時任交通部北海救助局局長遲雙龍乘坐固定翼救助飛機，在事故發生海域上空觀察和指揮救助行動。

**2月** 時任交通部救撈局局長宋家慧赴美參加國際會議期間，問候在美培訓機構進行機型改裝訓練香港政府飛行服務隊高級機長陳志培機長、交通部飛行隊潘偉機長、楊軍星機長。

香港政府飛行服務隊派專家赴青島，協助交通部在部隊退伍士兵中挑選空中救生人員。

30 日，交通部、遼寧省人民政府和大連市政府在大連舉行香港特別行政區政府飛行服務隊返港歡送大會，歡送首批赴渤海灣協助執行海上人命教助任務的香港政府飛行服務隊機組，交通部部長張春賢、副部長洪善祥、遼寧省委副書記大連市委書記孫春蘭、遼寧省常務副省長許衛國、大連市副市長孫廣田以及國務院港澳辦、人事部、民航總局、解放軍總參謀部等單位的領導出席儀式。

30 日，時任交通部部長張春賢、副部長洪善祥親切問候香港政府飛行服務隊領隊蔡照明先生，並與全體合影。

**5 月**

為適應交通部救助飛行隊伍的發展，根據雙方簽署的年度技術交流計劃，從 5 月下旬開始，交通部將派 2 名飛行員和 6 名救生員分二批，赴香港政府飛行服務隊接受訓練。

18 日，時任香港特別行政區行政長官董建華親切接見赴港的時任
交通部部長張春賢，雙方就香港政府飛行服務隊與交通部救助飛行
隊進一步加強合作交換意見。張春賢並向香港保安局局長李少光
贈送"民族精英　拯救有功"八個字，以表達感謝。

交通部救撈局與香港政府飛行服務隊舉行第四次技術合作協商會談。此次會談中，雙方為建立長期、穩定的技術合作關係，依據香港政府飛行服務隊為交通部救助飛行隊擬制《中國海上搜救服務的長遠發展大綱》，經雙方共同研究制定簽署了《交通部救助打撈局與香港政府飛行服務隊技術合作五年規劃意向書》，並商定雙方每年舉行一次協商會議和不定期的協商。

29 日，香港政府飛行服務隊繼續派出的一個機組抵達煙台，第二次參加交通部組織的冬季渤海灣加強救助值班待命工作。

**10 月**

9 日，香港特別行政區政府行政長官董建華親切接見，赴港與香港政府飛行服務隊商談合作事宜的交通部救撈局局長宋家慧。

香港政府飛行服務隊派高級機長陳志培到交通部東海第一救助飛行隊，幫助培訓飛行員，為期一年。

**11 月**

26 日，香港特區政府保安局局長李少光率團到訪交通部，就兩地救助飛行隊伍的合作進行會談。

26 日，散裝貨輪"海鷺 15"在山東龍口港主航道 6 號燈浮處遭遇大風進水翻沉，香港政府飛行服務隊與北海第一救助飛行隊機組人員聯合駕駛 B7309 直升機，連續飛行 2 架次，從冰冷的海水中救起 9 名落水船員。

26 日，中共中央政治局常委、國務院副總理黃菊親切接見在渤海灣與交通部救助飛行隊合作執行海上人命救助任務的香港特別行政區政府飛行服務隊一級機長王俊邦。

香港政府飛行服務隊和內地救助飛行人員在山東蓬萊機場，背影是交通部飛行隊向山東航空公司長期租用的美國塞斯納固定翼飛機用於執行渤海灣空中搜救。

香港政府飛行服務隊高級機長陳志培和王俊邦在大連周水子機場
仔細對救助直升機進行航前檢查。

香港政府飛行服務隊陳志培機長、蔡德文高級空勤總監等在煙台
交通部飛行隊蓬萊機場與北海第一飛行宋修璞隊長、呂衛東副隊
長切磋飛行工作。

香港政府飛行服務隊教官何鳳祥交通部北海第一稿飛行隊救生員談俊在煙台蓬萊機場

30 日，香港政府飛行服務隊機長王俊邦被評為 2004 年度"救撈功臣"，絞車手陳勇璿被評為 2004 年度"救撈勇士"，並收到時任交通部部長張春賢接見，並合影留念。

**2月** 交通部救助打撈局與香港政府飛行服務隊在北京召開雙方技術合作第五次協商會議，在雙方技術合作五年規劃的基礎上，確定了2005年五項合作內容。

17日，交通部副部長徐祖遠向香港政府飛行服務隊總監畢耀明授予"拯救勇士"金質獎章。

**3月** 22日，應廈門市之邀，香港政府飛行服務隊畢耀明總監一行在廈門舉辦報告會，並造訪東海第二救助飛行隊。

**5月** 1日，時任交通部部長張春賢（前左五）和大連市市長夏德仁（前左四）共同慰問執行海上救助任務的專業隊伍。

香港政府飛行服務隊組團參加在上海舉行的"紀念鄭和下西洋 600 周年航海博覽會",在中國救撈展區設立了香港政府飛行服務隊展覽專區,受到與會參觀者歡迎。

香港政府飛行服務隊派出 1 架捷流 J41 固定翼飛機和 1 架 AS332L2 超級美洲豹型直升機,參加 2005 東海海上搜救聯合演習,與交通部救助飛行隊的救助直升機密切配合。

參加交通部東海海上搜救演習的香港政府飛行服務隊機組人員胡偉雄、鄧成東、關勝穩、羅耀華在交通部高東機場合影。

**9月**　6日，交通部副部長徐祖遠訪問香港政府飛行服務隊。

23 日，香港政府飛行服務隊的 2 架救助直升機與南海救助局"南海救 131 輪"密切配合，在汕尾以南海域成功救起"達維"颱風中遇險的"粵陸豐 61088"號漁船上的 5 名漁民。

**12 月** 31 日，交通部部長李盛霖在視察渤海灣水上安全工作時，親切看望在交通部北海第一救助飛行隊指導工作的香港政府飛行服務隊高級機長陳志培。

31 日，交通部部長李盛霖（左三）與大連市市長夏德仁（右一）在救助專業船上深入調查了解渤海灣冬季值班救助船和裝備情況。

19 日，香港政府飛行服務隊高級機長陳志培被授予 2005 年度"救撈功臣"金質獎章。

2日，第六號颱風"派比安"侵襲廣東沿海，在廣東南部海域，"永安四號"貨輪和"海洋石油298"工程船先後在颱風中遇險。南海救助局"德進"輪及上海打撈局所屬"華振"輪、"華發"輪前往現場救助，但由於氣象惡劣，無法實施帶纜，救助船在現場守護。8月3日、4日，香港政府飛行服務隊先後出動固定翼飛機4架次、超級美洲豹救助直升機4架次，救回全部91名遇險船員，受到胡錦濤、溫家寶、曾慶紅的讚揚，國務院辦公廳專門向香港特區行政長官曾蔭權致電感謝，交通部副部長黃先耀率團專程赴港表達謝意。

24 日，國務院副秘書長尤權在中國救撈創立 55 周年慶典大會上，向香港政府飛行服務隊高級機長陳志培頒發救撈功臣榮譽勳章。

**9 月**　香港政府飛行服務隊畢耀明總監在第三屆中國國際救撈論壇上發表演說，並榮獲首次設立的"中國救撈傑出貢獻獎"。

**10 月**　香港政府飛行服務隊派出高級空勤主任蔡照明到上海，在交通部東海第一救助飛行隊進行技術指導，並開展了一系列業務培訓工作，為期半年。

19 日，交通部救撈局與香港政府飛行服務隊在廣東湛江舉行第六次技術合作協商會，商談人員培訓、EC-225 救助直升機託管等事宜。

24 日，香港飛行隊派出總訓練及標準總監馬信康、總行動主任陳志培及高級空勤主任蔡照明等，參加東海第一救助飛行隊冬季海空搜救研討會。

7 日，"湛江 00029"漁船在珠江口遇，香港政府飛行服務隊派出多架次固定翼飛機和救助直升機，與"南海 112"救助船及南海第一救助飛行隊的直升機配合，救起遇險漁民 6 名。

10 日，時任交通運輸部救助打撈局局長宋家慧一行再次拜訪香港特區政府保安局局長李少光，會見後合影。

25 日，時任交通部救撈局局長宋家慧再訪香港政府飛行服務隊，看望交通部飛行隊機務人員，並了解交流培訓情況，並和畢耀明總監與朱桐斌（左一）、尤廣軍（右二）、楊建（右一）三名機務合影。

宋家慧在飛行服務隊教室內與交通部各飛行隊培訓機務人員座談。

**5月** 香港政府飛行服務隊蔡德文先生到交通部東海第一救助飛行隊交流工作。

**6月** 11日至14日，受交通部救局委託，香港政府飛行服務隊畢耀明總監率專家考察小組一行6人，到交通部北海第一救助飛行隊蓬萊基地進行飛行安全評估。

國際海事組織 (IMO) 第98屆理事會上，中國香港政府飛行服務隊榮獲該組織首次設立的"海上特別勇敢獎"獎狀，交通部副部長徐祖遠代表中國政府領獎狀。

**9月** 交通部飛行隊與香港政府飛行服務隊在海南博鰲海域舉行聯合演習。

5日，交通部救助打撈局與香港特別行政區政府飛行服務隊第十次技術合作協商會在北京舉行，在人員培訓飛行隊管理等方面達成進一步合作意向。

交通部副部長徐祖遠在北京會見香港特區行政長官辦公室主任陳德霖一行。

交通部向香港政府飛行服務隊畢耀明總監頒獎儀式在北京舉行，交通部副部長徐祖遠代表交通部向畢耀明總監頒發了"救撈功臣"獎牌和交通部海上救助飛行隊顧問聘書，香港特別行政區行政長官辦公室主任陳德霖代表特首出席頒獎儀式。

7 日，交通運輸部救助打撈局局長宋家慧率由國際海上救助聯盟秘書長 Keeling Gerry 參加的救撈代表團，再次訪問香港政府飛行服務隊，拜訪新任總監陳志培，並合影。

四川"512 汶川大地震"發生後,香港政府飛行服務隊派出一架固定翼和一架救助直升機飛赴四川廣漢機場,與交通運輸部救助飛行隊組成聯合機組執行抗震救災任務。

香港政府飛行服務隊高級空勤主任蔡照明(左二)和交通部南海第一救助飛行隊李春林(左一)、楊建輝(右二),交通部北海第一救助飛行隊孔偉(右一)在汶川抗震救災現場合影。

抗震救災 —— 兩地機組人員在直升機倉裏和被拯救的受災羣眾合影機艙內。

交通運輸部救助飛行隊與香港政府飛行服務隊在四川廣漢參加抗震救災現場合影。

22日，時任中共中央政治局委員、國務院副總理、國務院抗震救災總指揮部副總指揮回良玉，在四川廣漢機場親切慰問香港政府飛行服務隊與交通運輸部救助飛行隊聯合組建的抗震救災聯合機組。

30 日，時任中共中央政治局常委、全國政協主席賈慶林在四川廣漢機場親切看望執行抗震救災的香港政府飛行服務隊隊員。

7 月

8 日，中共中央政治局常委，時任國家副主席習近平在香港特別行政區行政長官曾蔭權等陪同下，視察了香港政府飛行服務隊，並親切慰問參與四川抗震救災的飛行隊人員。

15 日，交通運輸部抗震救災表彰大會在廣州舉行，香港政府飛行服務隊受到表彰。

12 月

14 日，香港政府飛行服務隊派出救助機組一行 3 人抵達大連，在 5 周時間內加強兩地救助交流、救助待命和培訓工作，從技術和經驗上對內地飛行人員進行指導，有利提高北部海區的海上搜救能力。

2009
4 月

21 日，交通運輸部救助打撈局副局長張金山率隊赴香港，與香港政府飛行服務隊就"交通運輸部救助飛行隊與香港政府飛行服務隊第二個五年技術合作交流計劃"的前期工作進行了商談。

8日，交通運輸部副部長徐祖遠會見來訪的香港特區政府保安局局長李少光一行，雙方就兩地飛行隊在海上人命救助領域交換了意見。

交通運輸部救助打撈局與香港政府飛行服務隊在北京簽訂了第二個"技術合作五年規劃意向書"，交通運輸部副部長徐祖遠、香港特區政府保安局局長李少光、國務院港澳辦周駿副司長、國務院應急辦王小岩副主任、宋家慧局長及陳志培總監分別代表交通運輸部救助打撈局和香港政府飛行服務隊簽署了合作意向書。

交通運輸部救助打撈局與香港政府飛行服務隊開展第 12 次技術合作協商會談。

16 日，交通運輸部救助打撈局在上海隆重為香港政府飛行服務隊高級空勤主任蔡德文先生歡送返港。

8日，交通運輸部救助打撈局局長宋家慧一行再次訪問香港特區政府民航處，與民航處處長羅崇文等會談。

21日，香港政府飛行服務隊空勤主任霍偉豐先生到福建廈門，對交通運輸部東海第二救助飛行隊進行為期三個月的技術指導。

20日，交通運輸部救助打撈局局長宋家慧率救撈代表團訪問香港，並出席香港特區政府消防處潛水基地揭幕典禮，順訪香港政府飛行服務隊。

## 一、宋家慧：向前是大海
### （來源：2016 年 6 月 28 日人民政協報）

當北冰洋、太平洋、印度洋、馬達加斯加海峽、好望角、大西洋、直布羅陀海峽等等散佈在斑斕地圖上讓人神往的地名成為腳下一個個堅實目的地；當廣袤無邊的天空一望無際的海面、密集閃耀的恒星、噴薄而出的晨光成為交替不息恒定不變的風光……一個遠洋"掌舵手"又將重新起航。

正如詩意不能掩蓋孤獨，美好也無法遮罩風險。遠洋航行終究是冒險者的行動，星辰大海也只會是勇敢者的征途。

"船長"宋家慧，正是冒險者、勇敢者中的一個。

"'永盛'輪正在拉普捷夫海勇往向前！"

2013 年 9 月 5 日，北緯 72 度，東經 33 度，巴倫支海，晴天、輕雲。"永盛"輪在北極圈內繼續航行，60 歲的宋家慧向船後遠處眺望，發現船已經出了北冰洋的雲蓋，他看到了雲蓋的邊緣。因為要研究到鹿特丹的航線、海圖，他 4 點鐘就起床了。

就快就到鹿特丹，宋家慧感慨，這是一次"與時間的邂逅"——

23 年前的 12 月，宋家慧駕駛中國第一艘超大型油輪"前進湖"，滿載 28 萬長噸伊朗輕質原油，從伊朗哈爾克島起航。因為還沒找到原油買家，一時未能確定目的港，"前進湖"不得不在西班牙 CADIZ 海灣拋了半個月錨，後再續航，並於 1991 年 1 月 6 日抵達鹿特丹"完成使命"。8日下船，帶領30名船員乘機返回中國。從此告別了他十幾年的遠洋船員生涯。

這一刻，他與自己的遠洋生涯"重逢"在鹿特丹。

作為"永盛"號首航北極專家團中的一員，時任交通運輸部安全總監的宋家慧在耳順之年再次踏上航程。經過交通運輸部海事局、救撈局，航母"瓦良格"、"神舟"載人航天飛船海上救援保障等諸多工作和經歷打磨，行進在遠洋，他的心態已有太多不同。

在他的航行日記裏，既有更多專業技術的解讀，有更多人員培訓、管理的體會，有對安全的嚴謹苛求，還有了一種對遠洋航行"站在高處"的觀察，對自然的敬畏、對從前忽略的細節的讚美，甚至有心情寫下散文，抒寫心中激昂和對兩歲小孫子的想念。

"拉普捷夫海靜悄水面上，六面螢光、七彩斑斕，酷似極地仙境，倍感心曠神怡！""海豹戲水，成雙成對，海鳥翱翔，點線相連！""怎奈愛孫不在，滿腔熱血，頓入冰山，感慨萬千，海天遺憾！"……遠航感受不同，情懷卻如一始終。

在30多年前開啟遠洋之旅時，在40年前選擇航海系時，甚至作為一個漁民的孩子在海邊出生之時，海洋和遠方，就已經種在了宋家慧心裏。

宋家慧說自己小時候是"還不會說話就已經會游泳"的孩子，海洋是"基因"。因此，1976年從大連海運學院（現大連海事大學）畢業，面臨"留校當體育老師還是到遙遠的廣州當遠洋船員"抉擇時，他毅然決定"向南去"。

因為這個"逐夢"的選擇在人生中意義重大，過去40年，宋家慧至今還記得其中每個細節。

1976年3月，北方還是很冷，宋家慧穿着厚厚的冬裝踏上火車，從大連擠擠攘攘20多個小時，到達北京。因為沒有買到最近的去廣州的車票，在親戚家借住兩天后，宋家慧繼續他的廣州報到之旅。又轟轟隆隆 40 多個小時，終於抵達目的地。3 月的嶺南，夏已初現，棉衣棉褲裹身的宋家慧滿頭大汗，心裏卻異常堅定。

到了中國遠洋總公司廣州分公司所在地 —— 濱江西路 72 號，人事調配員李小男看着眼前這個一米八多大個的北方小夥，說：你這麼年輕啊，不到 30 歲就可以當船長。

當船長！一個第一次見的同事的"隨口一說"，朦朦朧朧成為年輕的宋家慧開啟職業生涯後第一個"進階版"目標。

"我來自中國內地"

因為追求、因為堅定，認真的大連小夥宋家慧在 1982 年初，未滿 29 歲，便當上了夢寐以求的遠洋船長 —— 一艘遠洋航船的掌舵手，在浩瀚大洋中勇往直前、使命必達。

從此，宋家慧和他駕駛的航船，也成為藍色星球上，向着目標一步步靠近的星星點點中的一個。這讓他感到有力、自由、堅強，也讓他更清晰地意識到，自己來自何處 ——

1990 年，作為中國首位 30 萬噸級航船的船長，宋家慧駕駛"前進湖"號行進到波斯灣，進港裝貨。港口引航員的蘇格蘭人看到黃皮膚、穿着制服、高大的宋家慧，好奇不已，"Japanese? Singapore? Hong Kong?" 連續發問。

"No, I'm Chinese from China mainland."

回憶起這段，宋家慧用發音精準的英文再現了當時的經歷，"做一個能為國爭光的中國人是多麼自豪啊。我要明確告訴他，我來自中國內地，中國內地也有年輕的 30 萬噸級船長，我們也能開這麼大的船，我背後有強大的國家支持着我。"

隨着航船目的地越來越多，遍佈世界各地，宋家慧的"中國意識"也愈發強烈。他曾在一些國際論壇發言時詼諧說，"我 20 歲才知道世界上有英文這個語種"。"但我膽子大，敢講，願意講。我知道，只有說好英文，才能在世界舞台上，更好地講'中國故事'啊！"

屬於宋家慧自己的"中國故事"，在上世紀80年代做船長那些年，也就是船的故事。而船的故事，也不再是只有"豪情與壯志"，還有了"危險和枯燥"。

1984年9月，從美國航行回到大連港時，船員們都已有5個月沒見到家人，歸心似箭。先批可以回家的船員已經登上靠在大船船舷的交通拖輪，焦急等待，宋家慧與港口方面辦理好進口"聯檢"手續後，也很快走向拖輪。

"不好！天氣不對！"宋家慧走到大船甲板，看到的卻是"海上長湧、烏雲翻滾"，憑着豐富的航海經驗，立即決定，留在船上！"沒有接到天氣預報說有異常天氣啊。"老軌還對船長的決定有點疑惑，但也決定和船長一起，放棄回家的機會，通知交通拖輪"解開纜繩，你們先回家！"

結果不出所料，交通拖輪剛剛駛離大船不久，高頻電話就傳出84年9號颱風直襲大連港的警告消息。港口天翻地覆，人員財產損失慘重。但因為宋家慧的"不僥倖"，帶領船員提前採取了有效防範措施，確保了船舶安全。

"當時心裏還是很遺憾的，好久沒回家了，當時我的兒子也才兩三歲。"宋家慧說，船員的生活就是一場一場的遠行。"結婚後第二個月就出發了，等回到家，兒子都已經出生一個多月了。"

"怎麼把信寄給你？撒到海裏飄過去嗎？"上世紀80年代，通信也還非常不便，宋家慧的愛人還調侃過他關於溝通聯絡的事。那時候，船員家屬們寄信，都需要先寄到船隻所屬公司，再由公司派送到不同港口，那裏有代理公司幫船員們派信。"但是往往信送到新加坡，人卻已經到了南非……"而後面收到信，常常已經攢了十幾封了。從哪封看起呢？宋家慧囑咐愛人在每封信後面標好時間，這樣他收到一打信的時候，會按時間排開，一封一封"打開對家的思念"。

"少一事不如多一事"

1992 年，宋家慧離開遠洋系統，開始了職業生涯的一次轉向——從"冒險"到"安全"。海監海事履職 9 年後，2000 年進入交通部救助打撈局，開啟十幾年救撈事業生涯。

救撈的核心，是挽救與保障。宋家慧說，這符合他的價值觀，"人不可能不為自己活着，但是一個人只為自己活着，人生毫無意義！"

2001 年，宋家慧牽頭組建第一支海上救助飛行隊。2008 年，他遇到了關於飛行隊的一次歷史性考驗——當年 5 月 12 日，汶川地震，救援需求強烈。但是，剛剛從法國進口的救援直升機還沒有取證，飛行員也沒有取證。飛還是不飛？

"如果把汶川地震這一中華民族面對的災難比作一場戰爭的話，國難當頭匹夫有責，因為沒有取證就不飛了嗎？"5 月 13 日，宋家慧將這一情況報交通運輸部，16 日，直升機到達災區，實施空中立體救援，在救災現場發揮了不可替代的作用。

"但是我沒有去現場"，宋家慧說，他先後派出一名副書記和兩名副局長，赴災區慰問和了解情況，自己卻一直沒有動身，不是因為害怕，而是因為，"我隨時準備承擔責任"——直升機沒有取證，也沒有過高山叢林救助經驗，行動必定伴隨巨大風險，雖然經過反覆論證、"有把握"，但心始終是"懸着的"。

結果證明，救援行動很成功。

當年 7 月 20 日，在救援慶功會上，交通運輸部領導在大會的講話的一句話讓宋家慧熱淚盈眶，"如果在這次汶川地震不派飛機去救援，你們將終生遺憾。"宋家慧說，"有些人是'多一事不如少一事'，而我是'少一事不如多一事'，這一定會增加風險，甚至可能是冒險，不過我也相信，有善意的初衷和充足的信心，往往能有好結果。"

採訪過程中，宋家慧不止一次說起"責任感"、"精神的力量"，他面對海上救援隊平均不到 30 歲的飛行員，也常常這麼說，"你們從這份工作中獲得的報酬可以計算，但是社會價值、精神價值怎麼衡量呢？那就是要讓所有認識你的人為你感到驕傲……事業是人幹的，人需要精神支撐，而精神支撐中最根本的，就是時時刻刻都保有愛國的情懷。"

在他看來，海上人命救援，是黨和國家撒向大海的德政工程。海上的救助飛行隊正是在民航不能飛的時候飛，在最惡劣的條件下工作，保證安全更要奮力救援，如果心中沒有國家沒有大愛，對國力支持沒有信心，定是做不好這項工作。

在救撈局當局長那些年，他以"管理上很嚴"著稱。他要求下屬們在任務下達後先說"行"，因為他相信事在人為，要讓大家在承認困難的前提下，敢於克服困難，建立信心。

因為專業過硬、責任心強，從 2000 年神舟 2 號起，宋家慧還帶領交通部救撈系統，先後完成神舟 4 號到 10 號的海上應急安全保障任務，宋家慧本人還被總裝備部任命為中國載人航天著落場副總指揮，獲得曾憲梓載人航天特殊貢獻獎。"每次發射時，都是我們在海上為宇航員築起的生命線'繃緊弦'的時候"，宋家慧說，做這件事的時候，肩上都是責任，但是心中充滿了驕傲。

2001 年 5 月，宋家慧還擔起"拖帶'瓦良格'號回國工程"交通部專家組組長的重任，負責組織交通系統力量，將着名的"瓦良格"號從烏克蘭經土耳其海峽拖帶回中國。2012 年，在大連，由瓦良格號改建而成的"遼寧艦"正式交付海軍，成為我國第一艘航空母艦。雖然宋家慧等當年參加任務的專家沒有親臨交接儀式現場，但他們特意聚在一起，觀看了交接儀式實況轉播。當看到神聖的軍旗交於海軍官兵那一刻，都留下了激動的眼淚。

"有時候我就在想，人跟人是一樣的，但實際上又是不一樣的。如果時光倒流，回到 1937 年盧溝橋事變發生的時候，我們都會做甚麼樣的人生選擇？生活中一旦沒有那種挑戰和考驗，就看不出真正的不同。"宋家慧覺得，不管是遠洋航行生涯，還是從事救撈事業，或者是作為一名黨員幹部，自己的心始終是熱的。

說起黨員幹部應有的秉持、修養和責任，宋家慧還分享了自己的"入黨故事"。

1973 年上大學前，宋家慧的哥哥向他提出兩點要求：一是不能談戀愛，要以學業為重，認真學本領。二是要在大學期間好好表現爭取入黨。大學期間的宋家慧表現優秀，在支部大會上獲得全部通過，但由於當時處在"文革"階段的種種原因，宋家慧沒能在畢業時候如願入黨。

"入黨已經是在海上了"，1979 年 4 月，作為船員的宋家慧，終於在船上入了黨。因為黨員光榮得來波折，宋家慧更加珍視這個身份，"我在心裏宣誓，要對得起這個身份，對得起國家。"

在宋家慧看來，這也正是他精神能量得以充實的一個源泉。

"到政協就像上了一所好大學"

40 歲以後的宋家慧，喜歡上了研究中國近現代史。"看過那些屈辱和掙扎、奮戰和抗爭，真是感覺，我們中國太不容易了。"

知道全國政協在今年 5 月中旬有關於長征的調研，他毫不猶豫報了名。儘管之前沒有相關提案，他的感受卻也是格外豐富。"擔心年輕人對長征精神的遺忘"，他說，應該考慮怎麼把精神一代一代傳下去，既傳承革命先烈浴血奮戰、奮不顧身的革命精神，又要把傳統的東西與現實真正結合起來。

宋家慧現在擔任中國潛水打撈行業協會的理事長，協會裏有不少年輕人，還有一個"微信羣"。調研的一路，他把見聞和感受同時分享給這個羣。"我想聽聽年輕人怎麼想，怎麼看待長征精神。"

"我們這一代沒有經歷過先烈們的艱難困苦，但我們不會忘記今天的幸福生活，是用英雄們的鮮血換來的！他們把生的希望和幸福的生活留給祖國的未來，把死的危險留給了自己。他們的信念也應是流淌在我們血液中的。我們要接過英雄們的火把，把愛國精神與堅強意志薪火相傳……"

看到協會裏一個年輕人對他的分享給予的回饋，他很感動。他說，"應該多去了解了解年輕人，才能找到弘揚精神、傳承精神的好方法。"

於是緊接着，他又奔赴廣州調研，為的是多了解年輕人的精神狀態。在廣州一所重點中學的調研期間，他問學校負責人，除了文化課外，學生們的社會教育，愛國教育、愛黨教育、文明道德教育究竟狀況怎樣。校領導的回答卻讓他既憂慮又無奈。

"5+2=0"，學校領導跟宋家慧説，學校天天向學生們進行各種形式的精神教育，而一旦週末兩天回到家，這種教育效果就會"反彈"。

"素質、精神的教育任重道遠，家庭也一定要重視，畢竟孩子屬於家庭，也將屬於社會。"因為自己體會到了讀史之益，他還建議，長征精神的宣傳要與百年近代史結合起來，"把長征放到大歷史背景下來看，重視培養青少年的正確的歷史觀，讓年輕人明白，為甚麼成千上萬人願意為此獻身，願意跟黨走。"

……説起自己參加調研的過程與見聞，宋家慧如數家珍。

印象深刻正是因為收穫頗豐，"這些調研涉及的面很廣，也緊扣社會發展主題。通過參會、調研等等，我的知識和認識也有豐富和提高。"所以在他看來，政協就是一所高層次的大學。

不過，說起在政協的種種經歷，他也有個遺憾。

"今年全國政協 42 件重點提案中，沒有涉海的內容"，作為年年都提"海洋提案"的委員，他總是有一些失落。"海洋問題也是大問題，在我們'一帶一路'戰略中，海洋地位也非常突出，希望能夠引起重視。"而他也與同樣關注海洋問題的委員一起，"不氣餒"準備來年"聯合作戰"。

採訪臨近結束，宋家慧帶記者回到辦公室，看他的各種藏品、照片，無一例外，都與船有關、與海洋有關。他歡欣細緻地介紹每一件藏品背後的故事，細數他手機裏、書櫃上各種照片的珍貴。

60 多歲的宋家慧依然健壯挺拔，說起話來也中氣十足。海洋讓他實現了夢想，給予他無限榮耀……但在記者看來，這些的光芒也遠抵不上他在征途中所磨礪出的 —— 化解風險的勇氣和忠誠堅定的信念，好學勤奮的品質和勇於承擔的品格，坦蕩遼闊的胸懷和一往無前的精神，那麼耀眼。

而這，與他呼籲年輕人去努力傳承發揚的長征精神，也恰好有一些契合。

## 二、滄海見證"兄弟情"——宋家慧委員回憶與香港特區政府合作建立海上立體救援體系的往事
（來源：2017年06月29日人民政協網，作者：付裕）

滄海見證，大愛無疆。人命救助，是海上救助的重大命題，而海上空中立體救助則是集高難度技術之大成。在21世紀之初的內地，這個領域還是一片空白。

從2001年宋家慧肩負特殊使命飛赴香港，雙方開始高層溝通、協調互訪，包括香港特區政府保安局及其下屬香港政府飛行服務隊、香港消防處、香港民航處、香港海事處等在內的香港特區相關部門為我國國家海上空中立體救援體系的建立與完善，作出了卓越的貢獻。

前事不忘後事之師，萬里海空見證。在紀念香港特區回歸祖國20周年之際，全國政協委員、原交通部救助打撈局局長宋家慧向本刊記者展示了他的私人收藏品和相冊，並深情回憶了那些令人感動和難忘的故事。

在蒼茫萬里的中國海空，有一支神奇的"天使縱隊"，時刻保障着人民生命財產的安全。在海難發生之時，他們往往搭乘直升飛機"從天而降"，救人於危難；在波濤洶湧的海上，只要人民羣眾召喚，他們就會身繫鋼索，頭戴鋼盔，從空中馳援而來，伸出雙手。

他們不是軍人，但他們卻有着和軍人一樣鐵一般的紀律和意志；他們不是醫生，但他們也有着和白衣天使一樣的善心和品質。險情就是命令，"救人"永遠第一，作為內地唯一支海上空中救援的專業隊伍，正是因為他們的存在，祖國萬裏海空下的人民生命財產，才有了更為安全的保障。他們就是國家的"海上救助神鷹"——交通運輸部海上救助飛行隊。

從無到有，從弱到強，組建十幾年來，作為中國海空救助體系的重要組成部分，在交通運輸部統一組織和協調下，交通運輸部各飛行隊的救助直升機與各救助局的救助船舶密切配合、協同救助，在中國沿海形成船機結合、陸海空聯動的現代化海空救助體系，在渤海灣、長江口、台灣海峽、瓊州海峽等重要海域形成了全面覆蓋的海空立體救助網路。

然而，鮮為人知的是，在組建之初，這支隊伍曾經獲得香港特區政府的鼎力扶持和無私支援。

## 金色的海豚

在全國政協委員、原交通部救助打撈局局長宋家慧的書櫃裏面，有一個特別的收藏品，那是一座獎盃，上面鑄有一隻金色的海豚。

"你還別説，仔細算算，這只小海豚跟着我快 20 年了，時間過得太快了。"宋家慧對記者笑道："你看我保存得還可以吧？！"

午後的陽光溫暖地照在海豚身上，泛起柔和的光。雖然是鍍金，但主人的精心保管顯而易見，金色的獎盃就像新的一樣耀眼。

時間倒推到世紀之交的前後幾年，隨着我國海洋經濟的不斷發展，涉海活動日益頻繁，相關安全問題尤為嚴峻，那時，先後發生 5 艘客滾船不同程度的翻沉事故，為我國海洋經濟的發展和海洋大國形象蒙上揮之不去的陰影。尤其是 1999 年 11 月 24 日，煙台發生 "1124 大舜輪特大海難事故"，死亡 282 人，舉國悲痛。因此，加快我國海上專業化救援隊伍的建設，同時組建一支反應迅速的海上飛行救助隊伍，已成為保障人民生命和財產安全、支撐國家海洋經濟發展、履行國際海上救助公約和人道主義責任的當務之急。

"2000 年 6 月 5 日，那天是國際環境日，也是內地與香港、澳門在珠江口舉行有史以來的首次'粵港澳聯合搜救和溢油應急聯合演習'，當時我是現場總指揮。"宋家慧陷入回憶："也是在那天，我第一次正式體會到香港政府飛行服務隊在海上救援方面高超的專業救助水準和總體上的海上應急救援的能力，這也拉開了內地與香港特區政府在海上應急搜救領域全面合作特別是在海難立體救助方面的合作序幕。"

2001 年 3 月 5 日，中國第一支專業海上救助飛行隊 —— 交通部東海第一救助飛行隊在上海正式成立。但當時，我們卻缺乏可以執行救助飛行任務的合格駕駛員。尤其是在我國北方沿海，執行冬季海上救助飛行任務的駕駛員更是鳳毛麟角極為缺乏。

為解燃眉之急，2001 年 11 月，宋家慧肩負特殊使命飛赴香港，率團在香港政府飛行服務隊參觀考察，雙方開始高層溝通、協調互訪。"香港政府飛行服務隊是具有多年成熟救助經驗的隊伍，在海上飛行救援領域屢建奇功，在國際飛行救助領域享有極高的聲譽。在中央政府和香港特區政府的關心下，特別是在香港特區政府保安局的支持下，從 2001 年起，香港政府飛行服務隊幫助交通部海上救撈局培訓專業的技術人員、組建內地飛行隊。也可以說，中國內地海上飛行救援事業的建設和發展，從組建之初，就始終離不開香港特區政府和其飛行服務隊的大力支持。"宋家慧回憶道。

初次為此事造訪香港的宋家慧就得到了香港保安局等有關方面的積極配合和支持。在當時的出訪報告中，宋家慧寫道，時任香港特區政府保安局局長的葉劉淑儀女士曾經深情地說，希望將來內地空中飛行力量發展起來後，在珠江口及其附近水域的海空救援仍然可以發揮香港政府飛行服務隊的作用。她說，這是香港特區政府對內地海上安全和救助應盡的一份責任。

2003 年夏，宋家慧再次訪問香港，時任香港特區政府保安局局長李少光先生同樣積極支援內地建設和發展海上救助飛行事業。當宋家慧提出希望香港特區政府派出機組在大連冬季海上執行值班待命任務並為內地培訓救助飛行人員時，香港特區政府保安局排除困難，與內地共同想辦法，盡力實現了我們的請求。

　　"可以說，中國內地海上專業飛行救助隊伍，也就是交通部海上救助飛行隊成立和發展，使得中國救撈系統海上救助的方式，由單一的船舶救助，實現了向海空立體救助的跨躍。而香港政府飛行服務隊對交通運輸部救助飛行隊在隊伍組建、人員培訓、技術支持等方面都給予過無私幫助。"宋家慧說："我們不能忘記！"

## 民族精英拯救有功

　　"我退休的時候，同事們送了我一本相冊，其中很多都是這些年來我們與香港政府飛行服務隊的同仁們工作和生活的瞬間。每次看，每次都很感動。"厚厚的相冊是他最鍾愛的藏品，裏面的照片記錄着他的一段人生故事，每次翻開它，宋家慧都會陷入回憶："有很多事，現在想起來，還是很感人。"

　　"這是香港政府飛行服務隊的畢耀明總監，可以說，他是帶着內地海上救助的殷殷期盼，往返穿梭於內地香港之間，奔走於沿海各個航海基地。"

　　"這是 2003 年 11 月 21 號 19:00，時間日期我都記得特別清楚。"宋家慧翻出珍藏的《中國交通報》樂呵呵地對記者說。"當時的香港政府飛行服務隊一行 7 人，為了加強與內地飛行隊之間開展技術交流與合作，協助我們值守渤海灣。"宋家慧說："那是大連的冬天吶，特別冷，滴水成冰，將近零下 30℃，還颳着海風。那時候香港政府飛行服務隊空勤主任蔡照明已經年過半百了，你看他那時候頭髮幾乎都白了。他們這些人從小到大都在南方，哪裏受過這樣的凍，來了就生病，發高燒、生凍瘡，還有口舌生瘡，非常不適應。"

對於海上救助飛行隊而言，冬季是最為忙碌而緊張的季節。由於冬天海上風大寒潮多見，因此，冬季是海上集中救助的重要時間。因此，無論氣候條件多麼惡劣，海上救助飛行隊的隊員們都要隨時待命，確保無虞。

"就是這樣，這 7 個兄弟，硬是和我們在一起，將一身的飛行救助本領，毫無保留地傳授給內地年輕的同仁。"宋家慧說："他們面對着陌生的空域環境、陌生的飛機，在隆冬時節的渤海灣待命，一方面投入到內地的飛行救助過程中，另一方面手把手教我們的學員進行海上飛行救助技巧。"

2004 年，交通部救助打撈局與香港政府飛行服務隊簽訂第一個合作意向書，進入合作新階段。"這是 2004 年 2 月，當時的香港政府飛行服務隊高級機長陳志培又來到上海，那時，他在上海一待就是兩年。"宋家慧說："其實，他們來到內地幫助我們發展，都不是被指派的任務，而是完全出於自願。從另一個角度而言，他們其實都是志願者。來到內地，經受着身體不適、家庭分離、語言不通等等困難，真是毫無怨言、勤勤懇懇地工作，特別讓人敬佩。"

"後來，陳志培的太太和兩個兒子為了支持他的工作，也從香港來到上海，差不多待了兩年。陳太太來自緬甸，她的兩個孩子當時還在上學，特別小。"宋家慧說："這一家人放棄了香港舒適的生活，克服語言不通、氣候不適、生活不習慣等等困難，義無反顧地支援陳志培的工作。"

"那時候為了方便聯繫，我們都為他們配備了專門的電話，可以直接打到香港、打給家人。但是，除了工作，他們從來不肯用這部電話，都要換一部電話打給家裏，實在是令人由衷地敬佩。"

2004 年 1 月，油輪 "利達洲 18" 在渤海灣發生大火，香港政府飛行服務隊與交通部救助飛行隊的飛行救助人員及北海救助局專業救助船密切配合，救回 3 名受傷船員，並撲滅油輪大火，取得首次合作救助的成功。初戰告捷，舉國矚目，香港政府飛行服務隊被譽為渤海灣上空的 "紫荊之鷹"。

2005 年 9 月，香港政府飛行服務隊的 2 架救助直升機與交通部南海救助局 "南海救 131" 輪密切配合，在汕尾以南海域成功救起 "達維" 颱風中遇險的 "粵陸豐 61088" 號漁船上的 5 名漁民。

2006 年 8 月，在廣東南部海域，永安四號貨輪與海洋石油 298 工程船先後在颱風中遇險，南海救助局 "德進" 輪及上海打撈局所屬 "華振" 輪、"華發" 輪前往現場救助，但由於氣象惡劣，救助船隻在現場守護。之後兩天，香港政府飛行服務隊先後出動固定翼飛機 4 架次，超級美洲豹救助直升機 4 架次，救回全部 91 名遇險船員。國務院辦公廳專門致電感謝，時任交通部副部長黃先耀率團赴港表示感謝，並贈送 "風暴中盡顯雄鷹本色，危難時倍感同胞情深" 錦旗。

"我到現在還清楚地記得，正是因為香港政府飛行服務隊的特別支援，我們才有可能在如此短的時間內，建立起國家海上空中立體救援體系。因此，後來有張照片，就是當時我們將交通部領導的錦旗贈送給香港政府飛行服務隊時拍攝的。這面錦旗上由書法家張惠臣手書的八個隸書大字 '民族精英，拯救有功'，也說明了在我們心中香港政府飛行服務隊的重要性。"

"你看的這張照片是前一段時間我又看到陳志培兩個兒子時拍的，當年那麼點兒的小孩子，現在都長成一米八還多的大小夥子了，真是精神！他們倆學習也不錯，現在都上大學了，都是優等生，非常棒！"宋家慧笑道："你知道嗎？我退休這麼久，這次見到這倆孩子終於長大了，還這麼有出息了，才真是鬆了一口氣啊！要是當年，人家從香港來幫我們，把孩子學業給耽誤了，我這心裏，不得忐忑一輩子嗎？！"

有喜悅，也有哀傷，宋家慧也面對着"兄弟"的離世。就在前不久的 2017 年 4 月 1 日，宋家慧懷着沉痛的心情向因病逝世的香港特區政府原民航處處長羅崇文先生的家屬贈送了挽聯"助內地搜救發展功在當代，促香港航空進步惠及子孫"。"在內地從無到有、組建救助飛行隊的過程中，羅崇文先生曾經給予過很大的支持，功不可沒。他的英年早逝，我從感情上很難接受。"宋家慧說："對於所有支援內地海上搜救事業發展的香港同胞們，我們都會永遠感謝他們！永遠不會忘記他們！"

## 飛到汶川去

"對，這就是在汶川，你們猜對了。"面對着一張角度特殊的照片，記者的疑問得到了宋家慧的證實。

"地震就是命令。雖然我們主要執行海上救援任務，但在汶川地震巨大災難面前，作為一支專門進行生命救助的專業隊伍，不可能袖手旁觀。"宋家慧說，"很顯然，我們剛剛進口的 EC-225 救助直升機不僅是在中國，即使在世界上都是最先進的直升機，儘快將直升機飛到汶川去，拯救更多的生命，在當時已經成為大家共同的願望！"但是，"當時 EC-225 直升機剛剛進口，直升機和機組正處於訓練和取證階段，也就是說，按照慣例，飛行員是不能駕駛這些飛機出遠門執行任務的，我們該怎麼辦？"

"電視裏一刻不停地播放汶川的畫面，救災現場十萬火急！怎麼辦？我們的飛機到底去不去？"宋家慧激動地敘述道："我問當時的交通運輸部南海救助飛行隊隊長宋修璞，他說我們的機組和飛機應該沒有問題，但是為慎重起見，他要立即和機組以及直升機生產廠家派來的保障工程師緊急磋商，結果不到半小時，他就打電話答覆我說："宋局長，你放心，大家一致認為有把握參加汶川地震救災任務！"有了一線人員的鄭重聲明和保證，就更加堅定了我的信心。5 月 12 日地震當天我在上海開會，13 日我們就開始起草報告，14 日就向交通部正式提出主動參加救援的簽報。宋家慧說："我們的報告一路綠燈，交通部領導以及時任國家民航局局長李家祥在聽取了我們的彙報後，當場表態支持。"

在得到上級批准後，出於確保安全的考慮，宋家慧又撥通了香港政府飛行服務隊總監陳志培的電話，幾句溝通，一拍即合，他們也正想去汶川參加抗震救災。兩人商量的結果是，請香港政府飛行服務隊先派出一個機組緊急奔赴汶川，與交通部飛行隊組成聯合機組，共同駕駛交通部的直升機，共同執行救災任務。與此同時，香港政府飛行服務隊的超美洲豹直升機在履行相應的手續後再趕赴汶川，並與交通部飛行隊 EC-225 直升機組成雙機立體救援模式，以期實現更有效的救助。宋家慧說："我當時考慮這樣的方案，可以一舉三得。一是聯合機組由兩地最優秀的飛行人員組成，可以進一步保障救助飛行的安全；二是，可以滿足香港政府飛行服務隊同胞報效國家的願望；三是通過在如此重大和複雜救助任務形勢下的合作，進一步深化彼此友誼，以期深化合作。"

命令下達後，交通部南海救助飛行隊嶄新的超美洲豹第三代直升機 EC-225 從珠海起飛，幾經輾轉於 2008 年 5 月 16 日抵達汶川地震災區並隨即參加緊急救援。

"與一般直升機落在平地轉運傷患和物資不同，內地與香港聯合飛行救援組的飛機是直接在山區裏的空中實施懸停救援。"宋家慧解釋道："汶川的山谷裏，上面是高壓電，不能碰，下面的溝壑縱橫，不能落。因此，我們的飛機通常都是倒着開進去的，非常危險。而且，我們飛機的鋼絲鎖一般懸重長度 100 公尺、大概 30 多米，當時在山溝裏，已經拉到了將近 70 米，到了極限。"

"就是這樣，我們內地與香港聯合飛行救援組在懸崖峭壁上、在人煙稀少常規情況根本無法進去的地方，一共完成了 225 人的空中救人任務。真是驚心動魄。"宋家慧說："現場執行救助任務的全體人員，經受住了在海拔 2000 多米、各種危機四伏的複雜環境的考驗，發揚連續作戰，奮不顧身，置個人安危於不顧、不怕犧牲的無私無畏 精神，真是忠勇可嘉、可歌可泣啊！"

"大概一星期以後，香港政府飛行服務隊的超美洲豹 MKII 直升機也抵達了汶川災區，兩架最先進的救助直升機在災區上空聯合飛行，雙機合作，為汶川抗震救災作出重要貢獻，為災區人民搭建了一條空中生命線，也讓汶川人民深切感受到了香港民眾對於內地的關心與支持，以及血濃於水的親情。"宋家慧說。

"你看到的這張老照片，就是在汶川地震救援任務完成之後我們的合影。一架內地飛機、一架香港飛機，前面是內地和香港聯合飛行救援組的成員。"宋家慧回憶道："可以說，香港政府飛行服務隊的兄弟們，真是以崇高的思想境界、高尚的敬業精神、精湛的專業技能、嚴謹的科學態度和熱誠待人接物，為我們內地提供優秀的飛行技術服務和鼎力支持，也因為其高超的救助能力、科技水平和管理經驗，贏得了廣泛讚譽。"

## "救人"就是命令

"我一輩子都忘不了那經久不息的掌聲，那真是發自肺腑的掌聲。"宋家慧說："把生的希望送給他人，把死的危險留給自己，這是中國救援隊海上救援飛行隊隊員常記在心裏的一句話。這不是空話，而是實實在在的準則。"

"2005 年 9 月，我作為內地唯一代表，有幸參加香港特區政府年度授勳儀式觀禮。當年的授勳儀式上，每位獲得紫荊花勳章的、為香港特區建設有功的英雄，都會上台接受董建華先生頒發的勳章。當天，大概有將近 400 位英雄上台領獎，其中就有陳志培、王俊邦、李健祥和蔡照明 4 位香港政府飛行服務隊的隊員。"

"從宣佈英雄的名字，我們的隊員起立、走上台，到董建華先生授勳，再到英雄回禮下台，每一個步驟進行時，一直都是經久不息的、雷鳴般的掌聲。"宋家慧激動地說："整整一個上午，至少為 200 位英雄頒發勳章，掌聲在會場中，幾乎從未停過。"

"這樣持久的、震撼人心的掌聲，讓我非常激動。每當我想起我們的香港兄弟，耳邊迴響的就是這樣的掌聲。甚麼叫掌聲雷鳴、甚麼叫經久不息，只有設身處地，我才真正地感受到！真的太令人激動了！"宋家慧說。

"你看，這就是參加授勳典禮之後，我與董建華先生、香港政府飛行服務隊總監畢耀明以及飛行服務隊空勤主任蔡照明的合影。"宋家慧說："這位蔡照明先生十分令我佩服，作為 2003 年香港政府飛行服務隊派往大連執行冬季救助任務 7 人機組的領隊，我到現在，都還記得他說的一句話，'作為飛行救助人員，我們一生中最說不出口的一句話就是，當你在面臨人命救助任務時，當事故現場有人需要拯救、有人需要救助時，我說我不行、我說我不能去！這是我最說不出口的一句話。'"

"也正是因為有這樣一句話，香港政府飛行服務隊站在國家人民大局上，憑藉人道主義精神，幫助我們組建海上飛行救助隊，並成功施救各類傷患。"宋家慧說。

如此事例，不勝枚舉。宋家慧辦公室裏隨處可見的獎盃、獎狀、照片、錦旗等背後都代表着無數的往事。

其中有一件彩色的織繡獎狀，質地簡潔大方，尤為引人矚目，上面繡着"SongJia-hui"的全名，也寫着"中國立體搜救之父"。這是在 2012 年，香港政府飛行服務隊送給他的禮物。

"這個帽子有點兒大。"宋家慧笑道："我都 60 多歲了，退下來好多年了，只想把腦子裏還記着的這些事兒說出來、講出來，讓更多的孩子知道他們的父親、他們的爺爺當年都和那些叔叔伯伯一起做過些甚麼、幹過些甚麼，這是我們的責任，也是我們的義務。作為一名全國政協委員，為政協文史資料工作添磚加瓦，也是委員的職責。"

"這幾年來我一直想把我與香港特區政府有關部門特別是和飛行服務隊的合作寫成書，讓更多的內地和香港同胞了解這段令人難忘的歷史。"宋家慧動情地說："交通部為組建海上救助飛行隊與香港政府飛行服務隊友好合作這段令人感慨和難忘的歷史，對我個人來說已經成為往事。但是，歷史不會忘記，無論是香港特區政府高層，還是飛行服務隊的很多同胞為支持內地的救助事業付出了極大的努力，做出很大的犧牲，彼此合作的成功體現了中央政府和香港特區政府的大力支持和正確領導。我是這段歷史的踐行者和見證者，在香港回歸 20 周年之際，我以個人名義披露了這段鮮為人知的歷史經歷，從個人的感情和良心上說，也算是圓了我的一個夢！"

## 三、宋家慧：滄海見證風雨人生海空救援大愛無疆
　　（來源：2017 年 8 月 3 日文匯報，
　　人民政協專刊記者：王曉雪、凱雷北京報導）

　　與香港合作組建內地第一支海上救援隊、歷經艱難拖"瓦良格"號回國、保障"神舟"載人航天飛船海上救援、與香港組成聯合飛行救援組飛抵汶川抗震救援……與大海打了一輩子交道的全國政協委員、中國潛水打撈行業協會理事長宋家慧，28 歲時就成為船長，半個世紀的風雨人生，他的足跡遍及北冰洋、太平洋、印度洋、馬達加斯加海峽、好望角、大西洋、直布羅陀海峽等讓人嚮往的地方；曾任交通運輸部救助打撈局局長的他更是無數次將風險和責任留給自己。在接受香港文匯報專訪時，宋家慧說，「人不可能不為自己活着，但一個人只為自己活着，人生毫無意義。」

　　走進宋家慧的辦公室，很難不被他琳琅滿目的"收藏品"吸引，油輪的照片、航母的模型、直升機的模型、各式各樣的證書獎盃……無一不見證着宋家慧與大海的半生情。

　　宋家慧 2000 年來到交通部救助打撈局。進入二十一世紀，中國海上貿易日益發達，航海事故也隨之增多，而彼時海上救助在內地還是一個空白，海上空中立體救助更是集高難度技術之大成。

　　2001 年 3 月 5 日，在宋家慧的牽頭下，中國第一支專業海上救助飛行隊 —— 交通部東海第一救助飛行隊在上海正式成立，但在合格的駕駛員和技術方面仍有很大的缺口，宋家慧便想到了香港。

### 滄海見證兩地兄弟情

　　宋家慧回憶說，2000 年 6 月 5 日，內地與香港、澳門在珠江口舉行了第一次"粵港澳聯合搜救和溢油應急聯合演習"，而那時他

是現場總指揮，"也是在那天，我第一次真正體會到香港政府飛行服務隊，在海上救援方面高超的專業救助水平和總體上的海上應急救援能力，這也拉開了內地與香港特區政府在海上應急搜救領域全面合作，特別是在海難立體救助方面的合作序幕。"

2001 年 11 月，宋家慧飛赴香港，率團在香港政府飛行服務隊參觀考察，雙方開始就內地飛行救助服務隊建設問題進行高層溝通、協調互訪。

## 打破障礙實現兩地合作

香港的飛行服務隊是在港英政府統治下建立的，歷史悠久、技術完善、經驗豐富，在海上飛行救助領域屢建奇功，在國際飛行救助領域也享有極高的聲譽。如能得到香港飛行救援隊的幫助，內地飛行救助服務隊的發展便可以走一條捷徑，但兩地的合作也充滿了障礙。

"主要的障礙就是法律。"宋家慧說，香港飛行隊屬於香港紀律部隊，有別於駐港部隊，派香港飛行隊到內地實施救助，在法律上、制度上、從香港公眾和媒體的角度都很容易出現不同意見。

但障礙並不能阻止兩地的合作，2001 年和 2003 年兩次飛赴香港，宋家慧都得到香港保安局等有關方面的積極配合和支援。他回憶說，"交通部海上救助飛行隊的成立和發展，使中國救撈系統海上救助的方式，由單一的船舶救助，實現了向海空立體救助的跨越。而香港政府飛行服務隊對交通運輸部救助飛行隊在隊伍組建、人員培訓、技術支持等方面都給予過無私的幫助。"

2004 年，交通部救助打撈局與香港政府飛行服務隊簽訂第一個合作意向書，兩地合作進入新階段，也實現了內地海上救助隊的"從無到有"和"從弱到強"。

## 危難時倍感同胞情深

2004 年 1 月，油輪 "利達洲 18" 在渤海灣發生大火，香港政府飛行服務隊與交通部救助飛行隊的飛行救助人員及北海救助局專業救助船密切配合，救回 3 名受傷船員，並撲滅油輪大火，首次合作救助取得成功。

2005 年 9 月，香港政府飛行服務隊的 2 架救助直升機與交通部南海救助局 "南海救 131" 輪密切配合，在汕尾以南海域成功救起 [ 達維 ] 颱風中遇險的 "粵陸豐 61088" 號漁船上的 5 名漁民。

2006 年 8 月，在廣東南部海域，永安四號貨輪與海洋石油 298 工程船先後在颱風中遇險，南海救助局 "德進" 輪及上海打撈局所屬 "華振" 輪、"華發" 輪前往現場救助，但由於氣象惡劣，救助船隻在現場守護。之後兩天，香港政府飛行服務隊先後出動固定翼飛機 4 架次，超級美洲豹救助直升機 4 架次，救回全部 91 名遇險船員。

國務院辦公廳專門致電感謝，時任交通部副部長黃先耀率團赴港表示感謝，並贈送 "風暴中盡顯雄鷹本色，危難時倍感同胞情深" 錦旗。


## 民族精英拯救有功

正是因為香港政府飛行服務隊的特別支援，我們才有可能在如此短的時間內，建立起國家海上空中立體救援體系。有張照片就是當時我們將交通部領導委託的錦旗贈送給香港政府飛行服務隊時拍攝的。這面錦旗上由書法家張惠臣手書的八個隸書大字 "民族精英，拯救有功"，也說明了在我們心中香港政府飛行服務隊的重要性。

談到與香港飛行隊的合作，翻着那些記錄了兩地深入合作的圖集，宋家慧彷彿有講不完的故事。他告訴記者，"香港回歸 20 年來，兩地有很多合作。但我認為到目前為止，還沒有一個合作像交通運輸部與香港政府這樣的。"與香港同胞共同分享的不只有美好的記憶，還有榮譽。為表彰在汶川大地震救援中表現英勇的香港飛行隊，兩名香港飛行員得到了交通部頒發的救撈功臣和救撈勇士的獎牌，"這是為了表彰在生死線上為拯救人類而奮鬥做出犧牲的人"。

## 四、血脈交融香江情｜他們是雲霄上的守護者
（來源：2022 年 6 月 28 日份人民網，
央視新聞客戶端，編輯：牛鏞、楊牧）

香港回歸祖國 25 年來，作為特區政府轄下的紀律部隊，香港政府飛行服務隊傾情支援內地，用行動闡釋兩地守望相助、血濃於水的同胞之情。

在香港國際機場西南端的香港政府飛行服務隊基地內，每當警鈴響起，就意味着又出現了緊急任務。在這裏，每一聲警鈴都可能關乎生命，大家的工作日常總與驚心動魄相伴。

作為香港政府飛行服務隊高級訓練機長，王俊邦堅信，每次救援，拯救的其實不是單獨的一個人，而是一個家庭。

王俊邦：我們不會考慮我們自己飛行員飛得舒不舒服，我們要考慮的是，要在最短的時間到達現場。

風雨無阻，是對香港政府飛行服務隊工作的真實寫照。

相較於普通航線飛行，在香港政府飛行服務隊，突發且緊急的救援任務令飛行任務少有固定航線。此外，即使是面對極端天氣，飛行員只要接到求救需求，依然會在完成安全評估後，爭取趕往現場。

每次出任務都是全新的考驗，對於王俊邦來說，其中最特殊的一次，發生在 2008 年。

汶川地震發生後，香港政府飛行服務隊很快派出一架"超級美洲豹"直升機前往四川參與救援。王俊邦回憶說，從香港起飛，又在桂林、貴陽等地加油，最終抵達四川，此行一共飛了 8 個小時，創造了香港政府飛行服務隊當時連續一日最長的飛行時間。

曾參與救援的香港政府飛行服務隊總監胡偉雄，對於當時的情形依然記憶猶新。

胡偉雄在當地的第一個搜救任務對象，是一對受困的老夫婦。雖然搜救路程並不長，但是因為不熟悉當地環境，而且地震後出現大量倒塌，所以飛行員要到每一個山脊和峽谷去尋找。

胡偉雄：原來那個高壓電纜就在我們前面 50 米。如果我們來不及停的話，我們的飛機就會撞上去，整架飛機包括我在內的 8 位同事可能就會發生意外。

在大家共同的努力下，最終老夫婦被成功救出。胡偉雄說，救援完成後，看到他們一家團聚，自己也感覺很開心。此後，胡偉雄又參與了多次搜救。在艱險的環境中，香港政府飛行服務隊的隊員與肩並肩執行任務的解放軍戰士、內地救援人員結下深厚情誼。胡偉雄感慨地說：“我感受到很多，我們同胞，我們大家那種團結、投入的精神。”

促成汶川地震救援合作的，是前交通運輸部救助打撈局局長宋家慧。他說：“不管來自香港還是內地，大家都是一家人，在這個情況下，大家都是心往一處想，勁往一處使，發揮我們自己的優勢、裝備的優勢，做到最大的貢獻，做出最好的救援。”

在汶川合作救援，其實並不是香港政府飛行服務隊和內地的首次攜手。早在 2003 年，香港政府飛行服務隊就派員赴大連開展飛行救助培訓。內地的第一支救助飛行隊，也是在他們的傾情支援下組建起來的。

宋家慧：我們的香港同胞們是真教、從心裏教，另一方面我們內地的人員是真學，再加上把實際救援和日常訓練結合起來，因此他們進步非常快。

除了多次組織承擔內地救助飛行隊到港培訓外，香港政府飛行服務隊曾派出數名飛行員、空勤主任、絞車手教員、救生員等赴內地培訓交流。並且，在提供培訓的同時，攜手內地救助隊員一道開展海上救助工作。

　　無論是在香港，還是在內地，搜救飛行員們同心同向，憑着鷹一般高超的飛行技巧，逆風而行，在巨浪翻滾中送去生的希望，踐行"人民至上、生命至上"的承諾！

## 五、《空勤歲月 —— 我在政府飛行服務隊的日子》內文節錄 [1]

### 大連四個月

九七回歸後，內地與香港兩地各方面的交流愈見頻密，在救援工作方面也不例外。

2001 年年頭，中國國家交通部首次派人與政府飛行服務隊接觸，開始了解空中救援工作，探討如何組建自己的專業救助飛行隊。我被部門委派負責接待工作，以及協助內地展開空中救援工作。

據悉，促使內地自組救助飛行隊，緣於 1999 年 11 月 24 日發生的大舜號海難事件。

那天，"大舜號"渡船發生火災，在煙台海域翻沉，當時大連交通口岸局的煙台港監搜救中心雖然立即派出兩艘船趕往出事現場，然而，由於船速太慢，找到"大舜號"時已是幾個小時後，加上海上海面風浪太大，又在淺水區，救援船無法靠近"大舜號"施救，結果，乘搭"大舜號"的船員和旅客 312 人中，只有 36 人生還，272人死亡，四人失蹤。

事故發生的煙台海城正位於中國海難最頻密的渤海灣，這是因為渤海灣水域內氣象複雜，海況惡劣，客運船和漁船又欠缺管理，因此幾乎每年都會發生一宗嚴重的海難事故，尤其是秋冬季節。而這次悲劇，終令內地政府意識到船舶搜救的局限性，促使他們立志成立自己的空中搜救力量。

2002 年 3 月，大陸成立了第一個海上專業救助飛行"上海海上

---

1 蔡照明、葉小燕：《空勤歲月 —— 我在政府飛行服務隊的日子》（香港：共和媒體有限公司，2008 年）

救助飛行隊",並陸續派出兩個機長,兩個捲揚機手和兩個救生員來港接受培訓。不過,海上救助飛行隊至少要經過一年以上的培訓,才能在白天執行簡單的救助工作。經過五至八年的訓練,方能在夜間執行救助任務。大陸的海上救助飛行隊起步較晚,一時還未能完全肩負海上飛行救助工作。由於香港政府飛行服務隊擁有豐富的海上救助經驗,在國際上享有很高的聲譽,於是交通部請求香港特區政府派員提供幫助。

2003 年,經過七個月的協商,交通部和香港特區政府達成協議,香港政府飛行服務隊將派出兩個機組遠赴大陸 4 個月,和海上救助飛行隊共同執行渤海的海上救助工作,以及為他們提供人員培訓和技術指導。11 月 21 日,作為領隊,我和兩個機長,另一位空勤人員,兩個地勤人員以及一位通訊員一行 7 人,到達了大連,開始了為期 4 個月的艱苦工作。

當時,海上救助飛行隊的人手嚴重不足,最缺乏絞車手,曾派來香港接受培訓的兩個捲揚機手中,一人辭職不做了,另一人身體出現問題,不能工作,所以基本上可說是完全沒有捲揚機手,可沒有捲揚機手,根本無法進行任何救援工作,於是,身兼領隊和捲揚機手的我,和另一位同事 Edward,在這四個月內完全沒有正式放過一天假,每天都要值班,隨時候命。幸虧這段時間並沒有經常發生事故,我們只是在 2004 年 1 月 16 日出動了一次,其餘時間大多是進行訓練。

那次行動是有一艘在渤海灣海域失火的油輪"利達洲 18",載有 1900 噸柴油,隨時有爆炸危險,船長在滅火無望的情況下被迫宣佈棄船,十五名船員中十二人乘救生艇離船,三人乘救生筏逃生。

當時出動了兩架直升機,一架由政府飛行服務隊隊長駕駛到現場搜救救生筏的生還者,另外一架由內地機長駕駛,由我擔任絞車手，從一搜經過失事現場的船隻上把一名嚴重燒傷的"利達洲 18"船員救起。當時的氣溫只有零下八度，海面風浪高達二十尺，輪船搖晃得厲害，令機長一度無法決定直升機懸停的方向和位置，於是我建議機長採取橫風懸停，以便更容易看懸停的依據點。

結果，我們在約八十尺的高度將內地的救生員放到甲板，救起了半邊身都燒傷了的船員。過程中最難受的是寒冷，救生員一出機艙，就在寒風中變成了一杯"思冰樂"，而我在機上，即使已穿了五條褲，厚內衣，戴了兩對手套，也是手指僵硬，嘴巴凍得不能張開。不過，經過這次行動的洗禮，我們對於將來在艱苦環境下進行的救援工作更有信心。

這次是香港政府飛行服務隊第一次和內地的機組人員合作，成功完成了拯救工作。事後，內地大肆宣傳表揚這次行動，大連的所有媒體，以至中央電視台都專程派人來訪問政府飛行服務隊，顯示內地各方面對我們工作的高度重視。

說到大連的寒冷，記得剛到大連時，有一晚大連的夥伴請我們去燒烤、喝啤酒。我們這些習慣了喝冰凍啤酒的香港人，一開口就大聲道："服務員，來一瓶冷凍的啤酒！"意外地，竟然看到服務員拿着啤酒到門外去了，不到十分鐘，服務員把冰凍的啤酒拿了進來。原來，室外就是他們的天然雪櫃。

在大連的四個月，其實生活很沉悶，除了訓練外，其餘的大部分時間就呆在酒店候命值班，因人手短缺關係，又不能走遠。對我來說，最大的享受就是值副班時，有半天的空檔，我可以帶着手機隨時候命，於是就會坐車去市中心的一間香港人開的茶餐廳，喝一杯七塊錢的港式奶茶，吃碟腸粉，拿本書慢慢地閱讀，一坐就一兩個小時。後來和餐廳裏的人混熟了，他們知道我是從香港來協助拯救工作的，即對我表現莫大的興趣，言語中甚至流露出對我工作的崇拜。在那段日子，他們的熱情好客，給我沉悶的生活帶來了不少溫暖。

儘管大連的寒冷令我們難以忍受，但大連美麗的市容和美麗的女孩卻令我們印象深刻，尤其是名聞遐邇的大連女騎警，個個都是身材高挑，樣貌標緻，又威風凜凜，是大連一幕美麗的活風景，每次上街時遇上了，都緊緊地吸引了我們的目光。

當然，最值得我懷念的，還是上海救助飛行隊的機組人員，以及把我們照顧得無微不至的大連市交通口岸管理局的工作人員。幾個月的相處，我們已成為了親密無間的"哥們"。直到現在，我們仍有聯繫，已成了私底下的好朋友。

## 上海半年

繼 2002 年到大連交流了四個月後，我在 2006 年 10 月至 2007 年 4 月期間，再次被借調到上海東海第一飛行隊，協助他們制定空勤訓練的系統、訓練手冊及程序，以及訓練空勤教官，一待就是半年。

和大連相比，上海的各方面條件都好多了，無論是氣候、居住條件飲食等都更適合我們香港人。最令我感到滿足的是，在這六個月，我二十多年來所積累的專業技術和經驗，得到了前所未有的發揮。我訓練了兩位中國第一代的空勤教官，令中國交通部自此可以自行訓練空勤員，不需再藉助外力；同時，也為中國的空勤訓練系統制定了訓練手冊、程序，奠定了一個平台和基礎，讓他們在此基礎上運作和推行。

此外，我也參與了飛行隊招募空勤人員的工作，由於他們主要是從將要退役的海軍中招募合適的人員，我有機會到不同的海軍基地協助招募工作。此外，我還要到不同的飛行基地包括大連、蓬萊、廈門、三亞、湛江及珠海探訪，做一些訓練工作，那段時間，可謂走遍大江南北。

在蓬萊逗留考核空勤人員，我還碰巧參與了一次海上拯救工作。

那天，海上颳起強風，一艘漁船機件壞，在海上漂浮，船上的兩父子發出求救信號。海上拯救船很快就找到了漁船，但因風浪太大，無法靠近救他們，於是請求北海飛行隊援助，我當時馬上決定隨機行動，一來看看能否幫上忙，二來也想藉此救機會考核北海飛行隊的工作。

到達現場時，發覺當時環境很惡劣，漁船在風浪中顛簸得很厲害，而船身又太小，只有二十尺長，即使以我這麼多年的拯救經驗，要從船上救人，也有難度。然而，北海飛行隊的機組人員在整個救人過程中，卻合作無間，表現得非常出色，尤其是絞車手的表現絕不比香港政府飛行服務隊的捲揚機手遜色，令人刮目相看。

當那兩父子被救上機艙後，他們竟在機艙裏對機組人員下跪，扣着頭說："感謝國家，感謝共產黨！感謝共產黨對我們的安全付出了最大的努力。"這些話，對於香港人來說或許覺得有點肉麻，但他們說的是那麼誠懇，你能感覺到真的是發自內心的肺腑之言。

那一刻，我突然有個感覺，這半年來，香港政府飛行服務隊在協助內地開展空中救助事業已取得了成果，訓練出來的救助人員已經有熟練的技術和經驗，中國的空中救助事業已開始成熟了，我為此而感到鼓舞和欣慰。

在上海半年，我就像本地人一樣生活，閒時逛逛超市，買菜做飯；假日就到處遊覽，看到這個大都市繁榮的一面，也體會到普通人的日常生活狀況。吃到很多上海美食，也見識到上海女人打扮時尚但卻火辣的一面。

和在大連一樣，我同樣認識了一羣熱情好客的內地同僚，他們把我照顧的很好，以至要離開時，我真的對他們依依不捨。

## 後記

　　在寫序時，我正羨慕政府飛行服務隊的同事有機會參與 512 四川大地震的救援工作，為國家出力，想不到，5 月 28 日，我也得到國家交通部的支持，遠赴四川廣漢市參與救援工作。

　　廣漢市的廣漢機場原是中央民航學院的訓練基地，這次用來作為其中一個救災空中指揮中心，供來自全國各地的非軍用直升機駐紮。那天下午三點多，甫到達機場，就看到機場上停泊了逾三十架直升機，場面壯觀，連我這個長期與直升機打交道的人，也為之動容。

　　休息了一晚，本來第二天一早我就可以參與救災工作，誰料天公不作美，大霧籠罩，所有飛行服務隊被迫暫停，我是在翌日才正式出動。

　　這次飛行，因為我已退休，受制於牌照等限制，我不能乘坐香港政府飛行服務隊的直升機參與救災工作，而是乘坐南海飛行隊的直升機，我們的任務是運載八名解放軍的空降兵到清平鎮的深山裏兩個不同的礦場，搜尋是否還有生存的礦工。一開始，我們就知道，這批空降兵到這深山後，還要在山裏過一夜進行搜尋工作，我們要在翌日才去接回他們，任務可說是非常艱苦和危險。可在運載他們的過程中，我們看不到他們有絲毫的怯意，反而都表現出熱切的希望趕赴現場的決心。

　　第一次從飛機上鳥瞰地面的災情，那種震憾性，絕非筆墨可以形容。只見腳底下，整個清平鎮就是一個廢墟，到處是頹垣敗瓦，看不到一間完整的房子。進入山區，原本翠綠的山林，已變成一張大花臉，一處處下陷的地表，形成了一塊一塊的大疙瘩。很多沿山路或河邊而建的房子，大都被崩塌的山泥掩埋。有座大山倒塌了一半，就像香港的鳳凰山被削去了半個臉；塌下來的山石，將原來一條完整的河流截成十幾截，形成十幾個大小不等的堰塞湖，似乎隨時會以萬鈞之勢一瀉而下。

去到一個礦場，我們發覺地勢非常險要，山坡陡峭，地面滿布縱橫交錯的電纜，再加上天空多雲，視野不是很清，為工作人員的工作增加了難度。不過，最後我們還是在離地面一百五十尺的高度懸停，將解放軍的空降兵吊了下去。

第二天，我們收到其中一批空降兵報告，似乎發現礦洞裏有生命的跡象，於是我們又把一批帶備生命探測裝備的消防員送去礦場，惜最後還是找不到生存者，無功而返。幸運的是，不久，另一批空降兵傳來喜訊，找到了兩個生存的礦工，大家都很雀躍。我和南海飛行隊的機組人員馬上出動去接解放軍和曠工。

誰料，直升機在飛行途中通訊設備發生了故障，我們被迫返航，於是，改由香港政府飛行服務隊去執行工作。可是天有不測風雲，政府飛行服務隊起飛不久，天氣又突然變得很惡劣，他們也不得不回航。如是者，那四名空降兵和兩名曠工被迫在那惡劣的環境中又多待了一晚。所幸的是翌日天氣較好，政府飛行服務隊終於順利地把他們都救了回來。

憑我三十年的經驗，我很清楚了解，這次的救援工作非常危險，很多的環境和天氣狀況都不適合直升機飛行，所以，解放軍的一架直升機撞毀了，我一點也不覺得意外。只是，所有參與這次救災工作的人，為了拯救更多人的性命，都將自己的底線降到最低，只是以更細心，更親密無間的合作，去減低出意外的情況。

從這次救災工作，我深切地感受到中國人在國家有難時，所表現出來的團結精神，真的很值得我們自豪。記得回香港時，在去成都機場的途中，我看到數十架大貨車，載着賑災物品如臨時屋組件、帳篷等，浩浩盪盪地駛向災區；而路旁相隔不遠，就有不同的民眾高舉着"帶路"的牌子。載我去機場的司機說，這是發自外省來四川救災的車輛，由於他們人生路不熟易迷路，所以有很多四川人也自發地在路口為他們引路。

這些充滿溫情的場面，相信在我有生之年，都不會忘記。

我很欣慰在自己剛退休之年，仍有機會參與這次救災工作，為國家出點力。可以說，這次是我最後一次執行直升機救援工作，是真真正正為自己的飛行生涯劃上了句號，儘管如果可以選擇，我寧願這次天災從未發生。

2008 年 6 月 5 日

# 滄海見證｜紀中國救撈與香港政府飛行服務隊合作十周年宣傳片解說詞

　　2001 年 11 月 28 日，交通運輸部救助打撈局宋家慧局長肩負特殊使命飛赴香港……

　　隨着我國海洋經濟的不斷發展，涉海活動愈加頻繁，海上安全形勢日趨嚴峻。僅在世紀之交前後的幾年間，渤海灣先後就有 5 艘客滾船不幸翻沉，海洋經濟的發展被蒙上了揮之不去的陰影，建設一支反應迅速的海上立體救助隊伍，成為中國救撈的當務之急。而宋家慧局長正是為破解這一難題，把目光瞄向了聲名顯赫的香港政府飛行服務隊，這是凝聚着血濃於水的握手，這是共守祖國海疆平安的合作。

　　十年，內地的立體救助事業在香港政府飛行服務隊的鼎力相助下，從小到大，從弱到強。十年，內地的飛行救助在值班待命、搶險救災以及重大政治任務的關鍵時刻，屢建奇功，成就斐然，滄海見證，大愛無疆。10 年來，內地與香港飛行救助人攜手並進，共同創造了祖國萬裏海空的和諧與安寧。

　　人命救助是現代人類的重大命題，空中立體救助集現代科學與高難技術於大成，10 年前在中國內地還是一個空白區，而香港政府飛行服務隊已經是一支具有十幾年飛行救助經驗的成熟隊伍，他們在港澳地區屢建奇功，在國際飛行救助領域享有極高的聲譽。

　　註定有一種機緣綻放在飛行救助的扉頁上。

　　在中央政府和香港特區政府的共同關心下，特別是在香港特區政府保安局的支持下，交通運輸部救撈局局長宋佳慧，與時任香港特區政府保安局局長的葉劉淑儀女士同路攜手達成共識。香港政府飛行服務隊幫助交通運輸部救撈局培訓海上立體救助專業技術人員，組建內地直升機飛行隊。至此，中國海上立體救助在香港政府飛行服務隊的引領下，步入快速發展的軌道。

帶着內地對飛行救助事業的殷殷期盼，香港政府飛行服務隊畢耀明總監以專業的技術和敬業的精神穿梭於內地與香港之間，奔走於沿海各個飛行救助基地，遙望北方大寒潮，男兒本色真英豪。

2003 年 11 月 21 日，7 名香港政府飛行服務隊隊員主動請纓，在隆冬季節飛赴大連，執行渤海灣海域海上立體救助任務，拉開了交通運輸部與特區政府飛行隊親密合作的序幕。2004 年 9 月 1 日，雙方在成都召開第四次協商會議，簽訂第一個技術合作 5 年規劃意向書，雙方進入全方位交流與合作的新階段。這是情繫滄海的合作，這是愛心永恆的聚首。現任香港政府飛行服務隊總監，時任高級機長的陳志培先生，高級空勤主任蔡兆明先生，以及空勤主任蔡德文先生先後來到國內協助培訓救助飛行人員。與此同時，救撈系統還分期分批派出飛行機務和管理人員前往香港，接受相關業務技術和管理培訓，憑藉高超的飛行技術，豐富的救助經驗，先進的管理理念，香港政府飛行服務隊為內地海上救助飛行的建設和發展打下了牢固的基礎。

忘不了兩地飛行隊員同吃、同住、傳經驗、學技術的手足之情。陳志培、蔡德文先生克服南北地域環境的巨大差異，攜妻帶子趕赴內地，在上海一待就是兩年，700 多個日日夜夜和內地飛行救助人同甘共苦，以純熟的記憶，不知疲倦的忘我工作，堆積着合作的愉快以及成功的歡暢。忘不了從溫暖濕潤的南方到乾燥寒冷的北方，香港政府飛行服務隊隊員面對陌生的空域環境，陌生的氣象條件和飛機，堅持在隆冬時節的渤海灣值班待命，以對祖國的一片赤誠之心和嚴謹的職業操守投入到異常艱苦的工作中。

年過半百的香港高級空勤主任蔡照明，克服北方冬季乾燥嚴寒帶來的嚴重身體不適，用對祖國的一片真情，義無反顧的將一身的飛行救助本領毫無保留的奉獻給剛剛起步的內地年輕的同仁。忘不了 2004 年 1 月 16 日，香港政府飛行服務隊協同內地飛行救助人，成功救助起火油輪利 "達州 18" 上的三名遇險船員，實現了渤海灣立體救助零的突破。忘不了 2004 年 11 月，香港政府飛行服務隊再次赴山東蓬萊執行渤海灣海域冬季值班待命任務，在風大浪高的海面上和北海救助飛行隊並肩作戰，一次救起 "海陸 15" 輪上的 9 名船員，創造了當時國內單機飛行救助的最高紀錄。

人生所貴在知己，心有靈犀創偉業。

短短幾年的親密協作，香港政府飛行服務隊共為內地培養了 40 多名海上救助飛行專業人員，郭政委、朱林飛、董文澤等我國新一代飛行救助人已經成為海上飛行救助的中堅力量，翱翔在祖國的海空。10 年的交流與合作，中國救撈立體救助事業突飛猛進，相繼建立起北海、東海、南海 4 個救助飛行隊，擁有 15 架中型救助直升機，4 架大型救助直升機，4 架固定翼飛機，實現了從簡單氣象條件下的 80 海里近距離救助，到具備複雜氣象條件，救助半徑達 130 海里的歷史性跨越。海上救助範圍覆蓋渤海灣、長江口、台灣海峽、瓊州海峽、西沙等重點海域。

雛鷹展翅傲視海空。如今飛行救助已經成為國家應急救援體系的重要組成部分，更是三位一體的中國特色救撈事業的真實寫照。

10 年來，年輕的救助神鷹共實施海上立體救助 23,209 架次，執行救助任務 1624 起，救助遇險人員 2022 名。在較好完成海上救助任務的同時，在汶川地震、丹東水災等重大災難面前，在執行神七發射奧運安保等國家重大政治任務中，更是發揮了空中輕騎兵的關鍵作用，成為交通運輸事業熠熠生輝的閃光點。

同為炎黃子孫，都是華夏兒女，敢於直面生死，志在救濟蒼生。

這是兩地飛行救助人共有的親民愛國情懷。在搜救南海漁民，抗擊颱風派比安等海上救助中，在汶川抗震救災的特殊日子，香港與內地的飛行救助人共克時艱，並肩作戰，書寫一篇篇拯救生命的壯美篇章，共同編織着情深似海的人間大愛。

香港政府飛行服務隊對內地飛行救助事業的無私援助和真誠幫扶，是華夏文明的寫照，更是中華民族傳統美德的傳承和弘揚。

10 年間，雙方先後在香港和內地舉行過 14 次技術合作協商會，合作形式常態化，合作路徑制度化，使兩地合作的領域不斷擴大，道路越走越寬廣。10 年來的交往，香港飛行隊帶來的不僅僅是高超的飛行技術和豐富的救助經驗，他們安全服務操守的隊訓和把生的希望送給別人，把死的危險留給自己的救撈精神，相互交融，形成了我新一代飛行救助人勇於奉獻，忘我工作敢打敢拼的優秀品質。同時內地救助人和香港飛行服務人也結下了深厚的友情，一脈相承的東方文化閃爍着同根同祖思想精髓的光芒。

真情無價，大愛無形。

在剛剛過去的中國救撈創建 60 周年慶典期間，張德江副總理親切接見蔡照明先生，並向他頒發中國救撈 60 年突出貢獻獎榮譽獎章。

香港特區政府和特區政府飛行服務隊對內地飛行救助事業所作出的突出貢獻，祖國不會忘記，人民不會忘記。

光榮載入史冊，合作未有窮期。

隨着內地經濟的持續發展，海上安全保障的力度必將持續加大，飛行救助的需求也將與日俱增，兩地飛行救助的合作只會加強，不會削弱，讓我們攜起手來共同應對新的挑戰，為海上人民安全，為海洋經濟的繁榮，為香港和內地的美好明天創造新的燦爛與輝煌。

# 工作文件摘錄

## 交通部救助打撈局與香港政府飛行服務隊深圳會談紀要

時　　間：2003 年 8 月 26 日（2 點 30 分）

地　　點：深圳五洲賓館渤海廳

參加人員：香港政府飛行服務隊　畢耀明總監、蔡照明先生交通部

　　　　　救助打撈局　　宋家慧局長、丁平生先生

記　　錄：孫岳先生

宋：解釋一下高層事宜，我們寫了封信到港澳辦，建議不通過國務院，由港澳辦到董特首辦即可，估計下周即可到特首辦，以九個問題為序。

畢：結冰出動時要受很多限制，擔心其他人有想法，只要你們的人明白，我們可以做這項工作（這可能是政治問題）。

宋：報告（前提）飛機的性能，公眾和領導都要知道，部領導和國務院領導都要知道。

宋：民航進行了臨時性認可，以交通部的名義和政府形象的特點。

蔡：需要的人需要考試。

畢：駕照是很重要的環節，希望一個機長駕照給中國民航看一看，有沒有一個問題，如果到時就晚了，試驗一下。

宋：這項工作馬上就可以做，在簽證的時間還要給我們優惠，要先試簽一下，加一項，關於我們飛行隊到渤海灣飛行，總參已經批准。

**畢：** 我們在渤海灣的都是香港人。

**宋：** 一旦特首同意後，我們可制定一個計劃，我們上海開始就是試運行，公眾要求不太高，餘地較大，試運行期間可以訓練和培訓。

**畢：** 沒有問題。

**宋：** 語言是個很大的問題，需要翻譯，要配廣東翻譯。

**畢：** 飛行員、空勤員溝通問題，我們的飛行員都是會講普通話，我覺得這個不很大問題，如果我們飛行時，有上海的這種語言環境，沒有甚麼問題，開始時需要上海方面說明。

**宋：** 派兩架，我們自己一架，租一架差不多，珠海帶副駕駛，英語可以，普通語可以。

**畢：** 如果近期能夠得到高層的批復，這個事很快可以開始，如果你們決定後，早一點告訴我們，如果兩架 C 就要全部是 C，如果 A 就要 A，如果一架和另一架不一樣，因為這兩種有一點點不同，飛行可以開始，最好相同類型，但是如果有防冰（霧）系統，我們喜歡用 A，以防雪為主，定下後高層通知。

**宋：** 我們已經訂購。

**畢：** 很小的問題，可以用飛行隊的裝備，不用擔心。

**宋：** 首先，談基礎都在上邊溝通後，先看飛行隊自己人力上夠不夠，下一步打算渤海灣申請 4 架，不可能明年到貨，交流時間可商量，看香港的條件，不希望影響香港飛行隊的運作，先談四個月，一旦開始救助後，這項工作就不能停了，秋冬季渤海灣最嚴峻。

**畢：** 我考慮很深，向你保證與我們合作開始後對於我們的工作是沒有影響的，有 23 個飛行員有 20 個全面合格，三年前才有 15 個是合格的，現有足夠的人手做我們的事，給你們做也是政治問題，雖然我們認為沒有問題，但是香港有官員和市民問這個問題，萬事開頭難，所以我們向我們領導提出時間是四個月這樣領導好接受，當我們完成四個月後，在四個月我們會跟你們飛行員做很多事情，到那時減一個飛行員我們好跟領導講，我們在大連加強培訓後，慢慢會成為我們今後的交流模式，四個月是我們的交流起點，時間長領導難以接受。

宋：保險問題。

畢：我們的保險不包括在渤海灣的飛行，你們要給我方人員上保險。

宋：內地的保險很低，我們還要跟"人保"去談，詢問一下你們的保費是多少？

畢：300 萬元，我在香港買能否在香港加保國內保險，要跟香港聯繫費用問題。

宋：增加的部分由我們出；往返交通、住宿都沒問題，需要飛行隊提出條件，列入到渤海灣考察的一個項目，因我們用土城子軍用機場條件要差一點，但是，我們可以安排，除值班外住旅順安排公寓式的，要盡力接近香港標準，我們陪同你們轉大連、煙台等地區。

不能在基地值班，有事過去，我們不知，現在時間不好說，如果天氣和性能沒問題，我們飛行員認為時間都可以，也就是說我們在值班前要做一個完整的計劃，如果飛行員放在旅順是可以的，其中要包括一些培訓計劃。

一、介紹改革形勢和飛行隊建設。飛行沒有經驗從部領導的想法，國內沒有能力，沒有學校，沒有標準。建立長期關係是我們的願望，部領導講帶感謝，讓我代表表示感謝。

二、合作意向。有一種計劃是一種合作固定的制度。我想還是要從港澳辦高層做工作。

三、購買飛機也要幫助。聯合邀請在 9 月 23-26 英國劍橋，部裏組團，我做團長，團員都是國務院重要的人員，2 名費用我們負擔。因惑是體改委讓我們買國產的。

畢　發表我的意見：

我講過宋局長把我當自己人

關於建立合作，高層溝通後，三個方案一定可以實現的，現在迫切的去英國的問題，畢總推薦蔡機長參加的模式，以電告港政府派出、費用由香港政府出，如果你們來辦手續複雜。

　　關於選購飛機類型，我們樂意與你們分享經驗，很光榮參加你們的工作，我們希望達到你們對機種的要求。他們會盡力解釋你們購機的問題。直九不合適，一定要購外國的機型，會給你們解釋清楚，最重要是你們上層的批准。

宋：我有一個建議，等上層溝通好了，我們就可以進行了，但還是一個定購數字，港澳辦溝通後我們再深入討論後形成一個計劃。

宋：想聽畢總意見，香港對我們支持，我們應照顧好香港人。

畢：香港政府有既定的政策，飛行員工資香港的高，你們的吃住行和津貼，公務員出外，大約每天 1000 元（港幣）。

宋：我個人認為沒有問題。

一、3-4 名機長，絞車 2 名，救生 2 名，1 名機務。（畢總）在公文上比較容易接受，等批准後就是交通部讓我們運作，不能派太多人，公文上這個數字最合適，但以後我們商量。

二、值班問題，香港來人後，以你們為主，我們為輔，合作開始前我們有一個完整的計劃。

# 紀念香港政府飛行服務隊創建十周年賀信

香港政府飛行服務隊全體同仁：

值此貴方創建十周年之際，我代表交通部救撈局向你們表示熱烈祝賀並致以最親切的問候！

十年來，全體同仁以專業知識、敬業精神、同心協力、竭誠為市民及政府提供優質的 24 小時的飛行服務，在搜索及拯救、空中救護、警務支援、滅火等服務方面做出了卓有成效的工作，被世人公認為優秀的空中搜救及飛行支援部隊，為我們國家和香港政府飛行服務隊爭得了榮譽。

今天，我還要特別提到：承蒙香港特別行政區政府及飛行服務隊全體同仁的上下共識、無私相助、鼎力相輔，交通部救撈局上海飛行隊已經基本具備了目視條件下的海上搜救能力。我為香港政府飛行服務隊全體同仁的民族意識、愛國精神和高尚品德而感動。為此，我再次向你們表示衷心的感謝！

隨着香港和內地的經濟發展，我國的海運事業和海洋經濟將會更加繁榮。作為一支空中飛行服務隊伍，我們將共同面臨新的機遇和挑戰，任務將更加繁重。讓我們共同攜起手來，以"'為市民和政府服務'和'人命救助'"為己任，互幫互助，增進友情，加強交流，安全穩妥，提高水平，效率超卓。為香港和內地的繁榮和安全穩定做出我們的貢獻。

2003 年 7 月 9 日

# 交通部救助打撈局與香港政府飛行服務隊
# 技術交流合作會議紀要

　　2004 年 2 月 13 日，交通部救助打撈局與香港政府飛行服務隊在北京召開了 2004 年及以後雙方技術交流合作工作會議。香港政府飛行服務隊（下稱飛行服務隊）總監畢耀明先生、高級空勤主任蔡照明先生、高級機師胡偉雄先生、高級機師陳志培先生，交通部救助打撈局宋家慧局長、丁平生副局長、飛行調度中心李芳田主任、趙璐、孫岳副主任參加了會議。現紀要如下：

　　首先丁副局長對飛行服務隊給予我部人才技術上的無私幫助和鼎力支持表示衷心的感謝，特別是飛行服務隊參加渤海灣海上的救助工作，隊員們克服了許多難以想像的困難，堅持在渤海灣救助的第一線，對飛行服務隊隊員這種對祖國的熱愛及高尚的敬業精神感到由衷的敬佩。對畢總監在百忙之中為我部救助飛行隊發展擬制的各類專業人員長遠培訓計劃表示感謝。鑒於我部海上立體救助的快速發展，對各類技術人員的需求不斷增大，丁副局長介紹了我部救助飛行隊發展的現狀和 2004 年技術交流合作計劃，以及我部救助飛行隊建設發展的思路。畢總監一行仔細聽取和研究了我部的情況介紹和雙方技術交流合作計劃，認為 2004 年技術交流合作計劃是基本可行的，並對我部救助飛行隊發展建設及雙方技術交流合作等問題，答覆及提出建議如下：

一、關於交通部救撈局飛行員的訓練問題

　　（一）為了滿足對救撈局飛行員的改裝訓練需要，要盡力辦好飛行
　　　　　服務隊機長的任教資格許可事宜；

（二）同意在上海進行 6-8 名軍轉飛行員的 S-76C+ 機型改裝和海上基本搜救技術訓練；

（三）如果一切條件具備（駕照和場地），同意在大連完成 2 名進行改裝訓練飛行員的機型改裝訓練；

（四）考慮到救撈局需要訓練的飛行員人數較多，建議，6 名新飛行員，分批派往國外（英國、美國）進行訓練，完成培訓課程後，考取香港駕照在飛行服務隊進行海上搜救基本技術訓練，飛行服務隊願意在人員的選拔和國外訓練學校的選擇上給予幫助。

二、關於絞車手、救生員、機務人員的訓練問題

（一）同意 2 名絞車手及 6 名經挑選的新救生員分 2-3 批，會在較短的時間內安排在飛行服務隊，每批接受 6-8 周救生員、絞車手畫間搜救基本技術訓練後，再在飛行服務隊實踐 2-3 個月，以鞏固已學技能及積累經驗；

（二）同意挑選 2-3 名今年能夠拿到工程維護基礎執照、有潛力的機務維護人員，視取證情況在飛行服務隊，接受 6-8 周的提高訓練，飛行服務隊將參與對上述人員的挑選工作；

三、關於飛行服務隊參加渤海灣救助問題

根據去年內地和香港高層協調的意見，為幫助內地加強渤海灣冬季海上人命救助工作，發揚人道主義精神，飛行服務隊於 2003 年 11 月 21 日到大連參加渤海灣海上救助工作，按計劃將於 2004 年 3 月底結束此次渤海灣海上救助工作。交通部救撈局希望飛行服務隊 2004 年冬季仍能參加渤海灣海上救助工作。飛行服務

隊表示，2004 年冬季願意繼續與交通部救撈局合作，參加渤海灣海上救助工作，關於今年冬季渤海灣海上救助採取何種合作方式，待飛行服務隊返港研究後，再行商議。

四、關於長期合作的幾點提議

（一）關於交通部救撈局與中信海直三年執管協議到期後的救助飛行隊建設問題，飛行服務隊願意在行動指揮、管理和技術人員方面提供幫助，考慮到飛行訓練的連續性，本次會談返回香港後，會做出研究及提出一個救助飛行隊中長期建設規劃；

（二）經過飛行服務隊隊員在大連參加渤海灣海上救助及訓練的實際情況，認為飛行訓練要有一個合適的機場配套；要有一個合適的跑道；要有一個合適的氣候；認為大連的冬季不適合進行飛行訓練，上海或香港是進行飛行訓練最為適合的地點；

（三）根據海上救助飛行高風險、高技術、高難度、高標準的特點，畢總監特別強調，在選拔機組人員時，由於要達到一定專業水準及技術資格，有可能不會是百分之百的符合海上拯救的要求而有所淘汰，希望我部能夠認識到這一點，而飛行服務隊會對交通部救撈局空勤及其他崗位人員的選拔工作給予全力幫助。

為使今年的交流合作計劃順利展開，我部將努力為飛行服務隊 2 名高級機師辦理 S-76C＋ 機型教員機長飛行許可，以及保持飛行技術所需要的訓練，適時安排模擬機訓

練；抓緊進行各類專業人員的挑選工作，進一步研究落實
技術交流計劃的具體細節，努力實現 2004 年各項技術交流
合作的目標。


        簽字：畢耀明        簽字：宋家慧

        香港特別行政區      中華人民共和國

        政府飛行服務隊總監   交通部救助打撈局局長


                        2004 年 2 月 13 日

## 關於陪同香港保安局一行考察渤海灣
## 周邊機場及會談情況的報告

洪副部長：

2003 年 10 月 12 日至 14 日，根據我局與香港特區政府保安局達成的意向，宋家慧局長和丁平生副局長陪同香港特區政府保安局一行六人考察渤海灣周邊機場。香港考察組的人員有：保安局首席助理秘書長陳鄭蘊玉女士、助理秘書長衛懿欣小姐、政府飛行隊高級空勤主任蔡照明先生、一級飛行員王俊邦先生、機務工程師陳偉強先生、三級空勤主任李健祥先生。他們此行的目的是考察大連周水子國際機場、大連警用直升機機場、煙台萊山國際機場和蓬萊沙河口機場是否具備今冬救助直升機執行海上救助任務的條件。經過實地考察，香港飛行隊人員一致認為大連警用機場和蓬萊沙河口機場不符合今冬救助直升機的使用要求；大連周水子和煙台萊山機場均符合救助直升機的起降要求，只是都缺少機庫和維修用房，針對這個問題兩個機場都表示願意想辦法幫助解決。考察機場後，10 月 15 日我們與香港特區保安局陳鄭蘊玉女士一行就今年冬季在渤海灣雙方開展技術交流相關問題再次進行了會談。具體情況如下：

一、考察機場情況

　　(1) 大連周水子國際機場

　　　　周水子國際機場是軍民合用機場 (與空軍合用，空軍在西頭有一塊停機坪)，擁有 3300 米東西向跑道一條，每日最多起降 160 架次。除了戰時，平時空軍訓練飛行讓民航飛機。周水子機場願意將最東邊的兩個機位給我們使用，也可以根據我們的要求把直升機停在西邊與空軍停機坪交界處空地，旁邊的大型車庫可改裝成機庫或維修用房。候機室走向與跑道平行，東側有四星級機場賓館，可供住宿和辦公使用，用餐可在賓館旁邊的機場工作人員餐廳。當香港飛行人員問起平時訓練的申請時間及機場空管人員與飛機通話用語等問題時，周水子機場回答是：平時訓練只需提前一天申請就行，空管人員與飛機通話一律用英語或普通話，香港人希望用英語。

(2) 大連警用機場

該機場在大連市金石灘開發區公路邊，現有的 200 畝土地上有一條 200×40 米跑道，一個機庫，其他任何設施都沒有，無機場使用許可證。

(3) 煙台萊山機場

該機場是民航與海軍航空兵合用機場，有一條東西向 2600 米跑道，海航在東邊。機場表示把我們直升機放在東邊海航的停機坪，人員住宿辦公在機場西邊的機場賓館 (還未竣工)，市府人員表示：如覺機場住宿條件不好，也可住在市區 (如這樣，遇救助會耽誤時間)。關於機庫，海航表示把現已廢棄的老倉庫式的磚結構的機庫改造開個門供我們使用。

(4) 蓬萊沙河口機場

該機場位於蓬萊風景區，是山東省航空公司為開發蓬萊旅遊而建，由於遊客一直不多而閒置。有一條南北向 950 米跑道，一排簡易房用於候機、機場管理人員辦公和住宿。機場只能用於目視飛行，不具備儀錶飛行的條件。跑道沒有助航燈光。

(5) 考察意見

經考察上述四個機場，香港飛行技術人員認為：

1. 大連警用機場和蓬萊沙河口機場不具備今冬救助直升機執行任務的條件，不能考慮租用。

2. 周水子和萊山機場都為成熟機場，都具備我們直升機的起降要求，都可以考慮。

3. 周水子和萊山機場都沒有現成的維修機庫供我們使用，這個問題要解決，因為要保持直升機處於適航狀態，維護保養是必不可少的。

(6) 建議

從機場管理水平和配套生活設施條件等方面看，大連周水子機場要優越一些；從使用機場審批角度看，周水子是空軍與民航批，萊山是海軍、空軍與民航批，後者要麻煩一些，加上 8 月份我部曾為使用大連土城子機場給海航發過一文，海航至今沒有答覆，可見與海航合作心中沒底。為實現 11 月在渤海灣使用直升機救助的目標，建議申請使用空軍周水子國際機場，空軍作戰部已口頭表示同意。


二、與香港特區政府保安局北京會談情況

10 月 15 日，香港特區政府保安局陳鄭蘊玉女士、助理秘書長衛懿欣小姐、政府飛行隊高級空勤主任蔡照明先生，就此次渤海灣考察與我局在部裏再次進行了今冬渤海灣海上救助雙方開展技術交流相關問題的會談。

首先，雙方就這次考察情況和問題進行了溝通，並給我們在使用機場方面提出了建議。隨後，宋家慧局長介紹了這次寒流，渤海灣發生多起船舶遇險和人員失蹤的情況，分析了渤海灣海上船舶航行安全形勢，迫切需要加強救助力量。保安局陳鄭蘊玉女士對渤海灣船舶航行安全的嚴峻形勢表示理解，重申了保安局對雙方即將開展的技術交流活動支持的態度，為了雙方合作的順利展開，建議：

(一) 在人員方面，可以派 2 名機長、2 名工程人員、1 名絞車手；

(二) 在交流形式方面，為避免香港民眾的疑慮，可以看成是對以往技術交流的回訪和鞏固訓練成果的一般性技術交流，時間暫定為 4 周左右，根據技術交流情況和香港情況再考慮延長時間問題；

(三) 技術交流的內容，繼續提高空勤人員的海上救助技能，觀察、評估海上救助過程，是否達到技術要求，一旦在訓練中遇到實際救助，我們的人員會發揮專業人員應該起到的關鍵作用；

(四) 我們雙方的交流不僅限於在渤海灣，從長遠的方面考慮，各類專業人員都可以進行交流，也可以繼續在飛行服務隊總部進行技術交流，原則上同意每年 2 次的互訪交流，定期和不定期地進行海上救助技能交流研討會的建議。

最後，宋家慧局長表示：完全理解同意以上建議，我們會盡力落實飛行服務隊人員來內地後各方面的保障工作；在宣傳上低調處理，並及時與香港方面進行溝通。

10 月 19 日，飛行服務隊的 2 名機長已到我部上海海上救助飛行隊進行機型改裝訓練，拿到民航註冊後，即可來內地飛行。

妥否，請批示。

2003 年 10 月 20 日

## 關於進一步加強與香港特區飛行服務隊交流與合作

國務院港澳事務辦公室：

　　近年來，渤海灣連續發生多起客滾船沉沒的重大事故，造成嚴重的人員傷亡和財產損失，在國內外造成很大影響。為加強海上救助力量，保證該海區遇險人員的生命安全，我部計劃於 2003 年 11 月 1 日在渤海灣海區實施空中海上救助服務。

　　我部上海海上救助飛行隊於 2001 年 3 月正式成立。上海海上救助飛行隊自成立以來一直與香港政府飛行服務隊保持着密切的往來，並在其大力支持下，先後為上海海上救助飛行隊培訓了 2 批 15 人次，效果良好。目前，上海海上救助飛行隊在東海海域正擔負着一定條件下的海上救助服務。

　　為進一步加強與香港政府飛行服務隊交流與合作，搞好渤海灣空中海上救助服務，我部救撈局曾與香港政府飛行服務隊有過接觸。香港飛行隊總監畢耀明先生曾派高級空勤主任蔡照明先生和機長胡偉雄先生專程來京，了解情況，他們表示，在技術上是可行的。為此，我部就臨時使用外籍或香港飛行力量在渤海黃海執行直升機救助任務致函總參謀部，並得到總參謀部同意香港政府飛行服務隊人員在渤海灣執行救助的函複。

　　8 月 26 日，我部救撈局與香港政府飛行服務隊在深圳再次進行了商談，政府飛行服務隊方面表示，雙方在渤海灣的交流與合作，不存在技術問題，在得到政府高層溝通批准後，政府飛行服務隊人員將參與我部在渤海灣執行海上空中救助服務，幫助我部人員提高海上救助技能，開展技術交流等活動。

經雙方商定，香港政府飛行服務隊人員在內地工作期間，保險費用需要加保的部分和津貼由我部支付，交通和食宿問題，由我部盡力按照香港標準解決。

　　鑒於上述情況，為了加快渤海灣海區空中海上救助服務的建設，充分借鑒香港海上救助方面的寶貴經驗和專業技能，特請貴辦致函香港特區政府行政長官辦公室，進一步加強我部海上救助飛行隊與香港政府飛行服務隊之間的交流與合作，並希望香港政府飛行服務隊對我渤海灣海區飛行隊伍建設和服務給予指導和幫助。如蒙特區政府同意，我部救撈局和香港政府飛行服務隊將制訂出具體的實施方案。

　　特此。

## 張春賢部長在香港政府飛行服務隊隊員
## 返港歡送宴會上的祝酒辭

朋友們，同志們：

中午好！首先，我代表交通部，熱烈歡迎各位光臨！

又是一年春好處，渤海海峽隱去了驚濤駭浪，初顯旖旎風光。香港政府飛行服務隊隊員圓滿完成在渤海灣的飛行合作任務，即將返回香港。五個月來，隊員們辛勤工作，參加了包括"利達洲18"號油輪在內的數次重要任務，保障了渤海海域一方平安，也為內地同胞留下了高尚的民族精神、先進的管理理念和精湛的專業技術。在此，我謹代表交通部，對香港特區政府、香港政府飛行服務隊和各位隊員，以及自始至終給予此次合作以關心和支持的各級領導和同志們致以衷心的感謝和誠摯的問候！

渤海灣救助飛行合作是"一國兩制"思想在新世紀的具體運用，也是落實中央"建立健全各種突發事件應急機制"指示的重要實踐。此次合作，只是一個開始，在國務院、軍隊、香港特區政府以及內地各級地方政府的指導和支持下，內地和香港的飛行合作將會步入更為廣闊的空間。讓我們再接再厲，為保障海上人命安全，建設"負責任的政府"多做貢獻！

最後，我建議大家舉杯，為香港政府飛行服務隊隊員旅途順利，為祖國內地、香港的進一步合作，為在座各位的身體健康，乾杯！

# 交通部救助打撈局與香港政府飛行服務隊合作交流編著

中華人民共和國交通部救助打撈局與香港特別行政區政府飛行服務隊會談紀要（第一次）。

2001 年 11 月 28-29 日，中華人民共和國交通部救助打撈局（下稱救撈局）局長宋家慧先生與香港特別行政區政府飛行服務隊（下稱飛行隊）總監畢耀明在香港就飛行隊幫助救撈局培訓海上救助直升機飛行員、空勤人員、地勤人員、其他專業技術人員以及救撈局組建內地直升機飛行隊有關其他問題舉行了會談，現紀要如下：

## 一、建立合作關係

會談前，11 月 27 日，宋家慧先生專程拜會了香港特區政府保安局局長葉劉淑儀女士。宋局長介紹了內地建設海上專業救助直升機隊伍的重要性和必要性，以及目前直升機專案建設的一般情況、建設進度等，並就當前遇到的飛行員和專業技術人員的培訓問題，提請飛行隊給予協助。對此，葉局長表示理解並支持，但提出此項培訓不應影響飛行隊自身所承擔的正常任務，並希望雙方的合作能夠不斷加強，並視時由服務隊派員對內地有關海區進行實地的考察和交流。

會談中，飛行隊對此表達了積極熱誠的態度，他們表示支持內地組建救助飛行隊，並非常願意協助有關的培訓工作。他們將針對合作問題，做相應的準備工作，如將 S-76 直升機的訓練手冊和有關技術手冊等資料譯成中文本等。

救撈局和飛行隊雙方商定在香港培訓內地海上救助直升機飛行人員和其他技術人員。

飛行隊希望能儘早開始此項培訓，並最好能在 2003 年飛行隊全面更換新機型（飛行隊將在 2003 年更換掉現裝備的中輕型直升機）前完成培訓工作。

飛行隊還提出應選派年輕並具有飛行經驗的飛行員赴港培訓，其應持有中國民航頒發的駕駛執照，能用英語進行日常交流，掌握游泳技術等。

救撈局表示理解並同意上述建議。並提議在潛水夫隊伍中選拔空勤人員（救生員、絞車手）。

飛行隊對此表示贊同，並建議應儘快着手進行。

二、培訓計劃安排

救撈局對飛行隊提出的《2002 年飛行員培訓計劃"初稿"》表示原則同意，待其中有關細節進一步完善後執行。

雙方商定，在港培訓分兩批進行，2002 年 8 月前完成。

內地每批派出飛行員 2 名，空勤人員 2 名，機務人員 2 名，管理人員 1-2 名，時間 2-3 個月。

三、培訓內容

救撈局提出了飛行員、空勤人員、機務人員等的培訓內容和期望目標。

（一）飛行人員（正、副駕駛）

培訓內容：

機型改裝訓練和基本駕駛技術（起飛、降落、野外降落、懸停、航行、空域、儀錶、領航）。

晝間基本救助飛行技術（航行、搜尋、懸停、平台降落、救助）。

晝間本機種最大救助能力飛行技術；:

介紹儀錶救助飛行技術（夜間一般氣象和晝夜複雜氣象飛行技術、航行、搜尋、懸停、救助）。

期望目標：經過以上培訓，我方希望飛行人員能夠基本掌握直升機海上救助和利用機載設備完成儀錶救助飛行的技巧，增加海上飛行經歷，為今後救助工作打下基礎。在送培飛行人員中應盡可能按照機長、副機長方式進行培訓。

(二) 空勤人員（絞車手、救生員）

培訓內容：

直升機機載救助設備的理論和實際操作訓練（原理、結構、絞車收放、救生技術）；

海上救助技術理論和實際海上救助訓練（理論和海上救生實操演練）；

期望目標：經過培訓，應掌握海上救助的基本方法、技巧，能夠獨立完成一般救助任務，在培訓中應學習基本技能的培訓方法，為回隊後培養的其他人員的訓練創造條件。因國家沒有相應取證工作，所以受訓人員培訓後，各方面技術應得到香港飛行隊的認可。

(三) 機務人員

培訓內容：

本機型常規維護技術訓練；

本機型一般故障判斷、排除和外場維修；

積累實際維護直升機經驗；

期望目標：經過培訓，應掌握機種維護的一般程式、方法，對直升機常見故障能夠排除，了解直升機各種專業設備的維護方法，對直升機易損件有一定了解。

完成上述培訓內容後，雙方還將在訓練飛行和執行海上拯救飛行任務的組織指揮、保障和安全等方面進行進一步的技術交流。

對此，飛行隊表示，可以按這個思路作出具體的培訓計劃和實施細則。並希望雙方能夠緊密配合，協同工作，一起把此項培訓工作做好。

四、培訓經費

對於相關的費用，救撈局提出：

（一）救撈局派往香港的受訓人員，其食宿、交通及工資等各項個人費用，由派出單位自理。

（二）考慮到海上人命救助工作是社會公益性事業，十分重要，而內地的海上救助直升機隊伍剛剛組建，已投入了大量的人力物力，為使這支隊伍能夠儘快成長起來，及時投入使用，建議香港方面考慮免收赴港受訓人員的培訓費用。

對此事，飛行隊表示會向有關政策局提出以上要求，並建議雙方按各自的程式將上述關於費用的提議報告各自的有關部門。救撈局表示同意。

五、建立技術交流管道

雙方同意就為內地組建救助飛行隊及培訓海上救助直升機有關技術人員和今後兩地在海上的拯救合作，加強聯繫與溝通，建立技術交流管道。

雙方同意今年 12 月中下旬，邀請飛行隊首次赴上海進行技術訪問和交流。

會談始終在親切、友好、融洽的氣氛中進行。雙方一致認為內地沿海配備救助直升機，並培養相應的海上救助直升機飛行員和其他專業技術人員，將進一步促進建立我國海空立體救助體系。

　　救撈局對此次訪問交流期間保安局和飛行隊所作的周到細緻的安排表示衷心的感謝。

宋家慧　　　　　畢耀明

中華人民共和國　香港特別行政區

交通部救助打撈局　政府飛行服務隊

## 交通部救助打撈局與香港政府飛行服務隊
## 渤海灣技術交流合作（第二次）

　　2003 年 8 月，交通部救助打撈局與香港政府飛行服務隊在深圳進行了富有成果的洽談，就今年冬季在渤海灣使用直升機執行海上救助值班雙方開展技術交流的意向，進行了深入探討，雙方初步達成了一致意見，為進一步落實已達成的意向。經雙方確定，研究制定今冬渤海灣海上救助飛行技術交流合作方案：

　　經過雙方共同努力，渤海灣海上救助技術交流合作，可以按照雙方的預想進入到一個新的階段。為保證合作能夠穩妥、有效、安全地進行，我們的合作可以分為：進駐前的準備階段、救助飛行服務及技術交流階段、海上救助技能評估階段三個部分。以下是各個階段的主要工作：

一、進駐前的準備階段

　　（一）擬定於 10 月上旬對遼寧半島、山東半島進行考察，內容
　　　　　包括：

　　　　　1. 對擬進駐機場的保障設施、空域、飛行環境、辦公、住
　　　　　　 宿、交通進行考察；

　　　　　2. 了解渤海灣海區的地理、氣象、海況等特徵；

　　　　　3. 對渤海灣海區船舶航行特點及易發生事故船舶特點等進
　　　　　　 行考察；

　　（二）10 月下旬前完成熟悉直升機及內地飛行規則的準備：

　　　　　1. 了解進駐機場的相關資料和渤海灣地區航空管制規則；

　　　　　2. 在上海高東機場進行直升機訓練飛行；

　　　　　3. 雙方人員進行海上救助技能演練飛行。

（三）雙方人員共同研究制訂渤海灣海上救助值班計劃和培訓計劃；

（四）辦理飛行服務隊人員赴渤海灣飛行的相關審批手續；

（五）辦理飛行服務隊人員保險費用的附加保險部分；

（六）幫助我方配齊救助值班所需要的救生裝備。

二、救助飛行服務及技術培訓階段：

（一）執行救助值班飛行

1. 按計劃進行機組人員搭配，雙方應組成不少於 2 個機組的人員：

香港政府飛行服務隊 2 名機長、1 名絞車、1 名救生員；

上海飛行隊 2 名機長（副駕駛）、1 名絞車、1 名救生員；

2. 上海飛行隊調 2 架 S-76C+ 直升機到渤海灣執行值班待命任務，由香港政府飛行服務隊提出方案並組織實施；

3. 組織熟悉機場（含備降機場）環境、導航設備、進出場方法、海上訓練空域、救助海區環境等訓練飛行；

4. 協調統一救助飛行條件；

A 因為 S-76C+ 沒有防冰雪系統，因此，不能擔負已知降雪、結冰條件下的救助飛行任務；

B 原則上在沒有進行夜間訓練前，不擔負夜間海上救助值班，條件具備時，擔負 24 小時海上救助值班；

5. 與北海救助局進行救助程式的演練；

6. 香港政府飛行服務隊在渤海灣執行救助值班技術交流期間，不承擔任何政治、安全、經濟責任。

（二）開展技術交流培訓

1. 條件具備的情況下，飛行服務隊幫助制訂培訓計劃；

2. 對上海飛行隊的 2 名救生員進行絞車手訓練、2 名人員進行救生員訓練；

3. 帶飛 1-2 名飛行員的夜間海上搜救技能。

三、海上救助飛行技術評估階段

　　　　建議雙方在整個技術交流合作期間，建立正常聯繫管道，雙方領導對合作開展情況定期進行視察指導；飛行服務隊人員對我人員的專業技能進行必要的評估；飛行服務隊對我方北海救助局飛行隊的籌備工作進行技術指導和幫助。

四、關於雙方進一步開展技術交流的問題

(一) 建立一個長期合作交流機制。從交流的專案、內容、方式以及應達到的目標等方面制定出長期規劃。

(二) 成立飛行服務隊專家和我部人員組成的技術專家組。全面參與我部海上立體救助力量建設，對我部飛機選型、基地設置、飛行隊管理、專業救助技術提高等提出可行性意見和建議。

(三) 完善雙方各個層面的技術交流、學習、互訪，定期或非定期的往來機制。

　　上述擬訂的合作方案，希望經過雙方人員的深入研究和探討，能夠得到不斷充實和完善，並以此為雙方今後的交流合作奠定堅實的基礎。

　　　　　　　畢耀明　　　　　　　宋家慧

　　　　　　　香港特別行政區　　　中華人民共和國

　　　　　　　政府飛行服務隊總監　交通部救助打撈局局長

　　　　　　　　　　　　　　　　　2003 年 9 月 19 日

## 交通部救助打撈局與香港政府飛行服務隊
## 技術交流合作會議紀要（第三次）

　　2004 年 2 月 13 日，交通部救助打撈局與香港政府飛行服務隊在北京召開了 2004 年及以後雙方技術交流合作工作會議。香港政府飛行服務隊總監畢耀明先生、高級空勤主任蔡照明先生、高級機師胡偉雄先生、高級機師陳志培先生，交通部救助打撈局宋家慧局長、丁平生副局長、飛行調度中心李芳田主任、孫岳副主任參加了會議。現紀要如下：

　　首先，我部對政府飛行服務隊給予我部人才技術上的無私幫助和鼎力支持表示衷心的感謝，特別是此次政府飛行服務隊在大連參加渤海灣海區的救助工作，隊員們克服了許多難以想像的困難，堅持在渤海灣海區救助的第一線，對飛行服務隊隊員這種對祖國的熱愛及高尚的敬業奉獻精神感到由衷的敬佩。對畢總監在百忙之中為我部救助飛行隊發展擬制的各類專業人員長遠培訓計劃表示感謝。鑒於我部海上救助飛行的快速發展，對各種專業技術人員的需求不斷增大，在分析我部海上救助飛行隊組建以來專業技術人員培養現狀的基礎上，依據畢總監《關於交通部救助飛行隊飛行員、絞車手、機務人員長遠培訓計劃》的建議，以及此次雙方在渤海灣成功的合作。會議重點研究了 2004 年雙方技術交流合作計劃，並達成一致意見。具體計劃如下：

一、2004 技術交流合作專案
　　（一）爭取完成 6 名新飛行員的 S-76C+ 機型改裝訓練；
　　（二）爭取完成 2 名軍轉飛行員機長位置上 S-76C+ 的改裝、晝間搜救基本技術訓練；

（三）完成 6-8 名軍轉飛行員的 S-76C+ 機型的改裝訓練；

（四）完成 2 名救生員改絞車手的晝間搜救基本技術訓練；

（五）完成 6 名新選拔救生員的晝間搜救基本技術訓練；

（六）在準備考取航空維護執照的機務人員挑選 2-3 名，按機身／發動機、航電、品質檢查、計劃及工程管理，進行專業技術提高訓練；

（七）2004 年冬季繼續請政府飛行服務隊派人到大連幫助指導渤海灣的海上救助工作。

二、內容、時間、地點安排

（一）飛行人員的訓練

1-2 名軍轉飛行員爭取在大連完成 S-76C+ 機型的改裝訓練，5 月份在上海進行晝間基本搜救技術訓練；

2-6 名新飛行員及軍轉飛行員，5 月份在上海（暫定）開始進行 S-76C+ 機型改裝理論、基本駕駛術的訓練。

（二）絞車手、救生員的訓練

1-2 名絞車手爭取在大連完成絞車手場內基礎訓練，4 月上旬在香港政府飛行服務隊，接受 6-8 周絞車手晝間海上搜救基本技術訓練；

2-6 名經挑選新救生員分 2-3 批，4 月上旬在香港政府飛行服務隊，每批接受 4-6 周救生員晝間搜救基本技術訓練；

（三）機務人員的訓練

挑選 2-3 名今年能夠拿到工程維護基礎執照有潛力的機務維護人員，適取證情況在香港政府飛行服務隊，接受 6-8 周的提高訓練赴港深造。

三、長期合作設想

　　　　鑒於我們雙方日愈加深的交流合作關係，各個層面上的交流更加密切頻繁，需要建立一個更加緊密、快捷的聯絡管道和定期交流制度。為此建議：

（一）雙方相對固定機構和人員，確定固定的聯繫管道，定期進行商議，研究落實交流事項；

（二）我部與海直公司三年執管協議 2004 年到期，考慮到我部不論是在專業技術人員，還是在管理方面都還需要政府飛行服務隊的支援和幫助，望能協助我部制定中長期救助飛行隊建設規劃；

（三）為實現今年交流計劃，我部將繼續為政府飛行服務隊 2 名高級機師辦理 S-76C+ 機型教員機長飛行許可，保持飛行技術所需的訓練，納入我部飛行員訓練的計劃。

　　上述技術交流合作計劃，請雙方在此計劃的基礎上，研究落實技術交流計劃的具體細節和安排，努力實現 2004 年的各項交流合作專案。


　　　　　　畢耀明　　　　　　　宋家慧

　　　　　　香港特別行政區　　　中華人民共和國

　　　　　　政府飛行服務隊總監　交通部救助打撈局局長


　　　　　　　　　　　　　　　　2004 年 2 月 13 日

## 交通部救助打撈局與香港政府飛行服務隊
## 技術合作第四次協商會會議紀要（第四次）

　　2004 年 9 月 1 日，交通部救助打撈局與香港政府飛行服務隊在成都召開了雙方技術交流合作第四次協商會議。香港政府飛行服務隊（下稱香港飛行隊）總監畢耀明先生、高級空勤主任蔡照明先生、高級機師陳志培先生、行動組助理經理蔡德文先生，交通部救助打撈局宋家慧局長、丁平生副局長、飛行調度中心李芳田主任、孫岳副主任、人事教育處葛曉慶助理調研員參加了會議。會議在親切、友好、融洽的氣氛中進行，雙方愉快地回顧了三年來成功的技術交流與合作，宋家慧局長首先對香港飛行隊三年來對交通部建設海空立體救助體系給予無私的支援和幫助表示衷心地感謝！並高度讚揚了香港飛行隊在 2003 年冬季派出飛行人員、空勤人員和專家幫助交通部圓滿地完成了渤海灣救助任務，同時代表交通部張春賢部長向他們授予了金質獎牌。畢耀明總監對交通部給予他們在雙方技術交流合作及在渤海灣工作的肯定、讚揚和獎勵表示感謝！並表示他們將一如既往地支持和幫助交通部建設海空立體救助體系，進一步將雙方的技術交流合作推向深入。雙方就 2004 年冬季香港飛行隊繼續派出飛行人員、空勤人員和專家到渤海灣幫助交通部執行海上人命救助任務、雙方技術交流與合作五年規劃和交通部海上救助飛行隊建設等問題進行了洽談，並達成了共識。現紀要如下：

一、關於香港飛行隊繼續派員協助渤海灣救助問題
　　根據渤海灣海域冬春季節風大浪高、海況惡劣、海難事故多發的特點，加強該海域冬春季節的人命救助工作是保障海上交通運

輸、安全生產的需要，是以人為本、救生救難、發揚人道主義精神的需要。為保證在第一個寒流到達渤海灣之前加強渤海灣的立體救助力量，確保海上運輸生產人命安全。雙方協商了 2004 年冬季香港飛行隊繼續派機組協助渤海灣海上救助工作，香港飛行隊再次表示能繼續為祖國內地的海上救助工作做出貢獻感到十分榮幸和光榮。交通部救撈局對此表示衷心感謝和讚賞，鑒於香港政府飛行服務隊到國外培訓任務較重，只有 10 名飛行員在港擔負值班任務，人員緊張，安排機師和空勤人員到渤海灣協助執行人命救助任務困難較大，畢總監表示回香港後進行深入研究和籌畫，並儘快回饋意見，以便妥善解決今年冬季的渤海灣人命救助問題。

二、關於制定雙方五年技術合作規劃問題

會議討論了經雙方共同研究起草的《交通部救助打撈局與香港政府飛行服務隊五年技術合作規劃》，雙方一致認為在中央政府和香港特別行政區政府領導的直接關懷和大力支持下，交通部救助打撈局與香港政府飛行服務隊在各個領域的交流合作日益擴大，經過香港飛行隊的無私支持和幫助，交通部救助飛行隊的海上救助工作取得了長足進步。幾年來，雙方人員往來頻繁，技術交流合作不斷深入，取得了成功的經驗。為建立雙方長期、穩定的技術交流合作關係打下了堅實的基礎。依據香港飛行隊為交通部救助飛行隊發展擬制的《中國海上搜救服務的長遠發展大綱》及雙方已簽署的交流合作檔，制訂雙方五年技術合作規劃的時機已經成熟，是符合雙方長期合作交流需要的。雙方對《交通部救助打撈局與香港政府飛行服務隊五年技術合作規劃》達成了共識，並簽署了這個規劃。

三、關於珠江口和粵東粵西及南海海域人命救助問題

會議討論交通部在珠江口建立救助飛行隊的可行性和雙方聯合執行珠江口、粵東、粵西及南海海域的人命救助工作問題。2001年月 11 月，宋家慧局長訪港期間拜會香港特區政府保安局時任局長葉劉淑儀女士時，葉女士曾建議，珠江口海域使用直升機進行人命搜救任務可由香港政府飛行服務隊承擔。珠江口及廣東沿海屬海上事故多發海域，交通部救助打撈局已在該海域部署了多艘救助船舶擔負海上人命救生任務。同時，正在醞釀在珠江口建立海上救助飛行隊的問題。香港政府飛行服務隊對此表示理解，並再次表示希望珠江口、粵東、粵西海域使用飛機進行人命救助任務能由香港政府飛行服務隊承擔，他們有信心、有能力完成任務。為此，香港政府飛行服務隊建議交通部可不在珠江口水域建立救助飛行隊，以集中精力建設沿海其他救助飛行，珠江口水域的海上搜尋救助和安全環境監視仍由香港政府飛行服務隊承擔。交通部救撈局對香港飛行隊的建議表示贊同。為加強雙方在珠江口及廣東沿海的救助合作，雙方同意在適當時候舉行一次船機協同救助演練。

四、交通部對李少光先生就任香港特區政府保安局局長以來，一直十分關心祖國內地海上立體救助事業的建設，全力支援香港政府飛行服務隊與交通部救撈局的技術合作，雙方就李少光局長今年下半年來北京、大連等地考察海上立體救助體系建設問題進行了商榷。

五、會議探討了雙方互派人員進行立體救助管理研修問題，香港政府飛行服務隊擬派人到交通部救撈局飛行調度中心進行短期研修，

交通部救撈局也提出擇時派員到香港政府飛行服務隊進行研修，互相了解、互相學習、交流經驗、共同提高。

六、雙方商定擬在 2005 年初，在內地共同舉辦一次海上立體救助論壇，邀請國內外專家和同行參加，交流經驗、擴大交往、共謀發展。

七、宋家慧局長受交通部張春賢部長的委託，代表張部長向 2003 年冬季在渤海灣執行救助任務的 7 名香港飛行人員、空勤人員和專家授予金質獎章。畢耀明總監代表香港飛行隊對交通部給予的榮譽表示感謝。

宋家慧　　　　　　　　畢耀明
交通部救助打撈局局長　香港政府飛行服務隊總監

2004 年 9 月 1 日

# 交通部救助打撈局與香港政府飛行服務隊
## 技術合作第五次協商會會議紀要（第五次）

2005 年 2 月 17 日，交通部救助打撈局與香港政府飛行服務隊在北京召開雙方技術合作第五次協商會議。香港政府飛行服務隊（下稱香港政府飛行服務隊）總監畢耀明先生、高級機師陳志培先生，交通部救助打撈局宋家慧局長、飛行調度中心李芳田主任等人員參加了會議。會議期間交通部徐祖遠副部長親切接見了香港政府飛行服務隊客人，代表交通部對香港政府飛行服務隊為內地空中救助事業所做的貢獻表示衷心地感謝！徐祖遠副部長高度讚揚了香港政府飛行服務隊對交通部立體救助體系建設給予的大力支持和幫助，並向畢耀明總監授予了"救撈勇士"獎章，畢耀明總監表示能為國家海上拯救事業服務感到無比光榮，並將一如既往地給予積極配合。會議圍繞交通部飛行員選拔與培訓、飛行基地建設、香港政府飛行服務隊參加內地海上搜救演習，以及落實雙方簽署的"五年技術合作規劃意向書"2005 年度合作項目和安排等問題進行了深入探討和研究，雙方並達成共識。現紀要如下：

一、關於交通部飛行員選拔與培訓政策問題

　　會議就陳志培機長在東海第一救助飛行隊工作一段時間後，總結交通部飛行員選拔與培訓的現狀，對交通部今後在制定飛行員選拔與培訓政策及培養途徑方式和配套措施等方面，提出如下意見：

　　（一）鑒於內地培訓飛行員資源缺乏，我部連續幾年培養的新飛行學員有多名不能得到連續的訓練，因此，建議招聘工作可暫緩進行，讓現有的學員有更多的機會接受培訓；今後招收的新飛行學員可採取送國外接受基礎飛行培訓，國內進行機型改裝後送有相同機型的單位飛行，積累一定飛行經歷後回飛行隊參加海上救助飛行的培養方式。

(二) 由於救援飛行相對複雜，建議重點招聘通用航空系統有資格的飛行員，這樣，可專注於機型改裝及搜救技巧訓練。

(三) 為滿足我部對優秀飛行員的需求，聘用條件應與市場掛鈎，要儘快確定飛行人員的工資福利待遇，尤其是要優先解決飛行員的家屬安置與住房問題，否則只能招到一些二流飛行員。

(四) 飛行訓練可分為改裝訓練與搜救訓練，改裝訓練因為要模擬演練中斷起飛，單發失效等故障，對飛機的損耗特別大，另一方面現代飛機的設計高度電子化，很多特殊情況處置專案不能夠在飛機裏面演練，訓練不夠全面，模擬機訓練是唯一有效的解決方法，建議機長每年到模擬機複訓及考核，而副駕駛則每兩年到模擬機複訓及考核。

　　針對陳機長這些建設性意見，宋局長表示贊同，並表示我們會在今後飛行員選拔與培訓工作中加以重視，特別是招收軍隊飛行員時要慎重，以及新飛行員院校畢業後，繼續飛行培訓能力低的問題，要認真研究制定選拔與培訓政策和計劃。關於飛行員模擬機訓練問題請陳機長幫助制定一個訓練方案。

二、關於飛行訓練基地建設問題

　　會上宋局長向香港政府飛行服務隊客人介紹了我部飛行隊和飛行訓練基地建設的設想和計劃，畢總監對宋局長關於渤海灣海域南北兩地飛行基地建設必要性的分析，以及由地方建設我使用的方式表示贊同，認為與地方政府聯合建設飛行隊，由地方政府完善飛行基地功能，在以執行海上人命救助任務為主，兼顧當地政府緊急公務飛行的發展模式，拓展飛行隊建設發展空間是進取的想法；並表示贊同在南方建設救助、飛行訓練綜合基地的構想，建議在考察的基礎上，要進行充分論證，特別是對基地的淨空條件、空域環境、軍民航空管限制等方面要重點考慮。

三、關於參加上海搜救演習問題

據畢總監介紹，已經接到香港特區政府海事處轉中國海上搜救中心，邀請參加 7 月份在上海組織的海上搜救演習，屆時香港政府飛行服務隊將派一架固定翼飛機和一架大型直升機參加。畢總監表示，為使這次演習取得圓滿成功，充分展示國家空中救助力量的發展，建議：

（一）香港政府飛行服務隊與交通部救助飛行隊共同組織、指揮和完成演習中空中救援科目的飛行。

（二）根據演習總體計劃，6 月份準備先期派固定翼飛機到上海，對演習的各項準備情況進行考察。

四、關於 2005 年度技術合作項目安排問題

根據雙方簽署的“五年技術合作規劃意向書”，結合當前的實際情況，就 2005 年度合作專案安排形成一致意見。具體計劃是：

（一）2-3 月份，由香港政府飛行服務隊機長陪同 2 名軍轉飛行員赴美進行模擬機訓練。

（二）3 月份，安排在美國 HAI 培訓畢業取得美國聯邦航空局 FAA 證書的 2 名新飛行員到香港政府飛行服務隊改裝超級

美洲豹直升機，在港飛行訓練時間為一年。

（三）5 月份，分期分批安排 7 名救生員、4 名絞車手到港接受晝間搜救基本技術訓練（其中一名救生員教員訓練）。

（四）上半年，組織人員 3-4 人到港一周，交流學習飛行服務隊規章制度建設和管理方面的經驗。

（五）下半年，安排 2-3 名軍轉飛行員、2 名新飛行員（在海直訓練）在內地由香港政府飛行服務隊陳機長進行 S-76C+ 機型訓練。

（六）6 月份，在內地由雙方共同舉辦"交通部、香港政府飛行服務隊海上立體救助實踐與發展論壇"，邀請國內外專家和同行參加，交流經驗、擴大交往、共謀發展；

（七）6-7 月份，組織雙方小型座談會，對交通部空中救助力量發展，提出意見和建議。

（八）下半年，飛行服務隊回訪各救助飛行隊，考察指導救助工作，檢查考核在港接受訓練人員的技能掌握情況。

（九）香港政府飛行服務隊希望在 6-8 月派人到交通部救撈局飛行調度中心進行短期研修，並希望做一些實際工作，以體驗交通部對救助飛行隊的建設和管理，同時為 7 月上海搜救演習作前期準備工作。

（十）關於參加 2005 年冬季渤海灣救助值班問題。畢總監表示會在認真評估的基礎上，加以考慮。

2005 年 2 月 17 日 於北京

# 交通部救助打撈局與香港政府飛行服務隊
## 技術合作第六次協商會會議紀要（第六次）

　　2005 年 9 月 7 日，交通部救助打撈局與香港政府飛行服務隊在長江就飛行員培訓、今年冬季渤海灣救助值班、東海第一救助飛行隊採用香港飛行隊管理模式等問題進行了探討和研究。香港政府飛行服務隊總監畢耀明先生、高級機師陳志培先生，交通部救助打撈局宋家慧局長、丁平生副局長，救助處朱寶柱處長、飛行調度中心孫岳參加。現紀要如下：

一、關於飛行員培訓問題

　　陳機長在《飛行員培訓策略建議》中提出：

(1) 交通部飛行隊已有 17 名飛行學員，根據目前的培訓能力，建議暫時停止招收新的飛行學員兩年。

(2) 計劃於 10 月份從中海直召回許凡、俞東詩、劉鵬進行 S-76C+ 副駕駛培訓。

(3) 於 10 月份派賈省周、夏春猛、白庚宇到中海直改裝 EC-155 型直升機積累飛行時間。

(4) 馮傳來、王斌、黃一民在中海直改裝 EC-155 型直升機繼續積累飛行時間。

(5) 王春萍、黃智斌、孫之美在託管公司進行 S-76C+ 改裝飛行並加入到該公司積累飛行時間；上述在中海直飛行的飛行學員將定期輪換到該公司飛行。

(6) 魏碩、董恩澤按計劃 10 月份送澳門港聯航空公司積累飛行時間。

(7) 沈迦南、張瑞、金浩在美國 HAI 完成培訓後，再視情況停留
2-3 個月，學習香港考取駕照的應用技術理論，取得香港駕照
並到飛行服務隊飛行訓練積累經驗。

(8) 潘偉、楊軍星在通過中海直培訓後，由王俊邦機長或飛行服
務隊其他機長做最後檢查，保證技術標準和飛行安全；郭正
偉的飛行技術已達到搜救機長標準，並已通過王俊邦機長的
檢查，經民航檢查後即可擔任海上搜救機長。

(9) 委託陳機長對高廣、李嘉、李春雨進行飛行技術評估，建議
救撈局按此排序引進。

關於飛行員引進和培訓問題，香港政府飛行服務隊意
見，鑒於交通部飛行隊已有 17 名新飛行員和 4 名早引進的飛
行員，基本可以滿足 4 架直升機的需要，當前急需採取措施
抓緊飛行員的培訓，要把有限的培訓資源用在這些人身上，
儘快培養出 4 名搜救機長，另外要考慮配專人負責管理這項
工作，要給飛行員提出明確的目標和應有的待遇。宋局長表
示，完全同意香港政府飛行服務隊的意見，希望上述建議一
經決定，沒有特殊情況就不要改變。

二、關於東海第一救助飛行隊管理問題

鑒於我部東海一隊與中海直 3 年執管期限已過，而我部飛行隊不
論在管理經驗，還是管理水平上都與所承擔的任務要求有較大的
差距。香港政府飛行服務隊先進的海上救援運行模式和豐富的管
理經驗已經得到充分肯定，我們希望採取完整引進香港政府飛行
服務隊的管理方式和經驗，加強飛行隊的管理工作，儘快使飛行
隊的管理達到部領導的要求和所承擔的人命救助任務需要，包括
人員聘任、組織結構、經費分配、隊伍管理等方面。而香港政府

飛行服務隊在管理期間不需承擔任何責任。畢總監表示將會認真研究宋局長的建議後，給予答復。

三、關於渤海灣海區冬季救助值班問題

我們計劃 10 月初調東海第一救助飛行隊 1 架救助直升機到蓬萊機場，加強渤海灣冬季空中救助值班力量。希望香港政府飛行服務隊繼續給予支援和幫助。畢總監表示，將一如既往地支援內地海上人命救助事業，考慮到 12 月份在香港召開的世貿會議很重要，我們要全力保障，人員派出非常困難。宋局長表示非常理解，並建議香港政府飛行服務隊可考慮在"春運"期間派人到渤海灣指導幫助海上救助工作。畢總監表示，將會考慮派一個完整機組到渤海灣，待與同事商量後答復。

四、關於北海一隊委託管理問題

在對國內較有實力通用航空公司進行評估的基礎上，以及陳機長的建議，我們認為選擇珠海直公司對北海一隊託管比較合適。另外，考慮到中海直和我部機務人員對現有 2 架直升機比較了解也積累了一定的維護經驗，如果轉到另一家公司會帶來一些問題，因此，準備將 2 架新購置的直升機部署在渤海灣。畢總監表示贊同。

2005 年 9 月 7 日　於長江

## 交通部救助打撈局與香港政府飛行服務隊
## 技術合作第七次協商會議（第七次）

2006 年 8 月 11 日，交通部救助打撈局（下稱部救撈局）與香港政府飛行服務隊（下稱香港飛行隊）在甘肅省敦煌市召開了雙方技術合作第七次協商會。參加會議的有香港飛行隊畢耀明總監、鄧成東機長；部救撈局宋家慧局長、丁平生副局長、趙璐副處長，朱寶柱處長、閻平同志列席了會議。

宋家慧局長首先代表李盛霖部長，徐祖遠副部長和黃先耀副部長對香港飛行隊 8 月 3 日在南中國海救助 91 人的英勇行為再次表示感謝。隨後雙方就部救撈局飛行員 / 絞車手培訓、香港飛行教員到救撈局飛行隊進行技術指導、機務人員技術交流、香港飛行隊人員到部救撈局交流、兩架 EC-225 運行管理問題、南海海域執行任務的協調問題以及建立聯合搜救演習的事宜進行了深入細緻的探討，並對所有事項達成一致意見。現紀要如下：

一、關於飛行員、絞車手赴港培訓事宜
　　1. 關於絞車手培訓問題
　　　　部救撈局提出將派出 4 名救生員基礎的人員赴港進行絞車手培訓。畢總監同意，並建議培訓時間不少於 3 個月。
　　2. 關於飛行員赴港問題
　　　　部救撈局提出今年將 3 名從美國培訓歸來的飛行員派到香港進行搜救技術培訓。畢總監表示非常願意接收部救撈局的飛行員，但是由於香港飛行隊現有學員在進行培訓，帶教有一定困難，建議先對 3 人進行技術評估，如果 3 人全部達到香港飛行目前的要求，香港飛行隊將盡力安排培訓。

二、關於香港飛行教員來救撈局飛行隊進行技術指導的事宜

　　　　鑒於 2004 年 7 月至 2006 年 1 月陳志培機長在東海第一救助飛行隊進行帶教工作，部救撈局飛行員在各方面受益很多，宋局長提出希望香港飛行隊繼續派機長到救撈局飛行隊進行飛行帶教工作，並兼任飛行副隊長，在進行飛行訓練的同時，分管飛行工作。畢總監同意部救撈局意見，但是由於香港飛行隊現有機型與部救撈局不同，香港機長必須先到美國飛安公司進行 S76 機型模擬機複訓，並取得中國民航的駕照才能到救撈局飛行隊進行帶教工作，所以短期內無法成行。

　　　　經過雙方討論決定，先由香港飛行隊高級空勤主任蔡照明先生作為宋家慧局長的技術顧問到飛行隊指導工作，並負責救生員／絞車手的培訓工作，為期 6 個月。在此期間，部救撈局和香港飛行隊將儘快安排有關機長進行模擬機複訓，同時部救撈局負責聯繫民航部門辦理香港機長的中國民航駕照。

三、關於機務人員技術交流事項

　　　　根據雙方 5 年合作規劃和救撈局飛行隊機務人員現有技術狀況，部救撈局決定選派部分基礎紮實、技術較好、有一定培養前途的機務人員赴香港飛行隊見習，參加其日常維護工作，增長維護經驗。計劃人員安排：機務管理人員 2 人（北一飛、東一飛各 1 人），航材管理 2 人（北一飛、東一飛各 1 人），機務和航材管理 1 人（飛調中心），上述培訓時間約 1 個月／次；美洲豹維護人員 4 名（其中機械 2 名、電子 2 名），培訓時間 3 個月。

　　　　畢總監同意部救撈局計劃，具體事項將由陳偉強先生同部救撈局飛行調度中心聯繫。

四、香港政府飛行服務隊人員到部救撈局交流

　　關於香港飛行隊提出希望派員到部救撈局交流的問題，宋局長表示同意，並建議其主要交流部門和單位為部局飛行調度中心和各飛行隊，為期 1 個月。具體交流人員暫定為蔡德文先生。


五、關於部救撈局兩架 EC-225 運行事宜

　　部救撈局新購買的兩架大型救助直升機 EC-225 現正在建造期間，將於 2007 年底交付使用，部救撈局目前正在就飛機的監造、驗收以及未來的管理和運行進行前期準備工作。由於香港飛行隊現有機型與 EC-225 為同一類型，並有豐富的管理和使用經驗，所以部救撈局希望得到香港飛行隊在各方面的支援。

　　畢總監對上述問題進行了認真的思考並提出了一些很好的建議，同時表示將全力支持部救撈局，並在人力資源允許的情況下給予直接的支援。

　　部救撈局非常重視畢總監的建議，表示在獲得上級同意後願意採納，即在接收 2 架 EC-225 直升機後，先放在南方（珠海）3 到 6 個月作為過渡期，由香港飛行隊派員到部救撈局基地參與管理和飛行，之後再將 2 架 EC-225 直升機轉到北部渤海灣或東部海區。如有需要，香港飛行隊人員將繼續對部救撈局人員進行培訓，為期 1 至 2 年。這個方案，需要交通部協助香港飛行隊機長得到中國民航的駕照方可實現。

　　關於飛機建造、驗收以及與歐洲直升機公司合作等問題，部救撈局同意採納畢總監建議，即在 9 月 13 日至 23 日畢總監在法國歐直公司期間，部救撈局也派人赴法國，在畢總監的協助下就上述問題共同與歐直公司商定。

六、關於雙方在南海海域執行救助任務時的協調問題

　　為了進一步加強雙方在南海海域空中救助的配合，雙方討論決定結合 8 月 3 日的救助案例，9 月份在深圳召開空中搜救現場技術問題研討會。

七、關於建立聯合搜救演習事宜

　　為了提高海上搜救技能和雙方的合作，部救撈局建議香港飛行隊參加救撈系統每年進行一次救助現場技術演練，畢總監表示同意。

八、其他重要事宜

　　會議期間，畢總監表示，交通部長期以來給予了香港飛行隊充分的肯定和大力的支持，前任黃鎮東部長、張春賢部長、洪善祥副部長和現任徐祖遠副部長均先後到香港飛行隊視察和支持工作，特別是這次黃先耀副部長代表國務院來港慰問飛行隊，使畢總監本人及飛行隊全體人員十分感動和倍受鼓舞，為此，畢總監再次誠懇表達對上述領導的謝意，同時也十分的希望宋局長能夠轉達他和香港飛行隊的希望，即邀請李盛霖部長在今年適當時機能夠赴香港考察並視察飛行隊，如果李部長同意他將按程式向特區政府建議，宋局長表示一定轉達他的邀請。

　　最後，宋局長對香港飛行隊克服種種困難，在救撈局飛行隊建設初期給予的幫助表示萬分感謝。同時希望香港飛行隊繼續加大對內地救助飛行隊的支持力度，繼續參與中國沿海海上救助，雙方共同為祖國海上人命救助事業貢獻力量。畢總監表示香港飛行隊能夠得到各方認可，是全隊人員的榮幸，同時，在與交通部救撈局的合作中，香港飛行隊的業務範圍也得到了拓展，人員也

得到了鍛煉，8 月 3 日救助的成功，就是多年來雙方合作成功的體現。在此，對救撈局為雙方合作所做出的努力表示感謝。

雙方商定下次協商會議將於明年 3 月在海南省博鰲舉行。


宋家慧　　　　　畢耀明
交通部救助打撈局　香港政府飛行服務隊


2006 年 8 月 12 日

## 交通部救助打撈局與香港政府飛行服務隊
## 2007 年度合作交流會會議紀要（第八次）

　　2007 年 2 月 7 日上午，交通部救助打撈局與香港政府飛行服務隊 2007 年度合作交流會在香港政府飛行服務隊會議室召開。交通部救助打撈局宋家慧局長、丁平生副局長，飛行調度中心張戎、趙璐副主任，華德海洋工程服務有限公司林浦總經理，香港政府飛行服務隊畢耀明總監、陳志培總行動主任、丘國基總機械師、鄧成東高級機長、王浩文機長、蔡德文空勤主任等參加了會議。

　　會議上，宋家慧局長首先全面回顧了自 2001 年內地與香港首次就直升機開展海上人命救助工作接觸以來，在中央政府、交通部領導和香港特區政府的關心和支持下，在香港政府飛行服務隊的無私幫助下，兩地交流合作，特別是香港政府飛行服務隊對內地交通部救助飛行隊在隊伍建設、人員培訓、救助訓練、任務執行等各個方面所取得的成就；畢耀明總監也就合作以來雙方所取得的共同收穫以及就進一步加強兩地合作交流，豐富交流合作內容，圍繞具體問題展開了友好的交談並達成共識。會議紀要如下：

一、雙方認為，兩地開展直升機海上人命救助合作交流十分必要，過去的五年在雙方的共同努力下，特別通過香港政府飛行服務隊對交通部救助飛行隊在訓練、管理等各個領域的大力支持和無私援助下，交通部救助飛行隊迅速成長，進步很快。今後，兩地的技術交流與合作力度只能加強，不能削弱，雙方認為在適當的時機，在交通部救撈局與香港政府飛行服務隊不斷完善《技術合作五年規劃意向書》的基礎上，再續簽下一個五年合作規劃《意向書》，以達到將交通部救助飛行隊培育成一支象香港政府飛行服務隊那樣成熟的救助飛行隊伍的目的。

二、關於 EC-225 的人員培訓問題

　　香港政府飛行服務隊將盡全力安排培訓資源，幫助交通部救助飛行隊培訓為下一步接收 EC-225 的飛行、機務人員，按計劃根據所訂時刻表的進度，分批對七名飛行員和六名機務人員進行改裝 L2 的培訓，同時，為得到中國民航對受訓人員回內地後的培訓認可，香港政府飛行服務隊將配合儘快按中國民航的有關要求，提供《訓練大綱》、教員資質等所需文件，以申請帶飛教員資格。交通部救撈局將盡全力配合辦妥有關受訓人員的赴港培訓手續，及時提供符合條件的受訓人員，並對受訓人員進行必要的思想教育，要求受訓人員在培訓期間嚴格服從香港政府飛行服務隊的管理，適應香港政府飛行服務隊的紀律及工作要求。

三、關於赴港培訓人員的交通與在港住宿安排問題

　　明確由香港華德公司幫助部局在香港政府飛行服務隊駐地附近（東湧地區）租賃合適的住房供受訓人員在港期間居住。具體由部局飛行調度中心與華德公司保持聯絡，飛行調度中心負責提供受訓人員數量和在港受訓時間及交通、住宿要求，華德公司負責落實。費用由受訓人員所在飛行隊承擔。

四、關於新造兩架大型直升機上的 HUMS 的安裝問題

　　根據香港政府飛行服務隊的提議，以及目前兩架 EC-225 的實際建造情況，交通部救撈局將儘快召集歐直有關技術代表認真研究，並提出最終方案。

五、關於 EC-225 的監造和驗收問題

　　鑒於歐直公司提供的 EC-225 建造進度報告，以及交通部對兩架直升機的建造品質要求，建議在今年 12 月底完成最後一次監造和驗收之前，增加二次監造，即 3 月 26 日的第二架直升機試飛和 6 月 11 日的兩架直升機機身全面完成噴漆工作之際。香港政府飛行服務隊將根據任務需要，派出合適人員參加這兩次監造工作。

　　另外，年底交付驗收地點，如果在政策允許、不影響今後飛行的情況下，儘量選擇在香港進行驗收、交接及一段時間內的訓練、飛行。該方案將結合兩地民航部門的具體規定，以及飛機維護人員情況作進一步論證。但最終方案必須在九月底前確定。

六、關於交通部救助飛行隊的安全管理問題

　　為使交通部救助飛行隊在安全管理水平上有一個新的提高，香港政府飛行服務隊將於每年派出一個由飛行、機務、絞車手組成的飛行安全標準檢查組在交通部所屬各飛行隊中開展一次飛行安全年檢工作，通過年檢工作，對交通部飛行隊的每一個崗位、每一位員工以及整個飛行隊提供一份有針對性的飛行安全標準檢查結論，以不斷提高交通部飛行隊的安全管理水平。第一批檢查組擬於今年五月成行，由畢耀明總監親自帶隊，飛調中心及各飛行隊將全力配合完成好此次安全年檢工作。

七、雙方同意，定期或不定期地互派年輕優秀的管理幹部參與交通部飛行隊和香港政府飛行服務隊的管理工作。根據香港政府飛行服務隊的工作安排，蔡照明先生將於今年三或四月份完成其原定的 6 個月的上海工作計劃後回香港，由蔡德文先生接替其繼續在上

海工作二至三年。蔡德文先生按原定計劃先於 3 月 19 日及此後的二周時間來北京交通部救撈局進行短期的交流指導工作。

八、為順利解決交通部救助航空器在現有體制下的特殊管理問題，參照香港政府飛行服務隊的管理模式，建立一套既符合中國國情，又符合救助工作實際的《交通部救助航空器管理辦法》，香港飛行隊同意派員參與《辦法》的調研、編寫及論證有關工作，幫助交通部與民航總局共同完成這一項對於交通部救助飛行隊的長遠發展有着極其重大意義的重要課題。

九、雙方同意，今年九月在海南島博鰲即將召開的"亞太地區第四次救撈國際論壇"期間，由交通部救助飛行隊和香港政府飛行服務隊共同派出飛機，舉行一次聯合救助演習，以顯現雙方技術交流與合作的成果。在演習之前，雙方將擇時對演習地點共同進行考察，對演習課目將共同進行研究。

宋家慧　　　　　　　　　　　　　　畢耀明
交通部救助打撈局局長　　　香港政府飛行服務隊總監

2007 年 2 月 7 日

# 交通部救撈局與香港政府飛行服務隊
## 第九次技術協商會議紀要（第九次）

　　交通部救撈局宋家慧局長、丁平生副局長 10 月 19 日於香港與香港政府飛行服務隊（以下稱 GFS）總監畢耀明、總行動主任陳志培等先生就交通部兩架 EC-225 大型機的接收運行管理等工作舉行了第九次高層會談，並於 23 日上午，由丁平生副局長主持，部救撈局飛調中心及基層飛行隊領導張戎、趙璐、孫岳、彭永勝、閻平等同志與 GFS 陳志培機長和鄧成東機長在深圳就有關具體問題繼續會談。22 日至 24 日，宋局長、丁副局長召集飛行調度中心張戎、趙璐、彭永勝、閻平、北一飛宋修璞隊長、東一飛孫岳隊長、南一飛肖志平副隊長、張鵬書記、范建平副隊長等同志分別在深圳和珠海召開會議，專題研究兩架大型機的接收、運行及管理相關工作。宋局長特別指出，在對待香港飛行隊協助我方運行管理兩架大型機的問題上，一定要"提高認識、統一思想、明確任務、落實責任"，同時要制定一套完整的任務計劃書。現將會議紀要如下：

一、總體工作思路

　　我局的兩架大型機的接收及運行工作，是在 GFS 的指導下進行的。對於與 GFS 的合作，宋局長指出：我們一定要提高認識，要真誠感謝香港飛行隊給予我們的幫助，虛心向香港飛行隊學習，要用科學發展觀來指導我們的工作，要做到求真務實，充分認識到我們存在的不足，認真加以改進；對於如何認識我們當前存在的問題和解決當前存在的問題，我們一定要統一思想；對於當前的工作，要明確任務，儘快對 GFS 向我方提出的一些問題加以整改，明確直升機運行的領導機構，要落實責任，責任要落實到整個組織機構，落實到具體工作人員。

二、管理機構的建立

根據連續幾天的會議，與會人員經過反覆認真的研究和討論，對於管理機構的建立，提出兩套備選方案。

(一)"成立聯合指揮部"的方案

鑒於圍繞兩架大型機的飛行、機務及日常運行管理等工作，存在幾家飛行隊均有力量參與的現狀，建議儘快成立一個臨時性的聯合指揮機構，全面負責2架機的接收及在珠海的運行工作，該機構可暫定名為"EC-225直升機運行管理指揮部"，該指揮部受部局直接領導，在香港飛行隊專家的幫助下，負責兩架大型機在珠海期間的日常管理工作。

如該方案可行，建議指揮部人員組成為：總指揮由北一飛隊長宋修璞同志擔任，全面負責兩架大型機的日常管理工作；由飛行調度中心高學森同志擔任飛行副總指揮，負責兩架大型機飛行方面的工作；由東一飛副隊長邵長河同志擔任機務副總指揮，負責兩架大型機機務方面的工作；由南一飛副隊長肖志平同志擔任後勤副總指揮，負責兩架大型機後勤方面的工作。下設飛行、機務、後勤三個部門，建議飛行部門負責人由北一飛的李嘉同志擔任；機務部門負責人由東一飛的朱桐斌同志擔任；後勤部門負責人由南一飛張志軍同志擔任。

(二)"充實南一飛專業力量，以南一飛為主負責管理"的方案

根據香港飛行隊陳志培機長建議，鑒於兩架大型機在珠海南一飛屬地，而南一飛目前自身專業力量不強的現狀，可

以採用儘快充實南一飛的專業力量，將所有已經明確將圍繞兩架大型機開展工作的來自各飛行隊的飛行、機務等空地勤人員暫時授權南一飛領導，在香港飛行隊幫助下，由南一飛全面負責兩架大型機的運行和管理。

如該方案可行，鑒於南一飛目前的領導班子成員中專業力量薄弱，建議將北一飛隊長宋修璞同志調任南一飛隊長，同時部局飛調中心派一位專業人員調任南一飛掛職副隊長協助工作，將現已受訓的 EC-225 空地勤人員調往珠海在南一飛領導下工作，以確保兩架大型機交付後的正常運行。

三、運行地點的明確

根據香港飛行隊提出的需儘快明確訓練基地的問題，根據香港飛行隊早先的建議，並進一步通過大家充分論證及香港飛行隊機務專家現場考察，會議明確將兩架大型機的運行地點確定在珠海九洲機場，租用其 1 個機庫及相應的起降場，並由珠海直提供相應的航務及有關地面保障服務。

四、專業人員情況

(一) 飛行人員 (我方 7 名)

根據合同要求，歐洲直升機公司將在兩架大型機交付後派出 1 名教員機長進行為期九個月的飛行指導工作。

GFS 有 2 名通過 EC-225 改裝的機長，他們將保證每個工作日有 1 名機長指導我們的工作。

我方有 7 名 EC-225 受訓飛行人員：李嘉和高廣 (可作為機長培養)，魏碩和董恩澤 (近期可作為副駕駛培養)，金浩、張瑞和沈迦南 (可作為副駕駛培養)。

（二）機務人員（我方 4 ＋ 2 ＋ 3 ＋ 2 名）

　　　　根據合同要求，歐洲直升機公司將在兩架大型機交付後派出 1 名資深機務專家進行為期九個月的機務指導工作。

　　　　GFS 有 2 名通過 EC-225 改裝資深機務人員，他們將保證每個工作日有技術人員指導我們的工作。

　　　　歐洲直升機公司在深圳維修中心還有幾名資深機務人員，必要時也可作技術支援。

　　　　我方正在進行培訓且已取得放飛權的機務人員有 4 名：尤廣軍、曹鴻宇、朱桐斌、楊建，美洲豹軍轉機械師 2 名：郭金要（已取得民航執照）、王小三，計劃外派的 3 名：北一飛的 1 名機械 2 名電子，南一飛有 2 名航材員。

五、運行工作

　　　　與會人員及 GFS 的飛行、機務專家均一致認為，鑒於我方的空地勤專業人員缺乏，兩架大型機在相當一段時間內應該在一起運行，不宜分開。會上，香港飛行隊表示，GFS 將會全力幫助並指導我們兩架大型機的運行和管理工作。同時，香港飛行隊也已與歐洲直升機公司溝通，提請對方大力支持兩架大型機在中國的運行和管理。

交通部救助打撈局與香港政府飛行服務隊
第十次技術合作協商會會議紀要

　　2008 年 3 月 5 日上午 9:00，在交通部召開了交通部救助打撈局（以下稱交通部救撈局）與香港政府飛行服務隊（以下稱香港飛行隊）第十次技術合作協商會。會議由宋家慧局長主持，香港飛行隊畢耀明總監、丘國基總機械師、鄧成東高級機長、蔡德文一級空勤主任，交通部救撈局丁平生副局長、張戎主任、趙璐副主任、高學森副主任和閻平參加了會議。

　　雙方在會上首先回顧了歷年以來的合作過程，總結了彼此在合作中取得的經驗和成績，以及發現的不足，並對進一步加強合作進行了磋商。現將有關事宜紀要如下：

一、人員培訓事宜
　　（1）飛行員

　　　　香港飛行隊將於今年春季或夏季派出飛行人員對交通部救助飛行隊現有 S76 機型飛行員，進行為期一周的技術提高培訓，包括飛行知識及飛行理念等。

　　（2）救生員和絞車手

　　　　香港飛行隊將繼續幫助交通部救助飛行隊開展救生員和絞車手培訓，也可選派絞車手到香港飛行隊進行救生員和絞車手教員培訓。蔡德文一級空勤主任負責聯繫相關事宜。

　　（3）工程人員

　　　　香港飛行隊將指導交通部救助飛行隊選拔適當的人員派出進行技術培訓，隨後再到香港飛行隊積累維修經驗。本月 12、13 日香港飛行隊機務人員將去珠海進行考察。

二、香港飛行隊參與交通部南海第一救助飛行隊管理事宜

香港飛行隊飛行和工程人員將正式於 3 月 23 日到交通部南海第一救助飛行隊（以下稱南一飛）珠海基地幫助工作，南一飛將聘請香港飛行隊鄧成東高級機長為隊長顧問，協助宋修璞隊長管理南一飛，聘請袁鑒棠工程師協助南一飛機務主管指導機務維護工作。

三、雙方的區域合作事宜

為了增加雙方在多種環境和區域的搜救經驗並加強冬季渤海灣救助力量，雙方商定於今年 11 月調 2 架 EC-225 直升機到渤海灣執行待命值班任務。香港飛行隊將派出由飛行員、空勤主任和機務維護人員組成的小組和交通部救助飛行隊人員一起進行聯合救助值班待命任務；交通部救助飛行隊也將派出工作小組赴香港交流。

四、交通部救助飛行隊按照香港飛行隊模式管理事宜

經過多方面考察，交通部救撈局決定將交通部東海第一救助飛行隊（以下稱東一飛）作為試點，按照香港飛行隊模式進行日常管理。香港飛行隊將不定期派出專家對東一飛進行指導。

五、赴澳大利亞進行飛行員培訓事宜

交通部救撈局將接受香港飛行隊的建議，於 5 月份邀請畢耀明先生陪同宋家慧局長等一行赴澳大利亞阿德萊德飛行培訓學校進行考察，並考慮送新招聘的飛行員到該學校進行飛行培訓。

六、交通部救助飛行隊聘請香港飛行隊退休人員事宜

　　　　為了更好地支持東一飛參照香港飛行隊模式進行管理，交通部救助飛行隊將聘請部分有意願來內地工作的香港飛行隊退休人員，香港飛行隊將對此事給予大力支持。

七、對交通部救助飛行隊進行安全評估事宜

　　　　鑒於 2007 年畢耀明總監親自帶隊對交通部北海第一救助飛行隊進行的安全評估取得了良好的效果，評估報告對交通部飛行隊的安全工作起到了指導性作用，雙方商定於今年 4 月份再一次對交通部救助飛行隊進行安全評估。

八、為交通部救撈局購機等提供技術支援的事宜

　　　　香港飛行隊將繼續為交通部救撈局在購買直升機、直升機監造等事宜上提供人員和技術支援。

九、商定第十一次技術合作協商會的會議時間和地點

　　　　經雙方商定第十一次技術合作協商會定於今年 9 月中旬在香港舉行。雙方將商定第二個五年合作計劃文本。

　　　　最後，畢耀明總監表示在他 11 年的總監生涯中，與交通部救撈局合作的 6 年意義尤其深遠。中國有自己的救助直升機在海上執行救助任務，海上人員會都更具安全感。中國有 18000 公里的海岸線，救助事業的發展一定會比美國和英國更具潛力。香港飛行隊在與交通部救助打撈局合作中，備受各級領導的厚愛，得到了很高的榮譽，其深感榮幸，香港飛行隊將堅定不移地為交通部救助飛行隊的發展提供幫助。香港飛行隊先後為交通部救助飛

行隊培訓了 11 名飛行員、20 名絞車手、12 名機務維護人員，香港飛行隊在為內地培訓大批技術骨幹的同時，自身水平也在合作中得到了提升。他還表示，人員訓練是非常重要的，交通部救助飛行隊還應加大培養力度，並注意通過改善工資、福利、環境等防止專業人員特別是飛行員的流失；交通部救助飛行隊在建設初期由有經驗的通航公司託管，再逐步獨立運行的發展模式很好；在交通部救助飛行基地中，蓬萊值得投資建設成一個很好的救助飛行基地，上海可作為按香港飛行隊模式管理的試點，珠海可成為專業技術人員的訓練基地。作為即將退休的香港飛行隊總監，他預祝交通部救助飛行事業蒸蒸日上、飛行安全、前途無量。退休之後，他作為交通部救助飛行隊的顧問將繼續為救助飛行事業的發展出謀劃策。

宋家慧局長表示交通部救助打撈局與香港飛行隊的合作是內地和香港特別行政區政府之間合作的成功典範。雙方在合作中克服了許多諸如文化、法規等方面的障礙，取得了可喜的成績，為雙方進一步合作奠定了基礎，這次會議的召開更為今後的合作創造了良好的環境。他代表交通部救助打撈局向為此付出辛勤工作的香港飛行隊全體同仁，特別是畢耀明總監，表示感謝。在今後的工作中，交通部救助飛行隊將繼續加強自身要求，提高自身素質。宋家慧局長作為國際海上人命救助組織的理事，誠邀香港飛行隊加入國際海上人命救助組織，共同為海上人命救助事業貢獻力量。

宋家慧　　　　　　　　陳志培

交通部救助打撈局局長　　香港政府飛行服務隊總監

## 交通部救助打撈局與香港政府飛行服務隊
## 技術合作五年規劃意向書

在國務院、交通部和香港特別行政區政府領導親切關懷和大力支持下，交通部救助打撈局與香港特別行政區政府飛行服務隊（下稱香港政府飛行服務隊）各個領域的交流合作日益擴大，經過飛行服務隊鼎立相助，交通部救助飛行隊的海上救助取得了長足進步。幾年來，雙方人員往來頻繁，技術交流合作的內容不斷深入，為雙方建立長期、穩定的發展關係打下了堅實的基礎。依據香港政府飛行服務隊為我部救助飛行隊擬制《中國海上搜救服務的長遠發展大綱》及雙方已簽署的交流合作文件。現制訂交通部救撈局與香港政府飛行服務隊五年技術合作規劃要點如下：

一、指導思想

隨着國民經濟和社會的蓬勃發展和在中央政府高度重視建立健全政府應對突發事件的能力的形勢下，未來五年將是交通部海上立體救助事業進入快速發展時期。為加快救助飛行隊伍建設，在與香港政府飛行服務隊良好合作的基礎上，根據雙方高層已達成的共識，借鑒香港政府飛行服務隊成功經驗，全方位拓展雙方交流合作的空間，努力塑造一支關鍵時刻起關鍵作用的國家專業救助飛行隊伍是內地和香港同胞共同的願望。

二、合作目標

（一）中期目標：2005 至 2008 年，交通部在大連、上海、湛江、廈門等地區的救助飛行隊，能夠提供 100-130 海里，安全及有效的晝間搜救及其他應急搶險救災服務；

(二) 長期目標：2009 至 2012 年，在國家立體救助持續穩步發展的基礎上力爭上述救助飛行隊在條件具備時，救助飛行隊能夠提供 200 海里，安全及有效的晝、夜間搜救及其他應急搶險救災服務。

三、中期合作項目

推進救助飛行隊的建設和發展，必須遵循尊重科學、積極、安全和穩妥的原則。搜尋救援飛行，特別是全天候或夜間搜救飛行，是一項富有挑戰性及異常艱巨的工作 (只有少數先進國家才能具備全天候搜救飛行)，建立一支人員精幹、技術精湛，裝備精良，並具有愛崗敬業和人道主義奉獻精神的高素質專業技術人員，以及用一整套科學嚴謹規範制度的國家專業救助飛行隊伍，需要一個較長期要求嚴格的培養過程。為了完成上述制定的救助飛行隊中長期發展目標，擬訂具體實施計劃：

(一) 飛行人員訓練：

1. 2004 年底，完成 2 名軍轉飛行員基本機型改裝 (已完成)、模擬機和飛行員 (機長) 日間搜救基本技術訓練；

2. 2004 年 12 月開始進行 2 名軍轉飛行員機型改裝理論教育及基本機型改裝訓練；

3. 2005 年內，完成 3-4 名軍轉飛行員基本機型改裝、模擬機和飛行員日間搜救基本技術訓練；

4. 2006 年，在 2004 年已送中信海直公司進行機型改裝並參加飛行的 6 名新飛行員中，可挑選 3 名英語能力較好的考取香港飛行執照並在香港政府飛行服務隊作為期 6 個月的技術交流。

5. 2006-2008 年，在繼續引進軍轉飛行員的基礎上，每年進行一期為期 1 個半月的機型改裝理論教育，每年進行 3-4 名飛行員基本機型改裝、模擬機和飛行員日間搜救基本技術訓練，並根據飛行人員技術掌握情況，視情進行副駕駛轉機長的培訓工作。

為保證上述計劃按時進行，需要具備的條件：

1. 香港政府飛行服務隊安排飛行教官對我部飛行人員進行培訓工作；

2. 選擇在上海高東機場進行飛行人員的培訓工作，在美國進行機型模擬機訓練及在香港政府飛行服務隊進行類比儀錶程式訓練；

3. 交通部救助飛行隊應按計劃完成年度飛行人員的引進和新飛行員的招收工作；

4. 交通部救撈局作好香港政府飛行服務隊人員來內地工作的各項準備工作，包括安排香港飛行教官取得中國民航執照；

5. 飛行員訓練的內容和時間：
   - 飛行員的機型改裝理論 4 個星期；
   - 飛行員的機型改裝訓練計劃 20-30 小時；
   - 飛行員的儀錶飛行訓練計劃 20 小時及香港與美國的模擬機訓練 2 個月；
   - 飛行員日間搜救基本技術訓練計劃 30-35 小時；
   - 飛行員夜間搜救基本技術訓練計劃 30-35 小時；
   - 飛行員由副駕駛轉升機長訓練計劃 20 小時。以上時間包括飛行前準備及航後講評，以兩名飛行員計算 9-10 個月完成從機型改裝到日間搜救訓練。

(二) 救生員、絞車手及機務維護人員訓練

　　　　由於絞車手的訓練需要配合救生員在海上實習演練，所以需要在水溫較高及較風平浪靜的環境下進行。救生員及絞車手的工作和機型選擇沒有太大關係，為達到訓練要求，在香港進行救生、絞車人員的搜救基本技術訓練；

1. 救生員、絞車手訓練內容和時間：
　　－ 救生員日間搜救基本技術訓練計劃 4-5 周；
　　－ 絞車手日間搜救基本技術訓練計劃 6-8 周；
　　－ 救生員、絞車手夜間搜救基本技術訓練計劃 2-3 周；
　　－ 救生員、絞車手教員訓練計劃 4-5 周。

2. 完成 2004 年 6 名救生員、2 名絞車手在香港政府飛行服務隊的訓練計劃；

3. 2005-2008 年，每年安排一期 4-5 名經挑選的救生員，在香港政府飛行服務隊接受日間搜救基本技術訓練，挑選 2-3 名合適救生員接受絞車手日間搜救基本技術訓練；

4. 2005 年開始，選派優秀的救生員、絞車手到香港政府飛行服務隊作為期 6 個月的鞏固提高訓練；

5. 2006 年，選擇適當時機進入救生員、絞車手夜間搜救基本技術訓練；

6. 2005-2008 年，每年安排一期 2-3 名有潛力的機務維護及品質管制人員，到香港政府飛行服務隊作為期 2 個月的技術交流，香港政府飛行服務隊工程維護專家定期到交通部各救助飛行隊協助在職培訓。

為保證上述計劃如期進行，需要具備的條件：

1. 交通部救助飛行隊應按年度計劃，從在職潛水夫、船員和退役士兵中挑選適合做救生員、絞車手工作的人員；

2. 原則上救生員、絞車手的基本和鞏固訓練選擇在香港政府飛行服務隊進行，年度檢查考核工作可視情在交通部各救助飛行隊進行。

目前，交通部救助飛行隊基本情況是：東海、北海兩個救助飛行隊，2架救助直升機，10名飛行人員（2名副駕駛，6名見習副駕駛、2名軍轉機長在訓）救生員8名（1名絞車手因故改行、1名救生員工傷休養、2名絞車手、4名救生員在訓），2004年擬引進軍轉飛行員5名。

2006年交通部現有四個救助飛行隊，將有6架海上專用救助直升機，按照1：1.5空勤人員的最低配備：需要18名飛行人員、18名絞車手、救生員。展望交通部救助飛行隊與香港政府飛行服務隊的中期合作目標，交流合作計劃如能按期完成，屆時，交通部將擁有經過香港政府飛行服務隊嚴格訓練的飛行人員24名，救生員、絞車手各24名及部分機務工程維護和管理人員。

(三) 法規制度建設

鑒於交通部救助飛行隊是一支嶄新的救助飛行隊伍，不論是專業人員培養，還是救助安全飛行以及隊伍管理等都遠遠不能滿足執行複雜救助任務的要求。由於國內通用航空公司一般以運輸服務和作業為主，與我部以人命救助為主的性質不盡相同，為此，需要借鑒香港政府飛行服務隊在救助飛行隊的法規建設方面給予幫助。建立規章制度有：

1. 飛行員訓練大綱
2. 救生員、絞車手訓練大綱

3. 海上搜尋救助操作程式

4. 品質控制規章

5. 安全管理制度等。


四、建立健全技術合作機制

　　提議：中華人民共和國交通部與香港特別行政區政府保安局是其救助飛行隊和政府飛行服務隊的領導機關。建議定期非定期舉行會晤，了解雙方救援隊伍之間交流合作進程，共同推進兩地在空中拯救與救援事業的交流合作不斷向前發展。

(一) 成立由雙方領導參加的領導小組，原則上每年舉行兩次合作協商 (在內地和香港各一次) 會議，負責研究決策涉及雙方技術交流合作和長遠發展的問題，負責審查交流專案的落實情況；

(二) 成立由雙方技術人員組成的工作小組，成員應包括飛行、空勤、工程維護、行動指揮等；工作小組負責根據雙方合作規劃和領導工作會議的意見，對每一個交流專案進行檢查考核並提出改進建議，此項工作安排在每一個年度的下半年進行，以檢查考核情況為依據，及時修訂完善下一個年度的交流合作計劃。

(三) 鑒於交通部在今後的一段時期將相繼組建幾支救助飛行隊，涉及與香港政府飛行服務隊的業務往來會不斷增加，建議：交通部飛行調度中心作為日常辦公機構負責處理與香港政府飛行服務隊之間的業務往來。

(四) 每年安排一至兩次立體救助技術及經驗學術交流活動。內容包括：

－ 開展海上搜尋救助技能演練、演習；

－ 開展海上搜尋救助技術專題座談研討會；

－ 觀摩參加兩地組織的拯救研討和演習。

方式包括：

－ 交通部救助飛行隊組團赴香港交流學習飛行服務隊管理
  理念和救助行動的運作模式；

－ 香港政府飛行服務隊定期到交通部各救助飛行隊回訪，讓
  香港政府飛行服務隊人員透過回訪活動，汲取在不同環境
  工作的經驗。

(五) 應交通部救撈局對保障國家沿海海上安全形勢的需求，希望
  香港政府飛行服務隊繼續在國家沿海事故高發海區，提供一
  段相對固定時間（包括救援技術和專家）海上拯救服務的支
  援和幫助。

　　雙方同意根據上述五年規劃原則，在友好協商的基礎
上，另行制訂年度技術合作計劃。

　　　　　　　宋家慧　　　　　　　畢耀明

　　　　　　　中華人民共和國　　　香港特別行政區

　　　　　　　交通部救助打撈局局長　政府飛行服務隊總監


　　　　　　　　　　　　　　　　2004 年 9 月 1 日

交通部關於香港政府飛行服務隊幫助進行
2003 年冬季渤海灣空中人命救助情況的報告

# 交 通 部 文 件

交救发〔2004〕167 号      签发人：张春贤

## 交通部关于香港特区政府飞行服务队帮助进行
## 2003 年冬季渤海湾空中人命救助情况的报告

国务院：

    为提高渤海湾海域人命救助的应急反应能力和人命救助的有
效性，保障海上交通运输生产安全，特别是客船、客滚船安全，加强
该海域的空中救助力量，在国务院领导同志的直接关心和支持下，

— 1 —

我部商香港特别行政区政府同意,请具有丰富海上救援经验的香港特区政府飞行服务队(下称香港飞行服务队)于 2003 年 11 月 21 日,派出由空勤机组和飞机维护专家组成的 7 人团队到大连协助我部执行冬季渤海湾空中人命救助任务。此项合作已于 2004 年 3 月底圆满结束。现将有关情况报告如下:

4 个月来,香港飞行服务队队员以爱国爱港的敬业精神、严谨规范的科学态度、精益求精的工作作风和精湛高超的搜救技术,展示了优秀的空中搜救及飞行支援队伍的精神风貌。队员们克服地区气候差异和工作生活上的诸多不便,甚至带病坚持工作,出色地完成了任务。

海上空中救援飞行,常常是在恶劣海况下对遇险船舶和人员实施有效救援,与其他飞行相比,具有难度大、危险性高的特点,对参与空中救援人员综合素质要求较高。为尽快帮助提高内地专业救助队伍海上空中救助能力,香港飞行服务队在担负海上救助值班待命任务的同时,主动、无偿地承担起为内地培养专业救助人员的重任。海上专用救助直升机设备先进,构造复杂,为保证培训质量,他们在没有现成教材的情况下,查阅大量资料,自编教材。队员们曾冒着严寒到直升机上拍摄教学用照片,对飞行中可能遇到的每一个问题仔细分析研究,甚至向美国有关方面了解情况。坚持使用普通话授课,并将授课内容制成多媒体。飞行训练中精心筹划,认真负责,言传身教。大连机场航班飞行和部队训练非常繁忙,空域紧张,安排训练时间有限,香港飞行服务队教员科学调整时间，不放过任何一个可飞场次。通过他们精心施教，学员们进步很快，获益匪浅，不仅学到了专业技术，也从教员们身上感受到对人命救助事业强烈的使命感和责任感。

2004年1月16日晨，装有1900吨零号柴油的"利达洲18"轮，航行到渤海湾长兴岛以西海域时机舱起火，油轮难以自救，船员弃船逃生。当时出事海域有6—8米大浪、风速15—18米/秒、气温为—7℃。接到遇险信号后，救助直升机、固定翼飞机、专用救助船舶紧急出动，奔赴救助现场。由香港飞行服务队值班机组驾驶的救助直升机第一时间赶到现场，冒着海上风大浪高的危险迅速展开救助，从救生筏上救起3名船员，固定翼飞机在空中指挥专用救助船舶对失火油轮进行灭火，使火势得到控制，遇险船员获救。救助任务结束后，香港飞行服务队高级空勤主任蔡照明先生在日记中写到："大家都是中国人，同一天空下，血浓于水，彼此互关怀，能为祖国尽自己的绵力，为救助事业做出贡献，觉得很光荣。"表达了香港同胞报效祖国的拳拳之心。这起海难救助开创了内地海空立体救助的先例，初步构建的海空立体救助模式在关键时刻发挥了重要作用，为进一步加强快速、有效救助提供了经验。

这次合作得到了香港特区政府的大力支持和香港民众的理解，特区政府承担了队员们在内地的全部开支。香港飞行服务队总监毕耀明先生多次到大连考察，对我部空中救助力量的加强和发展提出了不少宝贵的意见和建议。

香港特区政府和内地专业救助队伍首次在渤海湾冬季联合救

— 3 —

助工作暂告一段落，经与有关部门协商，我部已为香港飞行服务队返港前的活动作了妥善安排。继续合作事宜正在商谈中。

特此报告。

附件：香港特区政府飞行服务队简介

附件：

## 香港特区政府飞行服务队简介

香港特区政府飞行服务队的前身是皇家香港辅助空军，成立于1993年4月，是香港特别行政区政府管辖下的一支优秀的空中搜救及飞行支援部队。拥有11架不同型号的救援飞机，为香港政府和香港市民提供24小时紧急空中救护、搜索及拯救服务，并且协助香港特区政府各部门的有关工作。

# 在香港政府飛行服務隊隊員返港歡送大會上的講話

朋友們，同志們：

今天，我們在這裏隆重舉行歡送香港政府飛行服務隊隊員返港大會。在此，我謹代表交通部，對香港特區政府、對香港政府飛行服務隊對祖國內地的大力支持，對來渤海灣擔負海上人命救助的飛行隊各位隊員表示衷心感謝，並致以崇高敬意！同時借此機會，對在本次內地、香港飛行合作中給予指導和支持的國務院各部委、軍隊、遼寧省人民政府、大連市人民政府以及其他有關部門的領導和同志們表達誠摯的謝意！

為確保渤海灣冬春季節海上安全，我部請求香港特區政府提供人員和技術支持，特區政府高度重視，秉承血濃於水的民族情感和救生救難的人道主義精神，於 2003 年 11 月 21 日派出兩個機組一行七人來到大連，參與渤海灣海上人命救助值班待命任務。

隊員們甫抵大連，即着手熟悉當地水文、氣象條件，準備、制訂飛行訓練計劃，投入到飛行訓練和值班當中。今年 1 月 16 日，"利達洲 18" 號油輪在渤海灣海域失火，隊員們克服風大浪高和低溫嚴寒等困難，以高超技能迅速救起落水人員。初戰告捷，國人矚目。

5 個月來，隊員們在完成飛行訓練、救助值班的同時，不忘傳技授業，無償對內地救助飛行人員進行了卓有成效的培訓。在培訓過程中，隊員嚴謹負責，每個科目的培訓都根據內地飛行特點和要求專門制訂、編寫教材，並克服重重困難，將所有教材譯成中文。通過培訓，內地救助飛行人員的業務技術水平得到顯著提高。

作為香港人，遠離親人來到冰天雪地的北方執行危險的海上救助任務，隊員們的身心承受着巨大壓力，隊員們沒有絲毫怨言，而將其視作"一生的光榮"，隊員們謝絕了我們原想給予的特殊照顧，家屬來大連探親時，堅持自己承擔全部費用，"不願給大家添麻煩"。在大連的五個月中，隊員們每天訓練、值班、培訓，至今沒有暢快地遊玩過。儘管人人技術精湛，但隊員們在工作中細緻入微、一絲不苟、羣策羣力、團結協作，給周圍的每一個人都留下了深刻的印象。隊員們高尚的愛國情操，可貴的敬業精神、卓越的專業技能，嚴謹的工作態度，是內地救助人員乃至每一個公職人員的楷模和榜樣。

香港政府飛行服務隊來內地數月，受到廣泛的尊重和愛戴，被稱為渤海上空的"紫荊之鷹"。對於飛行隊獲得的盛譽，我在此表示由衷的祝賀！

4月1日，隊員們就要返回香港，但正如蔡照明主任所說，"這並不意味着中國內地、香港飛行合作的結束，這次合作僅僅是拉開帷幕"。今後，雙方還將在技術交流、人員培訓等方面進一步合作。我部救撈系統將繼續向香港同仁學習先進的救助技術、管理理念和敬業精神，打造一支在關鍵時刻"衝得上去，救得下來"的海空立體救助隊伍。

朋友們，同志們！溫家寶總理在 2004 年政府工作報告中提出，"要加快建立健全各種突發事件應急機制，提高政府應對公共危機的能力"。"海上應急反應機制"是突發事件應急機制的重要系統，加強海上應急反應機制，是交通部亟待解決的重大課題。在我國內地專業救助隊伍尚不十分強大的現狀下，要加快建立這一機制，必須整合一切資源，運用內地、特區專業及社會的一切力量，保障海上人命安全。內地、香港飛行合作符合這一思路，是"一國兩制"思想在新世紀的體現，也是經過實踐檢驗行之有效並值得推廣的模式。讓我們繼往開來，加強交流協作，為建立適應國家經濟發展需要的海上安全保障體系做出新的貢獻！

最後，祝香港政府飛行服務隊隊員一路平安！

# 結束語

　　本書是以香港特別行政區政府飛行服務隊參與祖國內地組建海上救助飛行隊為主題編寫的紀念報告文學。18 位參與撰寫的兩地同仁，懷着十分激動的心情和樸實的同胞感情，共同回顧了那些難以忘懷的崢嶸歲月。在此過程中我深刻感受到，雖然大家都很忙，但是對撰寫和出版這本書均抱着積極的態度和共同的責任感，彷彿看到了當年他們那種堅韌不拔、百折不撓的工作身影和出生入死、奮不顧身的救援場景。我由衷的敬佩和感謝他們。

　　參加撰寫本書的香港方面有 6 位：畢耀明、陳志培、蔡照明、霍偉豐、李國倫、陳偉強；內地方面有 12 位：丁平生、張金山、潘偉、張戎、宋修璞、王震峰、閻平、宋立仕、黃蓉峰、宋寅、張賀然、林蓓蓓。

　　我還要感謝香港特別行政區政府原特首董建華先生、保安局原局長葉劉淑儀女士、助理陳鄭蘊玉女士、保安局原局長已故李少光先生、民航處原處長已故羅崇文先生，香港消防處原處長郭晶強、盧振雄以及香港保安局、民航處、消防處、海事處等有關部門各位同仁的家國情懷和鼎力支持。

　　感謝國家民航總局原局長楊元元、李嘉祥及國家民航局有關部門、華東、東北、華南等各地民航管理局領導和同志們的關心、支持和幫助。感謝空軍大連指揮部門的陳國權等軍隊同志們的有力支持。

　　交通部運輸部海上救助飛行隊與香港政府飛行隊的交流合作，之所以能夠取得圓滿成功，也同樣離不開大連、煙台、上海、廈門等沿海有關省市委市政府的大力支持和幫助，特別要感謝遼寧省和大連市的黨委和政府給與的全方位的關心和實質性的幫助，時任遼寧省省委常委大連市委書記孫春蘭、時任遼寧省常務副省長許衛國、時任大連市市長夏德仁、副秘書長王藝波、已故副秘書長慕國生、遼寧省交通運輸廳廳長鄭玉鐲、副廳長葛方、大連交通局書記劉淑榮等以及大連市有關部門領導和具體負責人，在香港政府飛行服務隊落地大連及隨後開展合作和執行渤海灣值班救助的具體後勤保障等各個層面，均給與了極大的幫助和支持。

中央和國家及各級新聞媒體單位堅持跟蹤報導、宣傳合作成果和先進事跡，對鼓勵和激發兩地救助飛行隊同仁的精神和鬥志起到了不可替代的作用。新華社林紅梅同志，堅持十數年如一日，及時宣傳報導，貫穿了香港政府飛行服務隊和內地飛行隊合作的全過程，功不可沒。

感謝有關通航直升機公司在交通運輸部飛行隊建設的起步階段的大力支持，特別感謝時任中信海上直升機公司總經理李建一、副總劉海浬、教練機長王鵬、閻正軍，時任南航珠海直升機公司總經理孟豫軍、副總鐘國柱、具體負責人密思聯等在各自單位與交通運輸部飛行隊合作期間的重要支持。

在此書稿的撰稿過程中，新華社林紅梅、東海救助局李海甯、陳銳、北海救助局舒曉文、交通運輸部救撈局高金永、田輝，中國潛水救撈行業協會陳麗萍、崔士勇、檀瑞等很多好心同志，站在國家事業大局立場上，在稿件的撰寫、歷史資料、歷史照片等有關方面均給與了熱心的幫助和堅定的支持，特別感謝陳銳同志對書稿的匯總、整理付出艱辛，謹此向以上的各位表示由衷的感謝。

最後必須向所有參加或為兩地救助飛行交流合作做出努力和無私奉獻的同志、同胞和所有仁人志士的偉大妻子們和其所有了不起的家人，致以衷心的感謝和崇高的敬意！沒有她們的理解支持和持家教子的嘔心瀝血，兩地飛行交流合作是不可能成功的！

全書稿完成

2023 年 8 月 12 日夜